こんなとき
どうする？

外国人の
在留資格申請
と労務管理

行政書士・社会保険労務士
佐藤正巳
Masami Sato

JN056921

とりい書房

はじめに

　日本では、2019年4月に入管法改正が実施されより多くの外国人が日本に入って来るようになりました。新しい在留資格の「特定技能」だけではなく、様々な目的で日本に入って来る外国人が増え、入管法の知識なしに企業の人事管理を行うことも難しくなっています。

　当書では、外国人の入国から入社および人事管理に至るまで、実際に企業の実務担当者から寄せられた質問等を中心にQ&A方式で解説をしています。「高度人材」「技術・人文知識・国際業務」「企業内転勤」など、様々なケースを想定して実務上活用できる内容を目指しました。従来あまり詳しい解説のなかった「特定活動」についても詳しい説明をしています。

　これからの日本の企業社会は、グローバル化が益々進み、多くの中小企業においても外国人社員の活用なしに成り立たないことが予想されます。日本が長らく海外人材の鎖国主義をとってきたこともあり、社員教育やキャリアアップシステムなどもこれからの課題だと言えます。

　どうやって外国人社員とコミュニケーションを図り、企業の戦力として活躍してもらうかというヒントも含め、最新の情報を提供するよう努めました。今後、外国人の日本定住が増えることを想定し、「永住」「帰化」申請に関する情報もQ&A形式でまとめてあります。

　また、2020年は、年初より新型コロナウイルス感染症の影響で数多くの特例措置が設けられました。これらの内容についても外国人と関連のあるものを中心に解説してあります。

　企業の実務の中で活用いただければ幸いです。

2020年7月

行政書士・社会保険労務士　佐藤正巳

用語説明

在留資格

在留資格は、外国人が日本に入国してから行うことができる活動について類型化したものです。

在留カード

外国人の新規の上陸許可、在留資格の変更許可や在留期間の更新許可など在留資格に係る許可の結果として日本に中長期在留する外国人に対して交付されるカードです。日本に中長期間滞在できる在留資格及び在留期間をもって適法に在留する外国人であることを証明しています。

在留資格の変更

在留資格の変更は、外国人が日本に入国してから行うことのできる活動を変更する手続きです。この場合、外国人の住居地を管轄する地方出入国在留管理局で申請手続きを行います。

在留期間の更新

現在活動している在留資格の内容で在留カードに記されている有効期限を超えて在留したい場合に、外国人が行う手続きです。

在留期間の更新は、3カ月前から外国人の住居地を管轄する地方出入国在留管理局で申請手続きが可能です。

在留資格認定証明書

出入国在留管理局が日本にこれから入国し、在留を希望する外国人が行う活動が希望する在留資格の条件に適合しているかどうか事前に審査して、その結果条件に適合すると認められた場合、交付される証明書のことです。

外国人が在留資格認定証明書を日本国領事館等に提示して査証の申請をすると、在留資格に係る上陸のための条件について法務大臣の事前審査を終えているものとして扱われるので、査証の発給に係る審査が迅速に行われます。

就労資格証明書

就労資格証明書は、日本に在留する外国人からの申請に基づき、その外国人が行うことができる収入を伴う事業を運営する活動または報酬を受ける活動を法務大臣が証明する文書です。

目　次

Chapter 1　在留資格の申請手続き

1. 企業として準備する書類

（1）申請時に提出を求められる書類

（2）申請・採用理由書

2. 申請手続きに関して知っておくべき入管法の知識

3. 外国人労働者を受け入れるための基準や要件について

4. 留学生や転職者など国内在住の外国人を採用する場合

（1）留学生

（2）転職者

（3）資格外活動許可

5. 海外在住の外国人を採用する場合

Chapter 2 技術・人文知識・国際業務

1. 在留資格該当性

2. 上陸許可基準適合性

3. 外国人の転職

4. 留学生を採用する場合

5. アルバイト等の資格外活動の許可

Chapter 3 高度専門職

1. ポイントシステム

2. 転職・他の在留資格からの変更申請

3. 高度専門職のメリットー起業、家族・家事手伝いの呼び寄せ、永住権申請

Chapter 4 特定技能

1. 特定技能の要件

Chapter 5 身分系の在留資格・永住権

1. 身分系の在留資格ー「日本人の配偶者等」ほか

2. 永住権申請

Chapter 6 その他の在留資格・帰化

1. その他の在留資格

Chapter 7 外国人の労務管理

3. 労働時間、時間外労働、休日・休暇等について

4. 社会保険の加入義務について

5. その他の労務管理について

Chapter 8 外国人の生活関連手続き

Chapter 9 資料編

1章

在留資格の申請手続き

企業として準備する書類

☑ 1-1-1　申請時に提出を求められる書類

Chapter1
Q1
Q&A for hiring foreign workers

在留資格の申請

企業が外国人社員を「技術・人文知識・国際業務」の業務内容で採用する場合に、在留資格申請手続きのために集めなくてはならない情報とは何ですか？

　海外から外国人を社員として受け入れる場合、最低限本人から以下の情報を聞き出す必要があります。

1. 国籍
2. 生年月日
3. 氏名（アルファベットで姓名の順番で、パスポートの記載と同じもの）
4. 性別
5. 出生地
6. 配偶者の有無
7. 職業
8. 本国における居住地（市と町の名前までで大丈夫です）
9. 日本における連絡先、電話番号、携帯電話番号（会社のもので可能です）
10. パスポートの番号と有効期限
11. 入国目的（どのような在留資格を希望しているか）
12. 入国予定日
13. 上陸予定港
14. 滞在予定期間
15. 同伴者の有無（配偶者や子と一緒に日本に来るかどうか）
16. 査証申請予定地
17. 過去の日本への出入国歴と回数並びに直近の出入国歴とその日付
18. 犯罪を理由とする処分を受けたことがあるかどうかの事実（国内外問わず）
19. 退去強制または出国命令による出国の有無

20. 在日親族（父・母・配偶者・子・兄弟姉妹）及び同居者
21. 勤務先の名称、所在地、電話番号（これから働く企業の情報です）
22. 採用予定の外国人の最終学歴と学校名と卒業した年月日
23. 外国人の最終学歴の専門分野
24. 情報処理資格または試験合格の有無（情報処理業務従事者のみ）
25. 職歴と実務経験年数
26. 在留カード用の顔写真（縦4cm×横3cm）申請3カ月以内に正面から撮影された無帽・無背景で鮮明なもの

　これらの情報は、採用予定の外国人のパスポートの顔写真のページやパスポートの中にある渡航履歴等から正確な情報をつかむことができます。これは必要な情報のごく一部でしかないので、学校の卒業証明や試験の合格証明書、職歴を証明する前雇用主からのレターなども必要です。

　一方、日本在住留学生を採用する場合は、以下の情報も必要となります。

・最終学歴と専攻した分野
・卒業証明書（申請時が卒業前の場合は卒業見込み証明書）
・申請人（留学生）の履歴書
・留学生が就職したときの労働条件が明らかになる文書
・留学生が就職したときに担当することになる業務内容

　通常の採用活動の中では、まず採用予定の留学生に内定が出た後、卒業見込み証明書の原本の提出を求め、他の書類とともに出入国在留管理局へ提出します。卒業時に卒業証明書を提出して在留カードを受け取る流れになります。

☑ 在留資格認定証明書交付申請から査証申請・発給までの流れ

①外国人と企業との労働契約
②企業から出入国在留管理局への在留資格認定証明書交付申請
③審査
④出入国在留管理局から認定証明書の交付
⑤企業から外国人への認定証明書の送付
⑥在外公館に対して外国人が査証申請
⑦在外公館から査証発給
⑧外国人の上陸申請（上陸と在留カード発給）
⑨企業での就労開始

17

在留資格の申請

5年前に創業し、初めて貿易担当として外国人を雇用することになった社員30人の中小企業です。出入国在留管理局の審査のためどのような書類を用意すればよろしいでしょうか？

入管法では外国人本人だけではなく、採用する企業も審査されます。東証1部上場企業や歴史が長く業績の安定している企業であれば問題ありませんが、歴史が浅く規模の小さい企業については提出資料が多くなります。今回は貿易担当なので「技術・人文知識・国際業務」で必要な書類は下記のとおりです。

- ・ 決算書（損益計算書、貸借対照表）
- ・ 登記事項証明書
- ・ 会社概要の説明書
- ・ 採用理由書（申請人の業務内容説明書）
- ・ 労働条件通知書等

注意しなければならないのは、外国人を雇用する必要性とその業務の内容に関する説明です。

まず自社がどのような事業を展開しているかをわかりやすく説明する必要があります。その事業の中で、なぜ自社に外国人社員が必要かを説明し、なぜ採用するかを説明しなければなりません。ポイントは以下のとおりです。

- ・ 現在の会社の業務内容はどのようなものか。
- ・ 現在どこの国と貿易をしているか。
- ・ 現在どのような商品・サービスを扱っているか。
- ・ 業務を展開する上で外国人社員が必要とされる理由は何か。
- ・ 具体的にどのような方法で採用予定の外国人のことを知ったのか。
- ・ 採用予定の外国人のどのような能力・知識を評価したのか。
- ・ 採用予定の外国人が担当することになる業務の内容はどのようなものか。

Chapter1
Q3

Q&A for hiring
foreign workers

在留資格の申請

企業側が提出する労働条件の説明資料とは？

　企業が労働条件通知書を補完する意味で下記のような書類を提出することがあります。

基本給　　　　　　　431,400円　（ベーシック21号俸）
その他「固定」　　　 68,600円
月額計　　　　　　　500,000円
年収見込　　　　　6,000,000円

※Cは20○○年7月11日付採用予定ですが、入社日までに国内での勤務が可能である在留資格が取得できない場合は、取得後の採用となります。

※採用にあたり、当社規定に従い社宅を貸与いたします。その際、社宅家賃として、会社が不動産業者等に対し賃貸借契約に基づき支払う賃料の2割相当額を徴収いたします。

※採用後は、主に調剤薬局にてOJTの一環として調剤補助業務に従事し、薬剤師登録手続きが完了次第、調剤業務に従事します。

※その他「固定」は、原則として1日あたり1時間（月22時間）の固定残業に対する時間外勤務手当の前払い分です。固定残業分を超える時間外勤務に対しては、別途残業手当を支給いたします。

※勤務時間は、1日実働9時間（所定8時間・時間外1時間）、完全週休2日のシフト勤務制（週45時間勤務）です。

※通勤費は別途支給いたします（自動車、公共交通機関利用の場合）。

　Cを採用する際、V社が出入国在留管理局に提出した説明資料で労働条件について書かれているものです。

在留資格の申請

就労系の在留資格を申請するとき、出入国在留管理局より最新の「給与所得の源泉徴収票等の法定調書合計表」の提出を求められますが、これはどのようなものですか？

　支給したすべての給与等の件数と総額について記載します。そのうえで、「源泉徴収票を提出するもの」欄に税務署に提出する源泉徴収票の人数と総額を記入します。そうすることで、全体の状況と提出された人数がどれくらいかを把握できます。

　現在の入管行政においては、カテゴリー制が採用されており、カテゴリーによって必要とされる書類が異なります。

・ カテゴリー1となるのは、日本の証券取引所に上場されている大企業です。
・ カテゴリー2は、前年分の給与所得の源泉徴収票等の法定調書合計表中、給与所得の源泉徴収税額が1,000万円以上ある団体・個人です。
・ カテゴリー3は、設立されてから2年目以降の中小企業で前年分の給与所得の法定調書合計表中、給与所得の源泉徴収税額が1,000万円未満の団体・個人です。
・ カテゴリー4は、設立したばかりで前年度の給与所得の法定調書合計表が出せない団体・個人です。

　カテゴリーを分けるための重要な証明として前年度の給与所得の源泉徴収票等の法定調書合計表が使われています。

　カテゴリー1や2は、比較的規模の大きな企業や機関とみなされ、社員の雇用に関する実績があり、監査体制、その他企業の安定性・継続性が満たされていると判断されます。そのため、カテゴリー3や4の企業より必要書類が少なくなっています。（第1章Q9でもカテゴリー制について説明していますのであわせてご参照ください。）

FE0104

令和□□年分 給与所得の源泉徴収票等の法定調書合計表
（所得税法施行規則別表第5（8）、5（24）、5（25）、5（26）、6（1）及び6（2）関係）

署番号 □□□□□

提出用（平成28年1月1日以後提出用）

税務署受付印	令和 年 月 日提出 税務署長 殿	事業種目		整理番号		調書の提出区分	1 給与 2 退職 3 報酬 4 使用 5 譲受 6 斡旋

提出者 住所又は所在地／電話／氏名又は名称／個人番号又は法人番号／代表者氏名印

作成担当者／作成税理士署名押印／電話／税理士番号

1 給与所得の源泉徴収票合計表（375）

2 退職所得の源泉徴収票合計表（316）

3 報酬、料金、契約金及び賞金の支払調書合計表（309）

弁護士、税理士等の報酬又は料金（2号該当）／診療報酬（3号該当）／職業野球選手、騎手、外交員等の報酬又は料金（4号該当）／芸能等に係る報酬又は料金（5号該当）／ホステス等の報酬又は料金（6号該当）／契約金（7号該当）／賞金（8号該当）

4 不動産の使用料等の支払調書合計表（313）

6 不動産等の売買又は貸付けのあっせん手数料の支払調書合計表（314）

5 不動産等の譲受けの対価の支払調書合計表（376）

提出年月日／区分 A B C D E F G H

在留資格の申請

海外での職歴の証明書類の基本的なフォーマットはどのようなものですか？

通常、出入国在留管理局は、海外の企業のレターヘッド付きの証明書の提出を求めてきます。このレターは、所属していた企業の人事部から発行されることが多いです。

example ● ●

> We are glad to confirm that A, born on November 15, 1983, from S city, worked as an analyst from 5 October 2010 to 28 February 2015 at the company XYZ.
>
> The XYZ Group is a leading independent software and product manufacturer focused on e-finance, e-business and education in Switzerland and Europe. The shares of XYZ are traded on the Swiss Exchange Market.

基本パターンは、何年何月何日生まれの誰がいつからいつまで何という会社で働いていたのかが書かれています。

上の例では、1983 年 11 月 15 日生まれの A さんが、S 市出身で、アナリストとして 2010 年 10 月 5 日から 2015 年 2 月 28 日まで、XYZ グループで働いていたことを証明しています。その後に、XYZ グループが独立系のソフトウェア製品で、イーファイナンス、イービジネスや教育に焦点を絞って事業展開するトップ企業であるという事実が書かれており、スイスの証券取引所に上場しているということがわかります。

このようなレターは、転職の多い欧米企業では、習慣としてリクエストがあれば HR（人事担当セクション）から発行されるものです。一番下には、人事部長や代表取締役の氏名とサインが書かれているのが一般的です。この書類が日本で言う「退職証明書」に該当し、入国審査官が判断材料として使用します。

一方、個人が自分で作成した履歴書（CV）などは、いくらでも都合よく書けるので、入管行政の審査においては信頼度が低いのが実情です。

Q&A for hiring foreign workers

在留資格の申請

出入国在留管理局の就労審査部門が求める可能性のある追加資料とは何ですか？

　就労審査部門では、外国人労働者を採用する場合、審査の過程で以下の資料を追加資料として求めてくることがあります。

☐ **所属機関（勤務先・契約先）からの次の資料1部**

　1　前年分の「給与所得の源泉徴収票等の法定調書合計表」（受付印のあるものの写し）

　　※上場企業である場合は、これに代わり、「会社四季報の写し」を提出してください。

　　※電子申告の場合には、申告完了報告書等も添付願います。

　2　上記1の資料を提出できない場合で、源泉徴収の免除を受ける機関の場合外国人個人の源泉徴収に対する免除証明書その他の源泉徴収を要しないことを明らかにする資料

　3　上記1及び2の資料を提出できない場合

　　ア　給与支払事務所等の開設届出書の写し（事務所開設後間もない場合等）

　　イ　直近3カ月の給与所得・退職所得等の所得税徴収高計算書（領収日付印のあるものの写し）

　　ウ　納期の特例を受けている場合は、その承認を受けていることを明らかにする資料

☐ **（ご本人・扶養者・雇用主＜個人事業主のケース＞）の年収見込み証明書**
　※今後1年間の見込みの年収額が記載されたもの。

☐ **法人登記事項証明書**

☐ **直近の年度の決算文書の写し（損益計算書、貸借対照表）**

☐ 　**勤務先のパンフレット、又はこれに類する企業の概要がわかる資料**
☐ 　**申請書（所属機関等・扶養者等）作成用** ※勤務先会社名、役職、会社代表者の記名、社判の押印及び申請書の作成年月日が必要です。申請書は在留資格更新、変更あるいは認定証明書。
☐ 　**住民税の課税証明書・納税証明書　（直近年度分・直近3年分）**

　これらの資料を提出できない場合は、理由書を書く必要があります。また、追加資料を出さない場合、不許可となるケースが多くなります。

　特に設立されたばかりの企業の場合、安定性や継続性に問題がないかどうかを調べる必要性から、様々な資料の提出を求められる可能性があります。

☑インフォメーション

　2019年末の在留外国人数は293万3,137人で2018年末に比べ20万2,044人増加となり、過去最高でした。

　⑴　永住者　　　　　　　　　793,164人
　⑵　技能実習　　　　　　　　410,972人
　⑶　留学　　　　　　　　　　345,972人
　⑷　特別永住者　　　　　　　312,501人
　⑸　技術・人文知識・国際業務　271,999人

☑インフォメーション

　2019年4月に新しい在留資格として注目された「特定技能」ですが、準備不足ということもあり、初年度は想定の10%未満の3,987人となっています。このうち、技能実習からの移行が91.9%でした。国籍についてはベトナムが一番多く、インドネシアと中国が続いています。

　2020年は新型コロナウイルス感染症の影響で伸び悩むと予想され、本格的に増えるのは2021年度以降となります。人手不足の深刻化する「介護」「農業」については、長期的に大きな需要があると予想されています。

☑1-1-2　申請・採用理由書

Chapter1
Q7
Q&A for hiring
foreign workers

申請・採用理由書　在留資格の申請

出入国在留管理局に出す企業としての申請理由書は、どのように書けばよいのでしょうか？

　就労系の在留資格を取得するため、申請人である外国人もしくは雇用主である企業の人事部が、申請理由書を書いて提出することは有効です。これにより、出入国在留管理局の審査官も、就職を希望する外国人がなぜその企業を選び、どのような業務を行うのかが理解しやすくなります。

　下の事例は、出産のため一時的に「家族滞在」の在留資格となっていた中国籍のYさんが、職場復帰するために「技術・人文知識・国際業務」の在留資格に変更申請する際の理由書の例です。

> **事例**　「技術・人文知識・国際業務」の「在留資格認定証明書」交付申請
> ゲーム開発ソフトのエンジニアの採用

> 　当社は、東京都港区○○において業務を展開する株式会社TXXと申します。当社は、ゲームコンテンツのベンチャー企業として急速に発展しており、主要な業務は、大手ゲームメーカーのソフトウェア開発です。業務を拡大する流れの中で、新たにゲーム開発ソフトのエンジニアを採用する必要が出てまいりました。人材会社からの紹介により、アメリカ国籍のCCCBBBBを採用することを決定しました。
>
> 　実際に、面接を担当した技術担当取締役のVによると、CCCBBBBは、すでにフランス国内でエンジニアとして活躍し、即戦力として活躍することが可能な人材ということで、採用を決めました。
>
> 　今回採用を決めましたCCCBBBBにつきましては、現在アメリカ国内におりますため、「技術・人文知識・国際業務」の在留資格認定証明書交付申請をさせていただきます。

つきましては、2020年3月20日の採用予定日に間に合うように
ご配慮をいただきたくお願い申し上げます。

　現在、外国人の在留希望者が増えていることから、ある程度時間に余裕を持っ
て申請を行う必要があります。日本の証券取引所に上場しているカテゴリー1
企業や、前年分の給与所得の源泉徴収票等の法定調書合計表中、給与所得の源
泉徴収票合計表の源泉徴収税額が1,000万円以上ある団体、個人が該当するカ
テゴリー2で1カ月強かかり、カテゴリー3やカテゴリー4（新設企業）の場合、
3カ月から4カ月待たされることもあります。外国人採用については長期的な
視野で戦略を立てることが重要です。

> **事例**　「家族滞在」の在留資格から「技術・人文知識・国際業務」への変更
> 　　　　　職種は貿易実務

> 　　私は、中国から参りましたYと申します。現在、夫と埼玉県○市に
> おいて生活をしています。
> 　　現在の在留資格は「家族滞在」ですが、このたび以前人材派遣とし
> て働いていたP株式会社から、契約社員としての内定を頂きました。
> 　　当時は、1年余りで妊娠してしまったため、いったん派遣終了とせ
> ざるを得ませんでしたが、育児にも目途が立ち、再度P株式会社で働
> きたいと考えております。
> 　　私は、W女子大学を卒業して、日本語能力試験も1級を持ってお
> りますので、通訳をはじめとして商社の業務に対応することは十分可
> 能です。従来の業務も、貿易業界の営業事務でしたので、顧客との対
> 応及び輸入、輸出業務に関してもこなすことができます。
> 　　私に与えられる予定の実務は、中国からの木材製品の輸入業務です。
> 中国語と日本語の知識を求められる業務内容となります。私は、この
> 他にも韓国語と英語でコミュニケーションが可能であり、P株式会社
> での活躍の場も広げられると自負しております。
> 　　私は、過去の商社における勤務から商品の輸入・輸出業務を担当し、
> 貿易においての全般的な知識だけではなく、仕入先との商談について
> も経験をしております。

　これらの知識や能力を十分に発揮し、P株式会社においても貿易実務の最前線で仕事をするつもりです。特に、中国市場から木材製品を輸入する機会が多い部門での就労となりますので、私の語学力は大いに役立つものと確信しています。
　今回の「家族滞在」から「技術・人文知識・国際業務」への在留資格変更申請に関しまして、許可を頂きたく心よりお願い申し上げます。

　特に職務経歴があり、一時的に出産等の理由で職場を離れ、「家族滞在」の在留資格で日本で生活していた場合は、その経緯を説明することが重要で、保育所に預けられる環境が整備されて、再び社会人として働くことができる状況ならびに雇用契約の内容について書くとよいでしょう。
　「学歴」「貿易業務の経験」「日本語能力」等十分な能力の証明により出入国在留管理局から許可が出て、Yさんは無事にP株式会社にて働くことができるようになりました。

事例　「家族滞在」から「技術・人文知識・国際業務」への変更
職種はインターナショナルスクールの教師

　私は、ドイツ国籍の○○△△と申します。
　現在、「家族滞在」の在留資格で日本にて活動しておりますが、妻が帰化し、日本人になりました。
　私は、今回「日本人の配偶者等」ではなく、就労してフルタイムで働くために「技術・人文知識・国際業務」の在留資格に変更をお願いいたしたく申請いたします。
　私は、元々大学でも音楽を専攻し、音楽教師として、2008年から2011年にかけて母国のドイツで教えておりました。
　今回、幸いにも□□ INTERNATIONAL SCHOOLからオファーをいただき、在留資格の変更が認められれば、音楽教師としてフルタイムで働くことができるようになります。
　生徒には英語で教える授業となりますので、言葉についても問題ありません。
　妻とは価値観が合わず、今後長く結婚生活を続けることができるかわかりません。どうか今回の「家族滞在」から「技術・人文知識・国際業務」への変更を認めていただきたく心よりお願い申し上げます。

在留資格変更申請を行う場合、なぜ在留資格を変更する必要があるかを明確に記述する必要があります。

事例 一度国家試験（薬剤師）に失敗した韓国人Cが再受験に合格し、契約に基づき日本国内の薬局で働くことを希望する事例

以下の文書は、在留資格認定証明書（医療）の交付申請の例です。

> 私の名は□□○○と申します。韓国籍です。このたび○△□薬局株式会社より内定を頂きましたので、在留資格認定証明書交付申請（医療）をさせていただきます。速やかに審査をいただきたくお願い申し上げます。
> 私は、昨年の３月に別紙の証明書のように日本の薬科大学を卒業しております。しかしながら、昨年の薬剤師の国家試験に不合格となり、内定を取り消されて、韓国に帰国しました。
> その後、韓国で、独学で薬剤師の国家試験のための勉強を続けまして、無事今年の薬剤師の国家試験に合格することができました。現在、その合格発表を受けて、内定をいただいた○△□薬局の人事部の方と打ち合わせをするために来日しております。
> 先月末に発表のあった、薬剤師試験の合格により、人事部のご配慮により○△□薬局株式会社において正社員として働くことができるようになりました。
> 私は、日本で薬剤師として働き、医療の現場で、日本社会に貢献することを目標として頑張ってまいりました。○△□薬局は、合併により、売上高も日本有数の薬局チェーンであり、充実した職場環境で働くことが可能だと思います。すでに、韓国籍の正社員も、医療の在留資格を持ち、薬剤師として千葉県で働いているという事実もございます。私は日本国内の法規やルール、マナーを守り、社会人として真面目に働いてまいります。
> どうか、今回の私の「医療」の在留資格認定証明書交付申請に対する許可をいただきたく心よりお願い申し上げます。

「薬剤師」のように国家試験に受からないと医療の在留資格の対象とならない場合があります。この場合、予備校等に通い次の年の試験を待って合格後申請するということになります。なお、2020年は新型コロナウイルス感染症の影

響により、韓国が上陸拒否の対象地域となってしまい、「薬剤師」合格者がその後の手続きに進めないという事態が発生しました。

☑ 在留資格認定証明書交付申請から査証申請・発給までの流れ

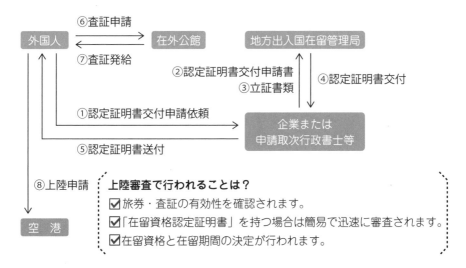

☑ 日本に入国した後の手続き

外国人も2012年7月9日以降、住民基本台帳制度の対象となっています。そのため、空港で在留カードを手にした外国人については、14日以内に住む場所となる市区町村において転入届を提出し、在留カードの裏に住所の記載が必要となります。

外国人がその後違う場所に引っ越したときは、日本人と同様、転出届と転入届を出す必要があります。なお、住民基本台帳制度の対象となった外国人には、マイナンバーも付与されます。

☑ 〈注意点：緊急事態の場合〉2020年新型コロナウイルス感染症

2020年は、新型コロナウイルス感染症の影響による入国規制等で既に在留資格認定証明書の交付を受けた外国人がその有効期間の3カ月以内に日本に上陸できないケースが出ました。そのため、出入国在留管理庁では、在留資格認定証明書を6カ月間有効なものとして取り扱うことにより、状況が改善した場合に入国手続き可能になるような対応をしました。

在留資格の申請

Q8 事業主として転職してきた外国人（技術・人文知識・国際業務）を採用する場合、法務大臣にどのような内容の雇用理由書を書けばよいでしょうか？

Q&A for hiring
foreign workers

　以下は、中国人 YE 氏を雇用（翻訳通訳、営業・商品企画・製造管理、オフィス事務業務）することとした中国人経営者 XI 氏が作成したことを想定したサンプル文書です。このような理由書が一般的です。

example ● ●

> 　私は申請人 YE の雇用主である PGEEA 株式会社の代表取締役をしております XI と申します。この度、申請人と雇用契約を締結し、2019年 8 月 19 日に入社していただきました。
>
> 　申請人の技術・人文知識・国際業務の在留期間更新許可申請書をご許可頂きたく、弊社が申請人を採用するに至った経緯やその理由を説明させていただきます。
>
> ## 1.　弊社の事業内容
>
> 　弊社は 2014 年 5 月に設立いたしました。資本金は 2,000 万円。弊社所在地は、東京都新宿区○○○です。
>
> 　役員構成は、代表取締役：XI（中国人）、取締役：WE（中国人）の2 名です。
>
> 　従業員は 3 名（うち中国人 2 名、台湾人 1 名）
>
> 　弊社の事業内容は、化粧品および健康食品の企画開発・OEM 製造・販売です。ヒト幹細胞の培養液成分を配合した化粧品を、お肌を美しい状態に維持したい方向けに高品質で安い価格で魅力のオリジナルブランド（美容液・美容クリーム・マスクなど）を販売しております。

弊社は中国人経営の外資系企業です。日本国内で化粧品と健康食品を企画開発・OEM製造し、製品を日本国内と海外5カ国に販売しております。

2.　申請人を採用した経緯

①弊社の業容拡大に伴い、中国現地企業とのコレポン（外国語で海外の取引先とやりとりすること）を含む通訳、翻訳、営業、商品企画、海外貿易業務のできる正社員としての人材を急募しておりました。弊社の役員のうち1名は日本語能力が高くありません。弊社の仕事は日中通訳の仕事が非常に多くあるため、日本語能力の高い中国人を採用して、売上増加・業務水準向上を行うことが必要な状況です。

②そこで今回、弊社に応募されたYEは、過去の経験から日中の通訳、翻訳業務について申し分なく、特に日本語については、日系、日本企業に勤めていた経験から訛などもほとんどなく、国内取引企業様とも日本人と同等に流暢に会話ができます。YEには、弊社役員の日中通訳・翻訳を担当させます。

③このようなYEの6年という社会人経験と、これまでも海外業務（日中間）に携わってきた経験とを重視し、弊社としても即戦力となると判断したため、この度の採用に至りました。

④なお、雇用条件等につきましては、YEと十分に協議し、合意した上で雇用契約の締結に至りました。

3.　申請人の経歴について

詳細については履歴書・職務経歴書を添付いたしますが、概要は以下になります。

YEは2010年4月に中国・△△△大学（日本語学科）と○○大学（行政管理学科）を卒業しました。また、日本語については、N1を持っており、ビジネス会話についても実務で対応できます。

職歴は下記のとおりです。

2010年11月～2011年6月

　　　　中国・北京のアパレル会社で日中通訳・翻訳

2011 年 7 月～ 2013 年 11 月

　　　中国・上海の自動車会社で日中通訳・人事・総務

2013 年 11 月～ 2019 年 7 月

　　　大阪の不動産会社で営業事務（日中通訳・翻訳・一般業務）

4.　申請人の職務内容

申請人 YE の仕事内容は下記の内容となります。

①翻訳通訳業務

- ・自社中国 EC サイト向けに日本語の資料を中国語へ翻訳
- ・日本国内 OEM 工場と商談し、自社各商品の生産進捗状況を中国人社長へ報告
- ・OEM 工場や社内会議の場で、中国人社長へ日本語の通訳

②営業・商品企画・製造管理業務

- ・既存商品の新規中国客先の開拓
- ・新商品作成企画（デザイン・パッケージなど）
- ・既存商品のNMPA（外国での認証取得・薬事許可の取得）資料作成、中国語への翻訳
- ・新規 OEM 工場開拓のサポート
- ・製造工場生産管理
- ・海外市場のニーズをヒアリングし、新商品の企画開発をサポート
- ・既存商品の中国医薬品規制当局の承認を取得するための資料作成及び照会回答の実務

③オフィス事務業務

- ・社内電話・メール対応を中国語並びに日本語で行う
- ・社内文書作成（議事録、報告書など）
- ・商品の受発注・出荷の手配
- ・顧客情報の登録・管理業務

5.　就業場所

弊社本社所在地：東京都新宿区○○

6. 申請人の給与について

　申請人の給与は雇用契約書に記載のとおり、月額 28 万円です。業務に必要な経費等は別途支給します。

　弊社では、申請人を期間の定めなしで継続雇用したいと考えております。どうぞ YE の在留期間更新許可申請を認めていただきたくお願い申し上げます。

☑ 4 つのポイント

① 新しく担当することになる申請人の業務内容が「技術・人文知識・国際業務」に該当することを詳しく説明します。
② 自社が外国人を雇用することに関し、事業の安定性・継続性に問題がないことを説明します。
③ なぜ、申請人を採用することとなったのかその経緯について説明します。
④ 自社の業務内容についてわかりやすく説明します。

🔍 One POINT ADVICE：外国人との労働契約とテレワーク

　2020 年の新型コロナウイルス感染症の対策として、テレワークを導入する企業が増えました。今後もこのような感染症対策として、情報通信技術を利用したテレワークは、増加の傾向にあると思われます。

　所属するオフィスに出勤しないで、自宅を就業場所とするような勤務形態となる場合、あらかじめ外国人との契約内容に盛り込むとともに説明しておく必要があります。

☑ テレワーク勤務時のチェックポイント

□賃金、費用負担　　　　　□勤務内容
□通信機器の貸与　　　　　□申請方法
□労働時間

申請手続きに関して知っておくべき入管法の知識

Chapter1
Q9

Q&A for hiring foreign workers

在留資格の申請

出入国在留管理局が就労系の在留資格の審査に使うカテゴリー制度とはどのようなものですか？

　カテゴリー制度は、簡単に言えば企業のランクづけにつながる制度です。

　カテゴリー1は信用度が非常に高く、入管の目から見て安定性・継続性に問題なしとされる企業等です。証券取引所に上場している企業等が当てはまります。

	カテゴリー1	カテゴリー2	カテゴリー3	カテゴリー4
区分（所属機関）	(1) 日本の証券取引所に上場している企業 (2) 保険業を営む相互会社 (3) 日本又は外国の国・地方公共団体 (4) 独立行政法人 (5) 特殊法人・認可法人 (6) 日本の国・地方公共団体の公益法人 (7) 法人税法別表第1に掲げる公共法人 (8) 高度専門職省令第1条第1項各号の表の特別加算の項の中欄イ又はロの対象企業（イノベーション創出企業） (9) 一定の条件を満たす企業等	前年分の給与所得の源泉徴収票等の法定調書合計表中，給与所得の源泉徴収票合計表の源泉徴収税額が1,000万円以上ある団体・個人	前年分の職員の給与所得の源泉徴収票等の法定調書合計表が提出された団体・個人（カテゴリー2を除く）	左のいずれにも該当しない団体・個人

　カテゴリー2の企業ですと、社員数50名強ぐらいの規模であれば給与所得の源泉徴収合計表の源泉徴収税額が1,000万円以上のケースもあります。中規模の企業というレベルです。もちろん上場していない大企業もこのカテゴリー2に該当します。

　カテゴリー3は、給与所得の源泉徴収合計額の源泉徴収税額が1,000万円未満の企業で、入管の目からみるとまだ安全性・継続性の面から低い評価となる企業です。

　カテゴリー4については、まだ設立したばかりのベンチャー企業が該当します。当然まだ企業としての成長性が見えないため、入管としても本当に外国人に給与を支払う能力があるかどうかなど厳しい目線で審査され、許可が出るまで4～5カ月かかります。

Chapter1
Q10

Q&A for hiring
foreign workers

在留資格の申請

入管法で一部の中小企業について「カテゴリー制度」の要件が緩和され、カテゴリー１企業と同等に扱われる「ユースエール認定企業」とは何ですか？どのような基準を満たせば認められますか？

一定の条件を満たす中小企業等への留学生の就職については、留学生が在留資格変更許可申請を行う際に必要となる各種提出書類について大企業（カテゴリー１企業）と同様の簡素化が図られ、2019年4月より実施されました。

中小企業がカテゴリー１企業と同等に扱われる優遇措置で「ユースエール認定制度」というものです。「ユースエール認定企業」とは、若者の採用・育成に積極的で、若者の雇用管理の状況などが優良な中小企業（常時雇用する労働者が300人以下）を若者雇用促進法に基づき厚生労働大臣が認定するものです。「ユースエール認定」の認定基準は下記のようになっています。

（1）労働時間
　直近事業年度の
　　①正社員の所定外労働時間月平均が20時間以下　　かつ
　　②月平均の法定外労働時間60時間以上の正社員ゼロ

（2）新規学卒等採用者の離職率
　直近3事業年度の
　　正社員の新規学卒等採用者の離職率が20％以下。ただし、採用者数が3人又は4人の場合は、離職数が1人以下

（3）有給休暇
　直近事業年度の正社員の有給休暇の
　　①年平均取得率が70％以上　　または
　　②年平均取得日数が10日以上
　　（有給休暇に準ずる休暇として職業安定局長が定めるもの（※）を含み、その日数は労働者1人当たり5日が上限。）
　　※①企業の就業規則等に規定する、②有給である、③毎年全員に付与する、という3つの条件を全て満たす休暇

☑ユースエール認定企業のメリット（4つの支援内容）

① ハローワークなどで重点的PRを実施

② 「若者雇用促進総合サイト」に認定企業として掲載

③ ユースエール認定企業限定の就職面接会などへの参加が可能

④ 自社の商品、広告などに認定マークの使用が可能

⑤ 若者の採用・育成を支援する関係助成金の加算措置　等

※対象：常時雇用する労働者が300人以下の事業主

🔍 One POINT ADVICE：健康経営優良法人の認定を受けるとカテゴリー1の企業となる

　2020年1月6日よりカテゴリー制が一部制度変更され、「健康経営優良法人」として認定されるとカテゴリー1企業として位置づけられます。中小企業であっても「健康経営優良法人」の認定を受けるとカテゴリー1になります。東京都内の企業の場合だと東京商工会議所で相談、申請することができます。認定までの流れは以下のとおりです。

① 協会けんぽもしくは所属の健康保険組合のサイトから「健康企業宣言」の様式をダウンロードし、記入する。

② 必要事項を記入し「健康企業宣言」を行う。

③ 「健康企業宣言」を行った後、半年間健康経営の取り組みを行い、協会けんぽ、健康保険組合から「銀の認定」を受ける。

④ 「銀の認定」を受けた後、健康経営優良法人認定事務局の審査を受け、健康経営優良法人に認定される。

在留資格の申請

外国人が日本での在留資格を取り消されるのはどのような ケースですか？

① 偽りその他不正な手段により許可を受けた場合

② 本来の在留資格に基づく活動を継続して一定期間行っていない場合

（1）就労系在留資格

　　入管法別表第一の在留資格（技能、技術・人文知識・国際業務、留学、家族滞在等）をもって在留している外国人が、その在留資格に基づく本来の活動を継続して3カ月以上行っていない場合

（2）身分系在留資格

　　「日本人の配偶者等」（日本人の子及び特別養子を除く）または「永住権の配偶者等」（永住者等の子として日本で出生した者を除く）の在留資格をもって在留している外国人が、その配偶者としての活動を継続して6カ月以上行っていない場合

③ 中長期在留者が90日以内に住居地の届出を行わない場合、または虚偽の届出をした場合

①～③に該当すると、在留資格は取り消しになります。特に②のケースが多く見られ、就労系の在留資格を持っていて、仕事を辞めてしまったのに、出入国在留管理庁へ届けも出さず、認められていないアルバイトなどを行っているケースでは、在留資格取り消しとなるリスクは高いです。

☑その他

　外国人が在留資格を持っているのにもかかわらず1年以上日本を離れ、「再入国許可」申請をしていなかった場合、在留資格が取り消しになってしまいます。特に両親の介護等で日本を長期間離れる場合、注意が必要です。

　実際、2020年の新型コロナウイルス感染症により、日本は2020年6月までに111カ国の人たちの入国規制を行いました。このような事態が起きてしまうと、在留カードの有効期限内に日本に戻ってくることができず在留資格が更新できず、再度ゼロからやり直しというケースが出ました。

在留資格の申請

外国人の在留資格が取り消される場合、どのような手続きが行われますか？

　出入国在留管理局が在留資格の取り消しをしようとする場合、あらかじめ在留資格の取り消しの対象となる外国人から入国審査官が意見の聴取をするという流れになります。

　外国人は出入国在留管理局からの意見の聴取にあたって意見を述べ、証拠を提出し、また資料の閲覧を求めることができます。意見の聴取にあたって代理人を選び、本人に代わって意見の聴取に参加することができるよう求めることも可能です。

　在留資格の取り消しについては、在留資格取消通知書の送達によって行われます。在留資格取消通知書については、対象となる外国人の住居地に対する送付もしくは出入国在留管理局で本人に直接交付する方法で行われます。悪質性が高い場合、在留資格を取り消された後、直ちに退去強制の手続きが執られます。悪質性が高くないケースでは30日を超えない範囲内で出国するために必要な準備期間（出国猶予期間）が指定され、自主的に出国することになります。

　実際に悪質性が高い違反行為を行っていた外国人は、以後「在留資格認定証明書」交付申請を行ったとしても、結果として不許可となることが多いのが現実です。なお、出入国在留管理庁では、インターネット上で「出入国在留管理庁　在留カード番号失効情報照会」という名称のサービスを展開しています。

　外国人より提示された在留カードの番号と有効期間を入力することで、失効した在留カードかどうかを確認することができます。なお、在留カードの交付情報の更新は土日祝日を除き原則翌日となりますので当日交付された在留カード番号には対応していません。

✅ **参考URL**

出入国在留管理庁　在留カード番号失効情報照会

https://lapse-immi.moj.go.jp/ZEC/appl/e0/ZEC2/pages/FZECST011.aspx

在留資格の申請

就労系の在留資格で日本にいる外国人の在留資格の更新申請が在留期限のぎりぎりになってしまった場合、どのような処分がされますか？

仕事の都合上などで外国人の在留資格の期間更新の手続きが在留資格ギリギリになってしまうことがあります。

このような場合、現在持っている在留カードの有効期限が最大2カ月まで特例期間として延長されることになり、外国人は正当な理由をもって日本に在留できます。

出入国在留管理局では、基本的に2カ月以内に更新手続きを終わらせることになります。

何も気付かないうちに特例期間の2カ月を過ぎてしまうとオーバーステイの状況になってしまいますので、注意が必要です。もし、特例期間の終了まで10日ほどしかなくなった場合、必ず本人が出入国在留管理局に出向き、処理の状況を確認する必要があります。

One POINT ADVICE：在留カードの期限と就職活動が可能なケース

例えば、A株式会社で働いていた外国人のBが有期雇用契約で3月31日で契約満了となり、4月10日までしか在留カードの期限がない場合、就職活動をするため、「短期滞在」への変更申請が認められることがあります。

また、会社都合で解雇されてしまったケースでは、「特定活動」への在留資格変更が認められ、新しい就職先を探す活動をすることが可能な場合があります。

特に2020年は新型コロナウイルス感染症のために突然解雇により職を失ったという事例も増えました。リーマンショック以上のインパクトがあるため会社都合で解雇されてしまったケースについては、出入国在留管理局においても一定の配慮がされ、失業した外国人に「特定活動」を付与して日本で働き続けることができる特例措置が実施されました。

在留資格の申請

中長期在留者の場合、転職や離婚などの特定のケースでは、変更があった日から 14 日以内に届け出が必要とのことですが、どのような手続きをすればよいのですか？

　中長期在留者の方で所属機関等に変更が生じる場合には、変更があった日から 14 日以内に、法務大臣に届け出る必要があります。

☑就労資格（一部を除く）、留学生及び研修生の方

　雇用先や教育機関などの所属機関の名称変更、所在地変更、会社の倒産などの消滅、雇用等の契約終了などの離脱、新たな雇用等の契約締結などの移籍が生じた場合には、14 日以内に地方出入国在留管理官署への提出、下記宛先への郵送又は「出入国在留管理局電子届出システム」を利用してインターネットにより法務大臣に届け出てください。

☑配偶者としての在留資格をもって滞在している方

　配偶者として「家族滞在」、「日本人の配偶者等」及び「永住者の配偶者等」の在留資格をもって在留している方は、その配偶者と離婚又は死別した場合には、その日から 14 日以内に地方出入国在留管理官署への提出、下記宛先への郵送又は「出入国在留管理局電子届出システム」を利用してインターネットにより法務大臣に届け出てください。

【郵送先】
〒108-8255
東京都港区港南5-5-30
東京出入国在留管理局　在留管理情報部門　届出受付担当

　地方出入国在留管理官署において、上記の届出をしていただく際には、在留カードを持参してください。郵送による届出の場合は、届出書のほかに在留カードの写しを同封し、封筒の表面には必ず「届出書在中」と朱書きで記載してく

ださい。なお、「出入国在留管理局電子届出システム」を利用するためには、事前に「出入国在留管理局電子届出システム」にアクセスして利用者情報登録を行う必要があります。

　（出入国在留管理局電子届出システムに関する詳しい情報はこちらからご確認ください。）

✓ 参考URL

・出入国在留管理局電子届出システム

　https://www.ens-immi.moj.go.jp/NA01/NAA01SAction.do

・広報用特設サイト

　http://www.immi-moj.go.jp/i-ens/index.html

　離婚や転職の事実を長年にわたり届け出なかったケースは、永住権申請において不利になりますのでご留意ください。

🔍 One POINT ADVICE：所属機関や身分関係の届出の根拠

　入管法改正が2012年7月9日に施行された後、法務大臣が中長期在留者に関する必要な情報を継続的に把握することを目的として、中長期在留者は、その在留資格に応じ、所属機関や身分関係に変更があった場合に法務大臣にその旨を届け出なければいけないことになりました。（入管法19条の16）

　所属機関とは「教育」「経営・管理」「法律・会計業務」「医療」「研究」「教育」「技術・人文知識・国際業務」「企業内転勤」「興行」「技能」または「留学」の在留資格を有する中長期在留者を受け入れている日本国の機関（企業等）のことをいいます。

　特に企業勤務の外国人の場合で永住権申請を目指す場合、この届出を正確に出しておくことが求められます。出入国在留管理局では、入国審査官がハローワークの届出状況にもアクセスできるようになっており、届出の忘れが思わぬ落とし穴になりかねません。

在留資格の申請

イタリアのミラノからデザイナーを招へいして働いてもらおうと思っておりました。すでに「在留資格認定証明書」の交付申請を行っている場合でも新型コロナウイルス感染症に関する上陸制限措置対象者となりますか？

今回のケースでは、残念ながら新型コロナウイルス感染症に関する上陸制限措置対象者となります。新型コロナウイルス感染症は、2019 年終わり以降に中国から感染拡大し、2020 年 3 月には 100 カ国を超える国に感染が広がり WHO（世界保健機関）よりパンデミック宣言されました。

このような感染症が広がった場合、日本国政府は入管法第 5 条第 1 項 14 号に規定する「法務大臣において日本国の利益又は公安を害する行為を行うおそれがあると認めるに足りる相当の理由がある者」として、日本への上陸を拒否します。

まさに新型コロナウイルス感染症については、この対象となり特定の国や地域からの上陸が拒否されました。入管法第 5 条第 1 項 14 号に該当する外国人として、特段の事情がない限り上陸を拒否する国のリストの国（新型コロナウイルス感染症対策）から入国できません。2020 年 7 月以降、感染者の少ない国から入国制限の緩和が実施されます。

☑ 2020 年 5 月 27 日現在の上陸拒否対象の国・地域

上陸の申請日前 14 日以内に以下の地域における滞在歴がある外国人

アジア	インド、インドネシア、シンガポール、タイ、韓国、中国（香港及びマカオを含む。）、パキスタン、フィリピン、ブルネイ、ベトナム、マレーシア、モルディブ
大洋州	オーストラリア、ニュージーランド
北 米	カナダ、米国

中南米	アルゼンチン、アンティグア・バーブーダ、ウルグアイ、エクアドル、エルサルバドル、コロンビア、セントクリストファー・ネービス、チリ、ドミニカ国、ドミニカ共和国、パナマ、バハマ、バルバドス、ブラジル、ペルー、ボリビア、ホンジュラス、メキシコ
欧　　州	アイスランド、アイルランド、アゼルバイジャン、アルバニア、アルメニア、アンドラ、イタリア、英国、ウクライナ、エストニア、オーストリア、オランダ、カザフスタン、北マケドニア、キプロス、ギリシャ、キルギス、クロアチア、コソボ、サンマリノ、スイス、スウェーデン、スペイン、スロバキア、スロベニア、セルビア、タジキスタン、チェコ、デンマーク、ドイツ、ノルウェー、バチカン、ハンガリー、フィンランド、フランス、ブルガリア、ベラルーシ、ベルギー、ポーランド、ボスニア、ヘルツェゴビナ、ポルトガル、マルタ、モナコ、モルドバ、モンテネグロ、ラトビア、リトアニア、リヒテンシュタイン、ルーマニア、ルクセンブルグ、ロシア
中　　東	アフガニスタン、アラブ首長国連邦、イスラエル、イラン、オマーン、カタール、クウェート、サウジアラビア、トルコ、バーレーン
アフリカ	エジプト、ガーナ、カーボベルデ、ガボン、ギニア、ギニアビサウ、コートジボワール、コンゴ民主共和国、サントメ・プリンシペ、ジブチ、赤道ギニア、南アフリカ、モーリシャス、モロッコ

　「在留資格認定証明書」交付申請については、新型コロナウイルス感染症に関する取扱いとして以下のような扱いとなりました。

すでに「在留資格認定証明書」交付申請を行っている場合		審査が保留されます。

申請中の案件について、活動開始時期の変更希望が示された場合	→ 受入機関作成の理由書のみをもって審査する。
再入国出国中に在留期限を経過した者など、改めて「在留資格認定証明書」交付申請が行われた場合	→ 申請書及び受入機関作成の理由書のみをもって審査する。

 One POINT ADVICE : 伝染病流行時の特例

　2020 年は、新型コロナウイルス感染症の流行で、世界が大混乱した年となりました。このような状況で、帰国便の確保や本国への帰国が困難であると、日本の出入国在留管理庁が認めた場合、「その他の在留資格」で在留中の者についても 2020 年 6 月現在、「特定活動（6 カ月・就労不可＜ただし、アルバイトは可能＞、帰国できない事情が継続している場合、更新可能)」への在留資格変更を許可するという特別な措置が取られました。

「在留資格認定証明書の特例」

　海外から来日を予定していた外国人が、新型コロナウイルス感染症に関連し、上陸制限措置対象者になる場合、「在留資格認定証明書」の有効期限が 3 カ月から 6 カ月に延長されました。
　また、「在留資格認定証明書」交付申請をしているケースでは、出入国在留管理局に理由書を提出することで、活動開始時期を変更することが可能です。さらに、再申請のケースでも、理由書を提出することで、新たに審査が行われます。

• **入国制限の解除に向けた今後の流れ**
111 カ国の入国制限
　↓
2020 年 7 月　第 1 弾の入国制限解除
ベトナム、タイ、ニュージーランド、オーストラリア
　↓

↓
第2弾以降
ビジネス関連を中心に新型コロナウイルス感染症が収束した国から入国制限解除

新型コロナウイルス感染症への対策と特例措置

　日本では世界180カ国以上に拡がった新型コロナウイルス感染症への対策から2020年4月3日以降、上陸拒否の対象地域が拡大されました。特段の事情がない限り、入管法第5条第1項第14号に該当するものとして2020年6月までに111カ国の国からの上陸を拒否することになりました。ただし、2020年4月2日までに再入国許可（みなし再入国を含む。）により出国した「永住者」「日本人の配偶者等」「永住者の配偶者等」または「定住者」の在留資格を有する外国人（これらの在留資格を有しない日本人の配偶者等または日本人の子を含む。）が再入国をする場合、原則として特段の事情があるものとされました。

　2020年4月20日から新型コロナウイルス感染症の影響により受け入れ企業で技能実習や特定技能の活動等を継続していくことが困難となった場合、技能実習生や特定技能外国人等が国内で雇用継続できる特例措置が設けられました。

　これまでは一定の条件の下で同じ分野の業種の間でしか転職できなかったものが、特例で技能実習生等が異業種へ転職できるようになり、雇用する企業が決まれば「特定活動」を付与され、日本国内で働き続けることができるようになりました。

　一方で、入国制限の影響を受け、農業では働く予定であった技能実習生が2,000人以上も入国できなくなるなど、大きな労働力不足の状況を生み出すことにもなりました。

在留資格の申請

在留申請手続きのオンライン化が一部対応されているそうですが対象となる手続きは何ですか？

　出入国在留管理局における在留申請手続きのオンライン化は、2020年3月より拡大され、対象となる手続きは以下の7種類です。

① 在留資格認定証明書交付申請
② 在留資格変更許可申請
③ 在留資格更新許可申請
④ 在留資格取得許可申請
⑤ 就労資格証明書交付申請
⑥ 再入国許可申請
⑦ 資格外活動許可申請

　ただし、⑥と⑦の手続については、②～④と同時に行う場合に限ります。

　対象となるのは、「公用」「教授」「芸術」「宗教」「報道」「経営・管理」「法律・会計業務」「医療」「研究」「教育」「技術・人文知識・国際業務」「企業内転勤」「興行」「技能」「特定技能」「高度専門職」「文化活動」「留学」「研修」「家族滞在」「特定活動」です。

　入管法の別表第1（就労系や留学など）に入る在留資格が中心ですが「外交」「短期滞在」は除外となっています。

　また、入管法の別表第2に入る身分系の在留資格も対象外です。具体的には、「永住者」「日本人の配偶者等」「永住者の配偶者等」「定住者」は、在留申請手続きのオンラインは使えないということです。

　なお、オンライン申請が利用できるのは、外国人から依頼を受けた下記の利用者です。

① 所属機関（企業等）の職員
② 申請取次の届出をした弁護士か行政書士
③ 公益法人の職員
④ 登録支援機関の職員

🔍One POINT ADVICE：オンライン手続きに必要な書類

　オンラインで手続きするには事前に利用申出が必要となります。会社所在地の最寄りの出入国在留管理局に下記の書類を提出し、承認されるとメールにて利用のためのIDが付与されます（カテゴリー1、2、3の企業）。

- （1）利用申出書（法人の場合は法人番号も必要）
- （2）外国人の所属機関の概要がわかる資料
- （3）誓約書
- （4）登記事項証明書
- （5）外国人の所属機関に所属している外国人従業員のリスト、受入れ予定の外国人のリスト
- （6）申請取次の行政書士・弁護士等が外国人の所属機関から依頼を受けたことがわかる資料

✅ 参考URL

出入国在留管理庁：

　http://www.immi-moj.go.jp/

法務省の新しい在留管理制度：

　http://www.immi-moj.go.jp/newimmiact_1/

入管法の条文の掲載：

　https://elaws.e-gov.go.jp/search/elawsSearch/elaws_search/lsg0500/detail?lawId=326CO0000000319

法務省 > 登録支援機関リスト：

　http://www.moj.go.jp/nyuukokukanri/kouhou/nyuukokukanri07_00205.html

法務省 > 登録支援機関の登録申請：

　http://www.moj.go.jp/nyuukokukanri/kouhou/nyuukokukanri07_00183.html

法務省：在留資格申請手続き様式

　http://www.moj.go.jp/tetsuduki_shutsunyukoku.html

外国人労働者を受け入れるための基準や要件について

Chapter1
Q17
Q&A for hiring
foreign workers

在留資格の申請

2020年4月より留学の在留資格を取得するのが難しくなったそうですが、どのように変わりましたか？

　2020年4月より「留学」の在留資格にはホワイト国とその他に区別されることになりました。理由は、留学の在留資格を活用した出稼ぎ目的の入国を防ぐためです。30年ぶりに大幅に審査方法が変更になりました。変更前の留学生の厳格審査対象国は以下の7カ国でした。

1	中国（香港を除く）	2	ベトナム	3	バングラデシュ
4	ネパール	5	ミャンマー	6	スリランカ
7	モンゴル				

　この7カ国は、不法残留が多かったため、日本での生活費を出す預金残高証明書や親族との関係を示す公的書類など複数の書類を出入国在留管理局に提出する必要がありました。2020年4月より、このような書類の提出を求める国が10倍に増えることになりました。一方、中国からの留学生は富裕層が増えた影響もあり不法残留が少なくなっていることで、今回ホワイトリストに指定されました。

1	アフガニスタン	2	アンゴラ	3	イエメン
4	インド	5	インドネシア	6	ウガンダ
7	ウクライナ	8	ウズベキスタン	9	エジプト
10	エスワティニ	11	エチオピア	12	エリトリア
13	エルサルバドル	14	ガーナ	15	カーボベルデ
16	カメルーン	17	ガンビア	18	カンボジア
19	ギニア	20	ギニアビサウ	21	キリバス

22	キルギス	23	クック諸島	24	ケニア
25	コートジボワール	26	コモロ	27	コンゴ共和国
28	コンゴ民主共和国	29	サントペ	30	プリンシペ
31	ザンビア	32	シエラレオライ	33	ジブチ
34	シリア	35	ジンバブエ	36	スーダン
37	スリランカ	38	セネガル	39	ソマリア
40	ソロモン諸島	41	タジキスタン	42	タンザニア
43	チャド	44	チュニジア	45	トーゴ
46	ナウル	47	ニウエ	48	ニカラグア
49	ニジェール	50	ネパール	51	ハイチ
52	パキスタン	53	バチカン	54	バヌアツ
55	パプアニューギニア	56	バングラデシュ	57	フィリピン
58	ブータン	59	ブルキナファソ	60	ブルンジ
61	ベトナム	62	ベナン	63	ボリビア
64	ホンジュラス	65	マダガスカル	66	マラウィ
67	マリ	68	ミクロネシア連邦	69	ミャンマー
70	モーリタニア	71	モザンピーク	72	モルドバ
73	モロッコ	74	モンゴル	75	ラオス
76	リベリア	77	ルワンダ	78	レソト
79	中央アフリカ	80	東ティモール	81	南スーダン

One POINT ADVICE：留学生のアルバイトに関する日本国政府の方針について

　日本国政府は、あくまでも留学生は勉強を中心として日本に在留するべきという方針を持っています。そのため、週28時間というルールを守らず、フルタイムで働くような外国人留学生は好ましくないと考えています。今後は、「特定技能」にコンビニエンス業界でも働ける「特定技能1号」の在留資格を予定するなど、働きたい外国人は就労系の在留資格を取得すべきという方針を持っています。

在留資格の申請

出入国在留管理局へ提出する外国人採用時の職務内容の説明はどのようにすればいいですか？

　企業が、新しく外国人を海外から採用する場合、出入国在留管理局が、詳しい説明を求めてくることがあります。例えば、ＩＴエンジニアという表現よりも、具体的にどのような業務を担当するかを説明した方が、許可を得るためには有効です。以下に一つの事例を挙げます。

事例 ／ 申請人Ａの担当業務：プラットフォームエンジニアの説明事例

概要	オンライン決済サービスに関わるプラットフォームエンジニアとして、決済業務全般の企画・設計・開発・運用に関わる。
開発・分析と問題解決	オンライン決裁システムを構築するソフトウェア開発チームにて、決裁におけるトランザクションと、それに付随するプロセスを処理するビジネスロジック及びシステムの開発を担う。オンライン決裁システムの製品・プラットフォームは、一つ一つのアーキテクチャ・インフラを細かく客観的に分析する必要がある。その分析結果を基に、創造的で意図的に正しい問題の解決を行う業務である。
サポート・教育	新しい性能の開発と共に性能のサポート・拡張または簡略化に努める。分配されたシステム、データストリーミングプロセスにおける深い理解を得て、そのアイデアを基に、他の社員に対する教育と助言を行う業務である。

　入国審査官も在留資格の該当性を判断する必要がありますので、外国人がどのような仕事に従事するか、できる限りわかりやすい文書で説明することがポイントです。

Q&A for hiring
foreign workers

在留資格の申請

業務委託契約の形態でも日本で働く外国人の在留資格取得は可能ですか？

　入管法においては、外国人との契約は、雇用契約でない場合でも在留資格取得の対象となることがあります。

　例えば、英会話学校と英語教師の関係で考えるとわかりやすいと思います。一人の英語教師がA、B、Cというように３ヶ所の英会話学校と授業のコマ数に応じて契約をしていることがあります。このようなケースが業務委託契約であり、３ヶ所からの報酬額が契約に基づき安定的に月20万円を超えていることを立証できれば、「技術・人文知識・国際業務」は取得できます。ただし、「特定技能」、「高度専門職」については、指定書で指定された企業との雇用契約が前提なので、原則として業務委託契約の手法は採れません。ただし、高度専門職で外国法事務弁護士など一部は例外的に業務委託契約でも認められることがあります。

　下記は英国籍のW氏がX社との間で業務請負契約を結び、舞台演劇の映像の音声解説ならびに字幕解説業務に従事する内容となっています。

　この翻訳家は、日本とイギリスを行ったりきたりしている立場ですが、舞台翻訳を行うときには、集中して日本に住居を構え、仕事をします。その状況に対応した業務請負契約書となっています。

業務請負契約書

　株式会社X（以下、「甲」という。）とW（以下、「乙」という。）とは次のとおり業務請負契約を締結する。

第1条　甲は乙に対し、以下の業務（以下「本件業務」という）を委託し、乙はこれを受諾する。

　（1）舞台演劇および映像の音声解説作成

　（2）舞台演劇の字幕解説作成

　（3）その他、翻訳、ナレーション、執筆業務等の解説作成に伴う付随業務

第2条　甲は乙に対し、本件業務の対価として、毎月末日に業務量に応じた額を算定して、銀行振込で支払うものとする。

　　　　本件業務に基づく委託額の年間最低保障額は300万円とする。

- 舞台演劇の音声解説作成：計12本60万円（単価：上演時間20分以内2.6万円、21分以上は1分毎300円）
- 舞台映像の音声解説作成：計48本760万円（単価：上演時間30分以内4万円、31〜60分8万円、61〜90分13万円、91〜120分18万円、121〜150分23万円、151〜180分28万円）
- 舞台演劇の字幕解説作成：計12本80万円（単価：上演時間20分以内3.3万円、21分以上は1分毎600円。

　　　　付随業務：解説チェック 1,000円＋上演時間×180円、原稿再利用料1万円）

第3条　乙が本件業務遂行のために費用を必要とする場合は、その都度、甲乙間の協議により、負担者および支払方法を協議し決定するものとする。

第4条　乙が本件業務遂行上知り得た甲の経営内容その他業務に関連する一切の情報につき、乙は、甲が事前に承諾した者以外の第三者に漏洩してはならない。乙がこれに違反した場合、甲は、乙に対しその損害の賠償を請求するものとする。

　　　　2　前項は、本契約の終了後も効力を有する。

第5条　乙は、甲と同種の事業を営む場合または甲と同種事業を営む会社等と契約を締結する場合には、事前に甲の承諾を受けるものとする。

第6条　本契約期間は20○○年○月○日から1年間とする。ただし、同期間終了の1カ月前までに、甲乙いずれか一方から相手方に対し、本契約を延長しない旨の意思表示がない限り、本契約は自動的に1年間延長されるものとし、以後も同様とする。

第7条　本契約に定めのない事項が生じたとき、またはこの契約条件の各条項の解釈につき疑義が生じたときは、甲乙誠意をもって協議の上解決するものとする。

第8条　本契約は乙が「技術・人文知識・国際業務」の在留資格を取得
　　　　していることを前提として継続する。

　以上、本契約成立の証として、本書を二通作成し、甲乙は署名押印の
うえ、それぞれ一通を保管する。

　　　　　　　　　　　　　　　　　2019年　　　　　月　　　　　日

　　　　　　　　所在地
　　　（甲）　　事業所名
　　　　　　　　代表者　　　　　　　　　　　　　　　㊞

　　　　　　　　住所
　　　（乙）
　　　　　　　　氏名　　　　　　　　　　　　　　　　㊞

　出入国在留管理局の審査官に、なぜW氏を使う必要性があるのかを、日本側
の責任者が説明した文書です。

状 況 説 明 書

　歌舞伎及び日本文化の海外に向けての情報発信における、W氏の貢献
について、ここにご紹介し、状況を説明させていただきます。
　W氏は、弊社のグループ会社であるX社が提供している、英語のイヤ
ホンガイドサービス、英語の字幕ガイドサービスの解説員を1985年よ
り担当しております。
　字幕ガイドは東京の歌舞伎座で提供している解説サービスであり、英
語ガイドは京都の南座をはじめ、歌舞伎公演を行う全国の劇場で広く提
供されている解説サービスです。どちらも、上演されている歌舞伎公演
に合わせ、的確なタイミングで英語の解説を流すことで、海外からお越
しのお客様が、歌舞伎公演への理解を深め、より公演をお楽しみいただ
くことが可能となります。

解説員に求められることは、的確な英語による解説文の提供、ガイドのナレーションを行うこと、そして自身で作成した解説を流すきっかけを決めることです。いずれも、歌舞伎および日本文化に対する深い造詣と、その知識を用いて的確にわかりやすい英語で説明する能力を持たなければ、務めることができない仕事ばかりです。W氏は、その知識、能力を生かし、劇場で販売しております歌舞伎のプログラムの英語解説部分の執筆も担当しております。

　また、当演劇統括部演劇広報室としては、当部署で運営を行っている英語版歌舞伎情報ウェブサイト、英語版歌舞伎情報 Facebook ページも担当し、原稿のチェック及びアドバイザーを務めております。

　弊社が発信する歌舞伎の情報は、歌舞伎のイメージそのものを左右するので、歌舞伎の紹介において、英語であってもその質を大変重視しています。そのため、弊社に日本人職員が書いた原稿を、世の中に発信する前に、言葉の細かなニュアンスが伝わるか、文法、言い回しが適切かをチェックしていただいております。このチェック作業は、歌舞伎という専門的な分野に関しての豊富で正確な知識を要すだけでなく、それをわかりやすく美しい英語に言語化する能力を要する作業です。こちらの業務を行っていただく方については、厳しい適正チェックを行っており、W氏は、そちらに該当する、数少ない外国人の方の一人です。

　これから日本が歌舞伎という伝統文化を海外に紹介していく機会も増えていくと思われますが、彼はそうした仕事に適した貴重な人材の一人なのです。

　彼の稀有な才能と深い知識、歌舞伎をはじめとする日本文化に対する愛情、そして、それを世界に広めていくという活動における献身的な情報が活かされていくことは、日本にとっても非常に有益なことですので、今後ともW氏が日本でこうした活動を展開するのに支障が出ないように、ご配慮いただけますと幸いです。

　申請人の立場だけではなく、契約を結ぶ企業側からもその必要性を説明することで効果があります。

キャリアアップ助成金

　派遣労働者のキャリアアップを促進する観点から派遣労働者を正規雇用労働者として直接雇用することを通じ、人材確保を図ろうとする事業主に対して「キャリアアップ助成金」が支給されます。外国人労働者についても最初派遣で様子を見て、その後問題ないと評価された場合、一定の要件をみたすとキャリアアップ助成金の対象となります。

雇用調整助成金（特例措置）

　新型コロナウイルス感染症の影響を受け、事業活動の縮小を余儀なくされた事業主が、労働者に対して一時的に休業、教育訓練または出向を行い、外国人労働者の雇用維持を図った場合でも、休業手当の一部は助成されます（支給上限は1日1人あたり15,000円）。

☑インフォメーション：
人材確保等支援助成金（外国人労働者就労環境整備助成コース）

　2020年4月より、人材確保等支援助成金に新しく外国人労働者就労環境整備助成コースが登場しました。外国人労働者を雇用する事業主が外国人労働者に対する就労環境整備措置を新たに導入し、外国人労働者に対して実施することが求められます。

1. 雇用労務管理者の選任
2. 就業規則等の社内規定の多言語化
3. 苦情・相談体制の整備
4. 一時帰国のための休暇制度
5. 社内マニュアル、標識類等の多言語化
（1、2を行った後に、3、4、5のいずれか1つ以上を行う）

Chapter1
Q20

Q&A for hiring
foreign workers

在留資格の申請

外国人で調理の経験しかない人間が IT エンジニアとして働きたいと言ってきました。コンピューターのプログラミングの知識を持っていれば採用しても問題ありませんか？

　外国人が仕事を得るために独学で知識を身に付けて転職をしようとすることがあります。しかし残念ながら日本では大学等でコンピューターサイエンスを専攻し、卒業証明書を持っているか、または 10 年以上の実務経験（大学や専門学校、高校で当該知識又は技術に係る科目を専攻した期間を含む）を有しているような人材でなければ IT エンジニアとして日本国内で働くことはできません。唯一救済として考えられるのは、IT 告示（法務省）に合格していることですが、実務経験がない場合、在留資格の取得は難しいと思われます。

　なお、法務省が IT 告示として定めている試験は下記の内容です。

　出入国管理及び難民認定法第七条第一項第二号の基準を定める省令（平成二年法務省令第十六号）の表の法別表第一の二の表の技術・人文知識・国際業務の項の下欄に掲げる活動の項下欄第一号ただし書の規定に基づき定める情報処理技術に関する試験は次の第一号から第十号までに定めるものとし、情報処理技術に関する資格は第十一号及び第十二号に定めるものとする。

一　我が国における試験で次に掲げるもの

　イ　情報処理の促進に関する法律（昭和四十五年法律第九十号）に基づき
　　　経済産業大臣が実施する情報処理安全確保支援士試験
　ロ　情報処理の促進に関する法律に基づき経済産業大臣が実施する情報処
　　　理技術者試験のうち次に掲げるもの
　　　（1）　IT ストラテジスト試験
　　　（2）　システムアーキテクト試験
　　　（3）　プロジェクトマネージャ試験
　　　（4）　ネットワークスペシャリスト試験
　　　（5）　データベーススペシャリスト試験

（6）　エンベデッドシステムスペシャリスト試験

（7）　ITサービスマネージャ試験

（8）　システム監査技術者試験

（9）　応用情報技術者試験

（10）　基本情報技術者試験

（11）　情報セキュリティマネジメント試験

ハ　通商産業大臣又は経済産業大臣が実施した情報処理技術者試験で次に
掲げるもの

（1）　第一種情報処理技術者認定試験

（2）　第二種情報処理技術者認定試験

（3）　第一種情報処理技術者試験

（4）　第二種情報処理技術者試験

（5）　特種情報処理技術者試験

（6）　情報処理システム監査技術者試験

（7）　オンライン情報処理技術者試験

（8）　ネットワークスペシャリスト試験

（9）　システム運用管理エンジニア試験

（10）　プロダクションエンジニア試験

（11）　データベーススペシャリスト試験

（12）　マイコン応用システムエンジニア試験

（13）　システムアナリスト試験

（14）　システム監査技術者試験

（15）　アプリケーションエンジニア試験

（16）　プロジェクトマネージャ試験

（17）　上級システムアドミニストレータ試験

（18）　ソフトウェア開発技術者試験

（19）　テクニカルエンジニア（ネットワーク）試験

（20）　テクニカルエンジニア（データベース）試験

（21）　テクニカルエンジニア（システム管理）試験

（22）　テクニカルエンジニア（エンベデッドシステム）試験

（23）　テクニカルエンジニア（情報セキュリティ）試験

（24）　情報セキュリティアドミニストレータ試験

(25)　情報セキュリティスペシャリスト試験

二　中国における試験で次に掲げるもの

イ　中国工業和信息化部教育与考試中心が実施する試験のうち次に掲げる
もの
（1）　系統分析師（システム・アナリスト）
（2）　信息系統項目管理師（インフォメーション・システム・プロ
ジェクト・マネージャ）
（3）　系統架構設計師（システム・アーキテクト）
（4）　軟件設計師（ソフトウェア設計エンジニア）
（5）　網絡工程師（ネットワーク・エンジニア）
（6）　数据庫系統工程師（データベース・システム・エンジニア）
（7）　程序員（プログラマ）
ロ　中国信息産業部電子教育中心又は中国工業和信息化部電子教育与考試
中心が実施した試験のうち次に掲げるもの
（1）　系統分析員（システム・アナリスト）
（2）　高級程序員（ソフトウェア・エンジニア）
（3）　系統分析師（システム・アナリスト）
（4）　軟件設計師（ソフトウェア設計エンジニア）
（5）　網絡工程師（ネットワーク・エンジニア）
（6）　数据庫系統工程師（データベース・システム・エンジニア）
（7）　程序員（プログラマ）

三　フィリピンにおける試験で次に掲げるもの

イ　フィリピン国家情報技術標準財団（PhilNITS）が実施する試験のうち
次に掲げるもの
（1）　基本情報技術者（ファンダメンタル・インフォメーション・テ
クノロジー・エンジニア）試験
（2）　応用情報技術者（アプライド・インフォメーション・テクノロ
ジー・エンジニア）試験
ロ　フィリピン・日本情報技術標準試験財団（JITSE　Phil）が実施した
基本情報技術者（ファンダメンタル・インフォメーション・テクノロ
ジー・エンジニア）試験

四　ベトナムにおける試験で次に掲げるもの

　　イ　ベトナム訓練試験センター（VITEC）が実施する試験のうち次に掲げるもの
　　　　（1）　基本情報技術者（ファンダメンタル・インフォメーション・テクノロジー・エンジニア）試験
　　　　（2）　応用情報技術者（アプライド・インフォメーション・テクノロジー・エンジニア）試験
　　ロ　ベトナム情報技術試験訓練支援センター（VITEC）又はベトナム訓練試験センター（VITEC）が実施した試験のうち次に掲げるもの
　　　　（1）　基本情報技術者（ファンダメンタル・インフォメーション・テクノロジー・エンジニア）試験
　　　　（2）　ソフトウェア開発技術者（ソフトウェア・デザイン・アンド・ディベロップメント・エンジニア）試験

五　ミャンマーにおけるミャンマーコンピュータ連盟（MCF）が実施する試験のうち次に掲げるもの

　　イ　基本情報技術者（ファンダメンタル・インフォメーション・テクノロジー・エンジニア）試験
　　ロ　応用情報技術者（アプライド・インフォメーション・テクノロジー・エンジニア）試験

六　台湾における財団法人資訊工業策進会（III）が実施した試験のうち次に掲げるもの

　　イ　軟体設計専業人員（ソフトウェア・デザイン・アンド・ディベロップメント・IT・エキスパート）試験
　　ロ　網路通訊専業人員（ネットワーク・コミュニケーション・IT・エキスパート）試験
　　ハ　資訊安全管理専業人員（インフォメーション・システム・セキュリティー・IT・エキスパート）試験

七　マレーシアにおけるマルチメディア技術促進本部（METEOR）が実施する基本情報技術者（ファンダメンタル・インフォメーション・テクノロジー・プロフェッショナル）試験

八　タイにおける試験で次に掲げるもの

イ　国立科学技術開発庁（NSTDA）が実施する試験のうち次に掲げるもの

（1）　基本情報技術者（ファンダメンタル・インフォメーション・テクノロジー・エンジニア）試験
（2）　応用情報技術者（アプライド・インフォメーション・テクノロジー・エンジニア）試験

ロ　国立電子コンピュータ技術センター（NECTEC）が実施した基本情報技術者（ファンダメンタル・インフォメーション・テクノロジー・エンジニア）試験

九　モンゴルにおけるモンゴル国立ITパーク（NITP）が実施する試験のうち次に掲げるもの

イ　基本情報技術者（ファンダメンタル・インフォメーション・テクノロジー・エンジニア）試験
ロ　応用情報技術者（アプライド・インフォメーション・テクノロジー・エンジニア）試験

十　バングラデシュにおけるバングラデシュコンピュータ評議会（BCC）が実施する試験のうち次に掲げるもの

イ　基本情報技術者（ファンダメンタル・インフォメーション・テクノロジー・エンジニア）試験
ロ　応用情報技術者（アプライド・インフォメーション・テクノロジー・エンジニア）試験

十一　シンガポールにおけるシンガポールコンピューターソサイエティ（SCS）が認定するサーティファイド・IT・プロジェクト・マネージャ（CITPM）

十二　韓国における韓国産業人力公団が認定する資格のうち次に掲げるもの

イ　情報処理技師（エンジニア・インフォメーション・プロセシング）

ロ　情報処理産業技師（インダストリアル・エンジニア・インフォメーション・プロセシング）

One POINT ADVICE：IT エンジニアについて

IT エンジニアとは、情報技術産業に携わる技術者のことです。数多くの職種があり、それぞれに求められる能力も違います。日本において外国人が従事する IT 関連業務には下記のようなものがあります。

・IT コンサルタント	・システムエンジニア
・ネットワークエンジニア	・プロジェクト・マネージャー
・プログラマー	・データベースエンジニア
・プロジェクトリーダー	・サーバーエンジニア
・セキュリティエンジニア	・運用保守システムエンジニア
・品質管理 /QA/QC	・システム運用

例えば、WEB エンジニアは、WEB ポータルサイトや EC サイトなど WEB 上での使用に特化したシステム設計・開発・運用・保守を専門的に行う SE の一種です。業務内容は WEB システムの設計、WEB システムの構築、WEB システムの運用・保守が中心となります。必要スキルとしては、Java や HTML などの WEB 関連用語に対する知識やネットワークやセキュリティに関する知識となります。EC サイトなど世界を相手に商売をする場合、外国人 WEB エンジニアの必要性が出てくることになります。

One POINT ADVICE：テレワークと就業規則の多言語化

2020 年の新型コロナウイルス感染症対策として、テレワークを導入する企業が増えました。IT エンジニアの場合も、在宅勤務を命じられるケースが多くなりました。ただし、外国人社員の場合、労働契約に文章でテレワーク業務の内容が記載されていることが必要です。テレワーク時の働き方のルールを明確にするため、就業規則の改定も重要です。2020 年 4 月より、「人材確保等支援助成金」に「外国人労働者就労環境整備助成コース」が登場しました。この助成金を利用して就業規則の多言語化を行うことができます。

留学生や転職者など国内在住の外国人を採用する場合

☑ 1-4-1　留学生

Chapter1

Q21

Q&A for hiring foreign workers

在留資格の申請

人手不足で日本人の採用が難しい状況です。外国人留学生を採用する場合、どのような書類を提出してもらう必要がありますか?

　日本において「留学」している留学生も大きく分けて2つのパターンがあります。

　もうすでに本国で大学を卒業して、日本に来ていればすぐに在留資格変更申請をかけることができます。本国で大学を卒業しておらず、日本の大学に在学中の場合は、原則として大学を卒業してから企業で働くことができます。

1. 通常、日本在住の留学生については、卒業が3月の場合、前年12月から在留資格変更許可申請の手続きを行うことができます。この場合、とり急ぎ、卒業見込み証明書や成績証明書等を提出します。その後、3月に大学を卒業し、卒業証明書を入手することにより、初めて在留資格変更許可申請が認められ、就労系の在留資格を得ることができます。また、企業との雇用契約が卒業後の在留資格変更許可を条件にスタートすることを労働条件通知書に明記しておいた方がいいでしょう。

2. 一部例外的に、すでに海外で大学を卒業し、日本語学校で勉強している留学生がいます。このケースでは、企業が労働条件通知書で採用することを決めれば、在留資格変更許可申請がすぐに認められることがあります。

☑注意点

　就職活動を行う期間として日本の大学等を卒業した後「特定活動」を許可されている外国人の場合、内定を出して在留資格変更申請をすることにより許可が出れば企業で働くことができます。従来は卒業後1年を超えない範囲で「特

定活動」が与えられていましたが、新型コロナウイルス感染症による自粛期間等の影響から1年を超えて「特定活動」の在留期間の更新を受けることもできます。

One POINT ADVICE：外国人雇用状況届出制度とは？

外国人雇用状況届出制度は、事業主が外国人の雇入れ、離職の際に氏名・在留資格・在留期間等を確認したうえでハローワークへ届出を行うことを義務付ける制度です。労働施策の総合的な推進並びに労働者の雇用の安定及び職業生活の充実等に関する法律第28条に定められています。

2020年3月から外国人雇用状況の届出において、在留カード番号の記載が必要となりました。この手続きについては、ハローワークインターネットサービスからも申請できます。

✅ 参考URL

https://www.hellowork.mhlw.go.jp/

One POINT ADVICE：外国人社員の在留カードの番号に注意

企業として、労働者名簿に在留カードの番号と有効期限、在留資格の種類等を管理する必要があります。意外と多いミスは、更新時に在留カードの番号が変わるということを知らず、人事の担当者が最初の在留カードの番号しか把握していないケースです。在留カードの更新がなされると、番号が変わるという認識を持つようにしましょう。ちなみに、外国人の場合であっても、原則としてマイナンバーについては一生涯同じです。

もう1つ注意しなければならないのは、外国人のパスポートの有効期限です。日本に長く滞在している外国人だと、うっかりパスポートの更新を忘れることもあります。人事担当者の忘れてはならないチェックポイントです。

在留資格の申請

留学生を「技術・人文知識・国際業務」の在留資格に変更し、企業が採用するときに出入国在留管理局への申請で用意しなければいけない資料は何ですか？

通常は以下のような資料を用意します。

1 雇用先の資料

☑	◎給与取得の源泉徴収票等の法定調書合計表のコピー（受領印のあるもの） ※電子申告の場合は受領印が無いため、受信記録も付ける。 　または、給与支払事務所等の開設届出書のコピー ※源泉徴収額がゼロもしくは少ない場合や、設立して間もない場合
☑	◎会社登記簿謄本（コピー可）※個人営業の場合は不要
☑	○営業許可証のコピー
☑	◎決算報告書のコピー（貸借対照表・損益計算書・販売費及び一般管理費） 　※個人営業の場合は確定申告書のコピー
☑	○外国人従業員リスト（日本人社員は総数のみ記載）
☑	△会社案内書（パンフレット類やホームページを印刷したものでも可）
☑	△事務所の写真（外観・入口・内観）
☑	◎申請人の具体的担当業務（できる限り詳しく書くようにします）

2 申請人の個人資料

☑	○履歴書（学歴・職歴を記載。市販の履歴書で構わない）
☑	◎卒業証明書（在学中の場合は卒業見込書）
☑	◎成績証明書
☑	◎在留カード（原本）
☑	◎パスポート（原本）
☑	△その他　資格試験の合格証書など（担当業務に関係するものであれば提出した方が良い）

3　行政書士等が用意する書類

☑	◎申請書（変更用N）全6枚（本人署名・代表印が必要）
☑	◎採用通知書（代表印が必要）　※雇用契約書と同等の扱い
☑	◎採用理由書（代表印が必要）　※申請人の採用経緯および具体的担当業務を記載
☑	○返信用ハガキ　※入管の申請カウンターで配布
☑	△手数料納付書（本人署名が必要）　※許可が下りた後に用意しても良い

COLUMN　Let's take a break.

有料職業紹介事業と外国人採用

　有料職業紹介事業とは、職業紹介に関し、手数料又は報酬の対価を受けて行う職業紹介事業です。有料職業紹介事業は、職業安定法で定められた内容の職業について厚生労働大臣の許可を受けて行うことができます。

　実際、外国人を採用する際、あらかじめ能力等がフィルターにかけられて明らかになっているという安心感から企業が有料職業紹介事業者を介して採用することがあります。特にエンジニア、ディーラーなどの「高度専門職」や「技術・人文知識・国際業務」の分野の人材採用が多いようです。

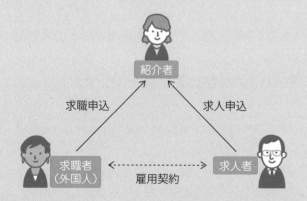

　外国人の場合、本人の持つ能力がどれくらいかが把握しにくいこともあり、有料職業紹介においてフィルターがかけられることにより、スキルが標準以上の人材に働いてもらう可能性が高まります。

☑ 1-4-2 転職者

在留資格の申請

外国人を雇用したいのですが、どのような在留資格を持っている人ならば採用できますか？

　外国人を労働者として雇用する場合、適正な在留資格をもっているかどうかを確認する必要があります。どのような職にもつけるのは身分系の在留資格を持つ外国人です。

☑ 活動に制限のない在留資格（身分系の在留資格）

永　住　者	法務大臣から永住の許可を受けた者
日本人の配偶者等	日本人の配偶者・実子・特別養子
永住者の配偶者等	永住者・特別永住者の配偶者及び我が国で出生し引き続き在留している実子
定　住　者	日系３世、第三国定住難民、中国残留邦人等

☑ 就労が認められる在留資格（活動が特定される）

外　　交	外国政府の大使、公使、総領事等及びその家族
公　　用	外国政府もしくは、国際機関等の公務に従事する者及びその家族
教　　授	大学教授等
芸　　術	作曲家、画家、著述家等
宗　　教	外国の宗教団体から派遣される宣教師等
報　　道	外国の報道機関の記者、カメラマン

高度専門職	高度な専門的能力を有する者
経営・管理	会社の経営者・管理者
法律・会計業務	弁護士・公認会計士等
医療	医師、看護師、歯科医師等
研究	政府関係機関や企業等の研究者
教育	高等学校・中学校等の語学教師等
技術・人文知識・国際業務	機械工学の技術者、通訳人、デザイナー、私企業の語学教師、マーケティング業務従事者等
企業内転勤	外国の事業所からの転勤者
介護	介護福祉士
興行	俳優、歌手、ダンサー、プロスポーツ選手等
技能	外国料理の調理師、スポーツ指導者、航空機等の操縦者、貴金属等の加工職
特定技能	特定産業分野（介護、ビルクリーニング、素形材産業、産業機械製造業、電気・電子情報関連産業、建設、造船・舶用工業、自動車整備、航空、宿泊、農業、漁業、飲食料品製造業、外食業）に従事する者＊平成31年（2019年）4月から受入れ開始
技能実習	技能実習生

☑就労が認められていない在留資格

文化活動	日本文化の研究者等
短期滞在	観光客、会議参加者等
留学	大学、高等専門学校、高等学校、中学校、小学校、専修学校、各種学校等の学生、生徒
研修	研修生
家族滞在	在留外国人が扶養する配偶者・子

☑ 就労可否は指定される活動の内容による

特 定 活 動	経済連携協定に基づく外国人看護師・介護福祉士候補等、外交官の家事使用人、ワーキングホリデー

　御社がどの業態のどのような職種で外国人に働いてもらいたいかにより、必要となる在留資格も異なります。

☑ 日本国政府の方針としての「特定技能」と今後の展開

　2018年6月に専門性・技能を有し即戦力となる外国人材を幅広く受け入れていく仕組みを構築する視点から真に必要な分野に着目し、移民政策とは異なるものとして外国人材の受入れを拡大するために新たな在留資格を創設することにしました。これが新たな在留資格として「特定技能」の誕生につながりました。「特定技能」を含む新入管法は2018年12月8日に成立し、2019年4月から施行されました。14の特定産業（政府が人手不足解消に向けて外国人の活用を推進する産業）に対し、「特定技能1号」の在留資格が認められることになりました。

　「特定技能1号」の入国は各国で技能試験が実施され、2020年4月以降増えると予想されていました。

　ところが、2020年初めから世界180カ国以上で新型コロナウイルス感染症が拡がり、800万人以上の人々が感染で苦しめられることになりました（2020年6月16日時点）。

　このため、多くの国では外国人の入国規制が行われることとなり、事実上の鎖国状態となってしまいました。

　日本でも2020年4月3日以降、新型コロナウイルス感染症患者が増えないよう上陸拒否の対象地域が増え、6月までに111カ国の国から外国人労働者が入国することが不可能となりました。「特定技能1号」外国人の対象国の大半も上陸拒否の対象となっているため、「特定技能1号」外国人の入国が増えることになるのは新型コロナウイルス感染症が落ち着く2021年以降になります。

　新型コロナウイルス感染症の影響で、入国制限される国が多くなりましたが、短期滞在で来日できる状況になった場合、その在留資格により日本国内で行われる「特定技能」の試験を受けることができます（2020年4月改正）。

企業の人事担当者のための在留資格比較表

	特定技能 1 号	技術・人文知識・国際業務	特定活動 46 号
学歴要件	なし	大学・専門学校（高卒の場合は 10 年の職歴）	大学（4 年制）以上
対象職種	特定産業（14 産業）の中の指定された職種	知的な専門分野や外国人の感性が必要とされる職種	日本語でのコミュニケーションを必要とする職種
申請方法	在留資格認定証明書交付申請「留学」や「技能実習 2 号」の場合は変更申請	海外居住の場合、在留資格認定証明書交付申請国内居住のケースでは変更申請	基本は「留学」からの在留資格変更申請
特徴	技能実習生 3 年修了時において変更申請が認められる	職種によって求められる能力が違うので外国人の能力と企業の業務内容のマッチングがポイント	1 年ごとの更新となってしまうので手間がかかる対象は日本の大卒のみ
家族の帯同	認められない	認められる	認められる
申請の難易度	外国人が日本語能力試験 N4 相当以上、技能試験に合格している必要がある（ただし技能実習生は除く）企業側は、約 30 種類の書類を提出するとともに、第 1 号特定技能外国人支援計画書を作成する義務が生じるなど、他の在留資格申請に比べて負荷が大きい	要件と書類がそろっていれば難しくない	日本の大学を卒業していて、日本語で日本人とコミュニケーションできればさほど難しくない
永住権への道	一部の業種で「特定技能 2 号」への変更申請が認められ、永住できる可能性もあるが、一般的にかなり難しい	10 年以上日本にいて納税義務を果たし、社会保険に加入するなど義務を果たしていれば取得が可能	このままの在留資格だと不可能で、他の在留資格に変更する必要がある

①高度人材ポイントの計算方法で 80 点を 1 年以上継続すると、永住権の申請が可能となります。

②ポイント 70 点の場合は、3 年以上 70 点以上を継続すると永住権の申請が可能となります。

「技術・人文知識・国際業務」の在留資格のままでも上記①、②の高度人材ポイントの条件をクリアしていることが明らかであれば永住権申請が可能となります。

例えば、2016 年に来日した A さんの在留資格が「技術・人文知識・国際業務」のままであっても、来日時以降 3 年間にわたって高度人材ポイント 70 点以上を超えてることが明らかになれば、A さんは「高度専門職 1 号ロ」の在留資格と同等とみなされ、永住権の申請が可能となります。

☑ 永住権申請の場合の年収要件の基準

| 2019年の収入 1月～12月 | … | 住民税の課税証明書 |

| 2020年の収入 1月～12月 | … | 住民税の課税証明書 |

ただし、現状、永住権審査部門の審査で年収要件は、1 月から 12 月を一つの単位とした 2 年分の住民税をみて審査されますので、タイミングによっては結果が出るまでに時間がかかります。昇給時期が 4 月のケースなど、タイミングが合わず、年収要件のポイントが下がることもあります。

One POINT ADVICE：高度専門職の永住権申請

高度人材は、数多くの優遇措置を受けられますが、永住権申請が必ず通るわけではありません。最近では、①長期海外出張していた、②扶養家族が多い、③年収のポイントが課税証明書で立証できない、④年金未払いの月がある、などの理由で不許可となったケースがあります。

Chapter
Q24

Q&A for hiring
foreign workers

在留資格の申請

他社から転職を希望する外国人を採用する場合、出入国在留管理局に対してどのような手続きを行えばいいですか？

☑確認事項

在　留　期　限	在留カードの期限が3カ月以内なら在留期間更新、それ以上なら就労資格証明書（任意）を申請します。
転職した時期	前職から現職まで3カ月以上空白がある場合は特に要説明
転職理由/経緯	会社都合か、自己都合か？その他本人から事情を聴くこと

※「高度専門職」「特定技能」の場合は変更申請となります。

☑必要書類

1　新しい勤務先の資料

☑	◎給与取得の源泉徴収票等の法定調書合計表のコピー（受領印のあるもの）　または、給与支払事務所等の開設届出書のコピー（新規設立を含む）
☑	◎会社登記簿謄本（コピー可）　※個人営業の場合は不要
☑	○営業許可証のコピー
☑	◎決算報告書のコピー（貸借対照表・損益計算書・販売費及び一般管理費）※個人営業の場合は確定申告書のコピー
☑	○外国人従業員リスト（日本人社員は総数のみ記載）
☑	△会社案内書（パンフレット類やホームページを印刷したものでも可）
☑	△事務所の写真（外観・入口・内観）
☑	◎申請人の具体的担当業務（箇条書きをメモしたもので○）

2　前職の資料

☑	○住民税の課税・納税証明書（最新のもの）
☑	○退職証明書　※提出不可の場合は在籍していたことが証明できる資料（給与明細書等）

3　申請人（外国人労働者）の個人資料

☑	◎課税証明書　※就職初年度は給与明細書や源泉徴収票のコピー
☑	◎納税証明書　※同上
☑	◎在留カード（原本）
☑	◎パスポート（原本）
☑	△申請人の最終学歴・専攻科目が分かる資料

4　行政書士等が用意する書類※雇用契約書、従業員リストなども作成可

☑	◎申請書（更新用N）全6枚（2枚目に本人署名、6枚目に代表印が必要）または「就労資格証明書交付申請書」全1枚（本人署名が必要）
☑	◎採用通知書（代表印が必要）　※雇用契約書と同等の扱い
☑	◎採用理由書（代表印が必要）　※申請人の採用経緯および具体的担当業務を記載
☑	○返信用ハガキ　※入管の申請カウンターで配布
☑	△手数料納付書（本人署名が必要）　※許可が下りた後に用意しても良い

　この他、申請に対する許可が下りたとき（変更の場合）、「所属機関等に関する届出」を行います。在留資格を変更する必要のないときは、転職した日以降に「所属機関等に関する届出」を行います。

🔍**O**ne POINT ADVICE：マイナンバーカードと在留カード

　外国人が在留期間の延長を行った場合、マイナンバーカードの券面記載事項の変更が必要です。

・ 在留期間の更新許可等により在留できる満了日が変更された場合、その情報はマイナンバーカードには自動的に反映されません。マイナンバーカードを持つ外国人は居住地市区町村の窓口で手続きを行う必要があります。

・ 外国人が「住所」や「在留カード」上の「氏名」を変更した場合も14日以内に市区町村の窓口で手続きをする必要があります。

　なお、外国人の場合でも、日本人と同様にマイナンバーの番号は原則変わりません。これに対し、在留カードの番号は更新するたびに変更となります。また、外国人の場合は日本人の10年とは違い、在留カードの有効期限がマイナンバーカードの有効期限と同一になりますので、注意が必要です。永住者の場合も7年に一度在留カードは更新が必要なので、マイナンバーカードもその都度券面記載事項の変更が必要です。

□外国人の在留カードは更新のたびに番号が変更となる

□外国人で在留カードを持つ人にはマイナンバーカードも発行できる

□外国人のマイナンバーカードの有効期限は在留カードの有効期限と同じである

□外国人のマイナンバーカードは一生涯同じ番号である

□外国人もマイナンバーカードを利用し確定申告ができるし、健康保険証としての利用も可能となる

Chapter1
Q25

Q&A for hiring
foreign workers

在留資格の申請

当社は、東京都港区に有る Y 社です。「高度専門職 1 号ロ」で IT エンジニアとして他社 A 社で働いていた外国人 B を自社で使う場合、何か出入国在留管理局において手続きが必要ですか？

　この場合、在留資格変更申請の手続きが必要となります。「高度専門職」の在留資格については必ず「指定書」（DESIGNATION）が出入国在留管理局から発行され、対象となる外国人のパスポートに挟まれています。

　今回のケースでは、B という外国人のパスポートには、A 社での勤務に限定をする指定書が入っています。在留資格変更申請が許可されることによって、御社において働くことができるようになります。許可された場合、次のような内容の指定書が交付され、B の在留カードの番号も変わり、在留カードの有効期限も新しく許可された日から 5 年となります。

指　定　書
DEDIGNATION

氏　名 Name	B
国籍・地域 Nationality /Region	米　国

高度専門職

出入国管理及び難民認定法別表第 1 の 2 の表の技能実習の項の ①
下欄 2 号の規定に基づき、同号ロに定める活動を行うことができる本邦の公私の期間を次のとおり、指定します。

> 　次の機関との契約に基づいて行う自然科学若しくは人文科学の分野に属する知識若しくは技術を要する業務に従事する活動又は当該活動と併せて当該活動と関連する事業を自ら経営する活動
> 機　関　名：Y 社
> （本店等所在地）：東京都港区○○ - ○○ - ○

日 本 国 法 務 大 臣
MINISTER OF JUSTICE JAPANESE GOVERNMENT

Chapter1
Q26

Q&A for hiring
foreign workers

在留資格の申請

外国人の在留資格の証明資料として使用される「指定書」とは？

入管法上、就労関連の在留資格が与えられる場合、在留カードとともに指定書が発行されることがあります。「特定活動」「特定技能」「高度専門職」などが、そのケースです。

「特定技能1号」の許可がされる場合には、在留カードとともに次の内容が記載された指定書が交付されます。

【指定内容】

　出入国管理及び難民認定法別表第1の2の表の特定技能の項の下欄第1号の規定に基づき、同号に定める活動を行うことのできる本邦の公私の機関及び特定産業分野を次のとおり指定します。

・本邦の公私の機関

　氏名又は名称　　　XYZ株式会社

　住　　　　所　　　○○県○○市○○町1-1

・特定産業分野　　　□□□

例えば、XYZ株式会社に勤務していた外国人のAさんが、上記と同じ「特定産業分野」で業務を行うBCD社に転職することになった場合、Aさんは在留資格変更許可申請をすることになります。そして、BCD社への転職についてその該当性が認められると、出入国在留管理局から新しいナンバーの記載された「在留カード」と「指定書」が交付されます。

なお、「指定書」はホチキスで外国人Aさんのパスポートに付けられます。

人事担当者は、必ずこの「指定書」の指定内容を確認し、情報として内容を理解する必要があります。

「特定技能」や「高度専門職」で働く外国人については、指定書に記載されている機関名が自社でなければ雇用できないという大原則があるのです。

☑1-4-3 資格外活動許可

在留資格の申請

留学生でプログラミングが得意な外国人をアルバイトで使用したいのですが、使ってもいい時間の制約などありますか？

　留学生の場合、基本的に「資格外活動」の許可を得てからアルバイトが可能になります。留学生の場合、許可区分は包括許可となります。

就労できない在留資格の外国人における「資格外活動」の許可について

<table>
<tr><td rowspan="2" colspan="2"></td><td rowspan="2">許可区分</td><td colspan="2">就労可能時間</td></tr>
<tr><td>1週間の就労可能時間</td><td>教育機関が学則で定める長期休業期間の就労可能時間</td></tr>
<tr><td rowspan="3">留学生</td><td>大学等の学部生及び大学院生</td><td rowspan="5">包括許可</td><td rowspan="5">一律 28 時間以内
○どの曜日から1週の起算をした場合でも常に1週について 28 時間以内であること。
○複数の事業所において就労する場合、すべての事業所における就労時間を合算して 28 時間以内であること。
○留学の在留資格をもって在留する者については、教育機関に在籍している間に行うものに限る。</td><td rowspan="5">1日につき
8 時間以内
※週 40 時間以内</td></tr>
<tr><td>大学等の聴講生・専ら聴講による研究生</td></tr>
<tr><td>専門学校等の学生</td></tr>
<tr><td colspan="2">家族滞在</td></tr>
<tr><td colspan="2">特定活動
（継続就職活動若しくは内定後就職までの在留を目的とする者又は、これらの者に係る家族滞在活動を行う者）</td></tr>
<tr><td colspan="2">文化活動</td><td>個別許可
（勤務先、仕事内容を特定）</td><td>許可の内容を個別に決定</td><td></td></tr>
</table>

　留学生の場合、「資格外活動」の許可を得て1週間 28 時間までならば、アルバイトで就労することはできます。学校が夏休みなどのときは、1日8時間のフルタイムで働くことが可能です。

新型コロナウイルス感染症に係る入国制限とその解除について

　日本国政府は、新型コロナウイルス感染症対策として、2020年5月までに111カ国の国・地域に居住する外国人の入国制限を実施しました。この入国制限の解除については、2020年7月以降に実施されることになります。

　第1ステージ：　経営者や専門人材など日本の経済活動に必要な外国人
　第2ステージ：　日本で勉強することを希望する留学生
　第3ステージ：　観光で日本に滞在することを希望する外国人

　対象国についても、段階的に広げていく方針で新型コロナウイルス感染症の収束状況から判断して問題のない国から緩和されていくことになります。

　例えば、経済的な結びつきが強く新型コロナウイルス感染症の状況が収束に向かっているニュージーランド、オーストリア、ベトナム、タイは比較的早い段階で入国が許されることになります。実際、コロナ鎖国というべき状態が発生していますので、外国人労働者がスムーズに日本に入って来られるのは2021年からになりそうです。

☑ 新型コロナウイルス感染症に係る入国規制が緩和されたケースの入国

　入国規制が緩和され日本で就労が可能となる場合、自国を出国する前にPCR検査を実施して得た陰性証明書と行動計画の提出と、日本に到着後、再度検査を実施し、陰性を確認した上での入国となります。

＊PCR検査は拡酸増幅法と呼ばれ、増やしたい対象の遺伝子が検査装置の中で増えるかどうかによってウイルスに感染しているかどうかを調べる検査です。

外国人がビジネスで日本に入国する際に想定される流れ

相手国	現地日本大使館（審査）	提出文書 ・PCR検査の「陰性証明書」 ・日本での「行動計画」（日本入国後2週間の移動経路や滞在場所を含む） ・日本側受入企業が渡航の必要性や管理体制を説明する文書 ▼ 査証（ビザ）発給
日本	空港	PCR検査の「陰性証明書」 「行動計画」と過去2週間分の健康状態の報告 （検査が陰性で書類に不備がなければ2週間の待機免除） ▼
	入国後	入国後2週間は公共交通機関の利用禁止 スマートフォンで位置情報の保存義務（案）

海外在住の外国人を採用する場合

Chapter1
Q28

Q&A for hiring
foreign workers

在留資格の申請

外国人エンジニアが海外在住者の場合、どのような手続きをすれば日本に来て働いてもらえますか？

　海外在住の外国人を日本に招へいする場合、「在留資格認定証明書」交付申請の手続きが必要になります。例えば、エンジニアを招へいし、自社で働いて欲しいと思った場合、以下の書類を準備する必要があります。

1. 在留資格認定証明書交付申請書
2. 写真（縦4cm×横3cm）
3. 簡易書留用の封筒と切手
4. カテゴリーを証明する書類

　　カテゴリー1　　　：四季報の写しかまたは日本の証券取引所に上場していることを証明する文書（写し）主務官庁から設立の許可を受けたことを証明する文書の写し

　　カテゴリー2・3：前年分の職員の給与所得の源泉徴収票等の法定調書合計表（受付印のあるものの写し）

5. 専門学校を卒業し、専門士・高度専門士の称号を付与された者については専門士または高度専門士の称号を付与されたことを証明する文書　1通
6. 申請人の活動の内容を明らかにする次のいずれかの資料

　（1）労働契約を締結する場合
　　　労働基準法第15条第1項及び同法施行規則第5条に基づき、労働者に交付される労働条件を明する文書　　　　1通

　（2）日本法人である会社の役員に就任する場合
　　　役員報酬を定める定款の写し又は役員報酬を決議した株主総会の議事録（報酬委員会が設置されている会社にあっては同委員会の議事録）の写し　　　　　　　　　1通

(3) 外国法人内の日本支店に転勤する場合及び会社以外の団体の役員に
就任する場合
地位（担当業務）、期間及び支払われる報酬額を明らかにする所属
団体の文書　　　　　1通

7. 申請人の学歴及び職歴その他経歴等を証明する文書

(1) 申請に係る技術又は知識を要する職務に従事した機関及び内容並びに
期間を明示した履歴書　1通

(2) 学歴又は職歴等を証明する次のいずれかの文書

　　ア　大学等の卒業証明書又はこれと同等以上の教育を受けたこと
を証明する文書。なお、ODEACC制度の資格保有者の場合は
ODEACC資格の認定証（レベル「A」、「B」又は「C」に限
る。）　　　　　1通

　　イ　在職証明書等で、関連する業務に従事した期間を証明する文書
（大学、高等学校又は専修学校の専門課程において当該技術又は
知識に係る科目を専攻した期間の記載された当該学校からの証明
書を含む。）　　　　1通

　　ウ　IT技術者については、法務大臣が特例告示をもって定める「情報
処理技術」に関する試験又は資格の合格証書又は資格証書　1通

　　エ　外国の文化に基盤を有する思考又は感受性を必要とする業務に従
事する場合（大学を卒業した者が翻訳・通訳又は語学の指導に従
事する場合を除く。）は、関連する業務について3年以上の実務
経験を証明する文書　1通

8. 登記事項証明書　　　　　　　1通

9. 事業内容を明らかにする次のいずれかの資料

(1) 勤務先等の沿革、役員、組織、事業内容（主要取引先と取引実績を含
む。）等が詳細に記載された案内書　　1通

(2) その他の勤務先等の作成した上記（1）に準ずる文書　　　　1通

10. 直近の年度の決算文書の写し。新規事業の場合は事業計画書　1通

11. 前年度の職員の給与所得の源泉徴収票等の法定調書合計表を提出できな
い理由を明らかにする次のいずれかの資料

（1）源泉徴収の免除を受ける機関の場合

外国法人の源泉徴収に対する免除証明書その他の源泉徴収を要しないことを明らかにする資料　　　　　　　　1通

（2）上記（1）を除く機関の場合

ア　給与支払事務所等の開設届出書の写し　1通

イ　次のいずれかの資料

（ア）直近3カ月分の給与所得・退職所得等の所得税徴収高計算書（領収日付印のあるものの写し）　　　　1通

（イ）納期の特例を受けている場合は，その承認を受けていることを明らかにする資料　1通

One POINT ADVICE：エンジニアとは？

　簡単に言えば、モノを作る技術者ということになります。エンジニアは、工学的な専門知識を利用して様々なサービスや機械製品、システムなど幅広い産業で必要とされる職業です。そのため、外国人エンジニアを採用するときはどのような分野で精通している人材で、どのような業務内容に対応できるかを詳細に説明する必要があります。

ENGINEER

在留資格の申請

貿易担当者としてこれから外国人を採用する場合で、本人が海外に住んでいるときは、申請のためにどのような書類を用意すればよいのでしょうか？

Q&A for hiring
foreign workers

　例えば貿易担当者として外国人に仕事をしてもらう場合は、申請人の学歴及び職歴その他経歴等を証明する文書の提出が求められます。

☑本人（申請人）が用意する書類

- ・貿易担当業務に関する知識を要する職務に従事した会社および内容ならびに期間を明示した履歴書
- ・大学等の卒業証明書またはこれと同等以上の教育を受けたことを証明する文書
- ・在職証明書等で、関連する貿易業務に従事した期間を証明する文書（大学、高等専門学校、高等学校または専修学校の専門課程において貿易に関連した科目を専攻した期間の記載された学校からの証明書も含まれます。）
- ・これらの貿易関連業務に従事した経験が学校での専攻も含め、最低3年あることが必要です。
- ・縦4cm×横3cmの証明写真

☑会社側が用意する書類

- ・登記事項証明書、損益計算書及び貸借対照表の写し
- ・会社の事業内容を明らかにする資料（会社案内、パンフレット等）
- ・最新の給与所得の源泉徴収票等の法定調書合計表
- ・申請人と企業との契約内容で、活動の内容、期間、地位及び報酬を証する文書

☑注意点

2020 年 6 月までに新型コロナウイルス感染症の影響で日本では 111 カ国以上の国を上陸拒否の対象地域として指定しています。この対象地域の場合、規制が解除されない限り外国人労働者は入国することができません。

Ône POINT ADVICE：職歴の証明

通常、欧米系の企業の場合、職歴の証明は人事部（HR）が発行したレターにより何年何月から何年何月までその外国人が働いていた期間の証明を行います。問題は、会社がすでに倒産してしまっていたとき、また、吸収合併されていたときです。このような場合も何らかの証明をつけないと、その人材が働いていた証拠にはなりません。

☑インフォメーション

外国人の職歴の証明が難しいケースは、個人事業主として働いていた期間の証明です。オーストラリアのように個人事業主向けの管理番号が政府から出るようなケースは、比較的証明が可能です。実際、出入国在留管理局に申請して不許可となるケースは、フリーランスとして複数の企業のソフトウェア開発などを手掛けていたような案件で、実力はあるのにその職歴を証明できる人が申請人しかいないようなケースは、日本で就労系の在留資格を取得するのが難しくなります。

□国家資格を持っているときは、その証明書の写しを提出する
□日本語能力試験に合格しているときは、その証明書を提出する
□職歴の証明は以前働いていた会社の人事部（HR）より発行してもらう
□大学等の卒業証書の写しか卒業証明書を提出する

Chapter1
Q30

Q&A for hiring
foreign workers

在留資格の申請

「短期滞在」で日本に来ていた外国人と採用面接しました。優秀な人材なのでいますぐ採用したいのですが、在留資格変更許可申請は認められますか？

　外国人が日本で就職先を求めて「短期滞在」で来日し、企業と面接することはよくあります。面接の結果、双方が合意し、労働契約にサインすることも行われます。

　しかしながら、その外国人は、就労系の在留資格を持っていなければ日本で働くことはできません。

　この場合、企業として出入国在留管理局に「在留資格認定証明書」交付申請をすることになります。「短期滞在」からの在留資格変更許可申請は認められません。

　「在留資格認定証明書」交付申請により「在留資格認定証明書」が交付されればその「在留資格認定証明書」を海外に在住する採用予定の外国人に送付し、日本大使館もしくは領事館にて「査証」の交付を受けてから入国するのが基本的なルールになっています。

　外国人の採用候補の社員が日本で「短期滞在」の在留資格のまま在留しているときに「在留資格認定証明書」が交付された場合は、例外的に「短期滞在」から就労系の在留資格への変更が認められるケースがありますが、現状ではその扱いはかなり難しくなっています。

☑ 「短期滞在」から「日本人の配偶者等」への変更ができるケース

　急な転勤などでアメリカ支社にいた日本人社員が帰ってくることがあります。アメリカ留学中にアメリカ人女性と結婚し、急に日本に帰ってきた場合は、「在留資格認定証明書」の交付申請ができず、「短期滞在」の在留資格で入国するケースがあります。このようなときは、特別に「短期滞在」から「日本人の配偶者等」への変更が認められます。

　2020年は新型コロナウイルス感染症への恐怖からニューヨークやロンドン

から急に帰国する国際結婚のカップルが増え、このパターンの申請をするケースもありました。

☑ 「短期滞在」の延長が認められるケース

「短期滞在」は、原則 90 日までしか出ませんが、特別な事情があるときには延長が認められるケースがあります。病気になってしまったり、事故で骨折したようなケースです。

2020 年の新型コロナウイルス感染症の混乱期においては、飛行機の便のキャンセルが相次ぐなどしたため、「短期滞在」も 3 カ月の延長が認められました。

☑ 「短期滞在」の該当範囲

1. 観光、娯楽、通過の目的で滞在する者
2. 保養、病気治療の目的で滞在する者
3. 競技会、コンテスト等に参加する者
4. 友人、知人、親族等を訪問する者、親善訪問者、冠婚葬祭等に出席する者
5. 見学・視察等の目的で滞在する者（例えば、工場等の見学、見本市等の視察を行おうとする者）
6. 教育機関、企業等の行う講習、説明会等に参加する者
7. 報酬を受けないで講義、講演をする者
8. 会議その他の会合に参加する者
9. 日本に出張して業務連絡、商談、契約調印、アフターサービス、宣伝、市場調査、その他のいわゆる短期商用の活動を行う者
10. 日本国内で大学等の受験、または外国法律事務弁護士となるための承認を受ける等の手続きのため滞在する者
11. 収入、報酬を伴う事業を行うことなく、または報酬を得る活動をすることなく日本に短期間滞在する者

Chapter1
Q31

Q&A for hiring
foreign workers

在留資格の申請

宿泊業を経営している企業です。外国人の学生を日本においてインターンとして招き、半年ほど自社で経営するホテルで働いてもらいたいと思います。どのような資料を用意すればよいでしょうか？

　日本でのインターンシップを目的として来日する場合、活動する期間や報酬の有無等で入国する際の手続きが異なることになります。

①インターンシップにより報酬を受けない方

　滞在期間が90日以内であれば在留資格「短期滞在」となり、滞在期間が90日を超えるような場合は在留資格「文化活動」での入国となります。

②インターンシップにより報酬を受ける方

　在留期間に関係なく在留資格「特定活動」（告示9号）での入国となります。

　②の場合の要件と必要となる提出書類について解説いたします。

　対象となる学生は、外国の大学の学生で卒業又は修了した者に対して学位の授与される教育課程に在籍している学生が対象となります（いわゆる通信教育課程に在籍している学生は除かれます）。対象となる活動は、学業等の一環として、外国の大学と本邦の企業等の間の契約に基づき、報酬を受けて実習を行う活動です。

　滞在期間は、1年を超えない期間で、かつ、通算して大学の修業年限の2分の1を超えない期間となります。

☑提出書類

1 在留資格認定証明書交付申請書　1通

※地方出入国在留管理官署において、用紙を用意してます。また、法務省のホームページから取得することもできます。

2 写真（縦4cm×横3cm）　　　1葉

※申請前3カ月以内に正面から撮影された無帽、無背景で鮮明なもの。
※写真の裏面に申請人の氏名を記載し、申請書の写真欄に貼付してください。

3 返信用封筒　　　　　1通

（定形封筒に宛先を明記の上、404円分の切手（簡易書留用）を貼付したもの）

4 申請人の在学証明書　　1通

5 身分を証する文書（身分証明書等）　　提示

※上記5については、代理人、申請取次者若しくは法定代理人が申請を提出する場合において、申請を提出することができる方かどうかを確認させていただくために必要となるものです。

6 申請人が在籍する外国の大学と日本の受け入れ機関との間で交わしたインターンシップに係る契約書の写し　　1通

7 申請人が在籍する外国の大学からの承認書、推薦状及び単位取得等教育課程の一部として実施されることを証明する資料　　　　　　　適宜

8 申請人の日本での活動内容、期間、報酬等の待遇を記載した資料　1通

9 申請人のインターンシップでの過去の在留歴を明らかにする資料　適宜

※過去にインターンシップで日本に在留したことがない場合は、その旨を文書（書式自由）にして提出してください。

10 申請人の在籍する大学の修業年限を明らかにする資料　　　　適宜

　インターンシップを行う学生に対して，労働関係法令（例えば、最低賃金法など）が適用されるかどうかについてあらかじめご確認する必要があります。

🔍 One POINT ADVICE：外国人のインターンシップとは？

　学生等が、特定の業務の経験を積むために、企業などで業務に従事している期間のことを言います。外国人のインターンシップは通常6カ月程度のことが多く、実際に勉強している内容と関連性のある業務の体験を前提としています。

　例えば、観光業（ツーリズム）を専攻している学生が、日本の旅館で職業体験することがあります。

　日本国政府も、外国人学生のインターンシップは積極的に受け入れる方針を示していますので、企業にとっても利用しやすい制度です。

　「インターンシップ（告示第9号）」の場合、1年を超えない期間で、かつ通算して所属する大学の修業年限の2分の1を超えない期間となります。もし、修業年限が2年間の外国の大学所属の学生が一度目のインターンシップで6カ月滞在し、一度帰国し再度同じ内容の活動で入国するときは、もうすでに6カ月活動しているので、二度目の在留は残り6カ月というようにカウントされます。

家族の呼び寄せ等

Chapter1
Q32

Q&A for hiring
foreign workers

在留資格の申請

外国人を雇用する場合、海外に住む家族を招へいすることもできますか？

　原則として招へいできるのですが、一部の在留資格では招へいができません。

　外国人が働く場合、家族を帯同することが許される在留資格と認められない在留資格があります。

　通常の「技術・人文知識・国際業務」の在留資格であれば、母国から妻と子供を招へいし、日本で一緒に暮らすことができます。扶養されていることが明らかであれば子供の年齢は 20 歳以上でも招へいできます。

　新しい在留資格の「特定技能 1 号」の場合は、家族の帯同が許されない在留資格となっています。今後、各分野で「特定技能 2 号」が創設されれば、招へいは可能となります。

　「特定技能 1 号」の在留資格を夫婦で持っていれば、日本で家族として生活できますし、日本国内で「特定技能 1 号」の夫婦から生まれた子供も親の在留期限の範囲内で日本にて生活することができます。

　また、「留学」の在留資格のときにすでに結婚し、家族と日本で同居して生活している場合も日本にそのまま残り「特定技能 1 号」の在留期限までは生活できます。今後、法改正でさまざまな変更も起こり得る分野です。

COLUMN
Let's take a break

養子縁組の場合の在留資格

　例えば、日本で永住権を取得した外国人のカップルが自分の国から養子を迎え入れ、養子縁組が母国の家庭裁判所から認められたケースでも、日本で一緒に生活することができます。この場合、在留資格認定証明書交付申請の「定住者」が該当します。就労系の在留資格で同様のケースは「家族滞在」となります。

在留資格の申請

外国人社員が単身赴任で日本に来て仕事をしている場合、海外にいる家族を呼び寄せるためにはどのような書類を用意すればいいですか?

外国人労働者が就労系の在留資格で日本において働いている場合、入管法上家族の滞在が認められていない「特定技能1号」を除き、配偶者および子供(養子を含む。)は、招へいすることが可能です。必要な書類は下記のとおりです。

1. 在留資格認定証明書交付申請書　1通
   ※地方出入国在留管理官署において、用紙を用意しています。
2. 写真(縦4cm×横3cm)　　　　1葉
   ※申請前3カ月以内に正面から撮影された無帽、無背景で鮮明なもの。
   ※写真の裏面に申請人の氏名を記載し、申請書の写真欄に貼付してください。
3. 返信用封筒(定形封筒に宛先を明記の上、必要分の切手(簡易書留用)を貼付したもの)　　　　1通
4. 次のいずれかで、申請人と扶養者との身分関係を証する文書
   ①戸籍謄本　　　　　　　　　1通
   ②婚姻受理証明書　　　　　　1通
   ③結婚証明書(写し)　　　　　1通
   ④出生証明書(写し)　　　　　1通
   ⑤上記①~④までに準ずる文書　適宜
5. 扶養者の在留カード(在留カードとみなされる外国人登録証明書を含む。)又は旅券の写し　　　　1通
6. 扶養者の職業及び収入を証する文書
   ①扶養者が収入を伴う事業を運営する活動又は報酬を受ける活動を行っている場合
   　a 在職証明書又は営業許可書の写し等　　1通
   ※扶養者の職業がわかる証明書を提出してください。

　　ｂ住民税の課税（又は非課税）証明書及納税証明書（1年間の総
　　　所得及び納税状況が記載されたもの）　1通
　※1月1日現在お住まいの市区町村の区役所・市役所・役場から発行されます。
　※1年間の総所得及び納税状況（税金を納めているかどうか）の両方が記載
　　されている証明書であれば、いずれか一方でかまいません。
　※入国後間もない場合や転居等により、お住まいの区役所・市役所・役場か
　　ら発行されない場合は、最寄の地方出入国在留管理官署にお問い合わせく
　　ださい。
　②扶養者が上記①以外の活動を行っている場合
　　ａ扶養者名義の預金残高証明書又は給付金額及び給付期間を明示
　　　した奨学金給付に関する証明書　　　　適宜
　　ｂ上記ａに準ずるもので、申請人の生活費用を支弁することがで
　　　きることを証するもの　　　　　　　　適宜

☑ 特殊なケースへの対応

　外国人社員（アメリカ国籍の男性）がインターネットのサイトで知り合った
フィリピン国籍の女性と結婚することになった事例です。
　このような場合でもアメリカおよびフィリピンの両国において婚姻の事実が
認められれば、「家族滞在」の「在留資格認定証明書」交付申請を行うことがで
きます。ただし、出身国でもなく、現在の自分の居住している日本でもない国
の方と結婚する場合は、出会いから結婚に至るまでのストーリーをわかりやす
く書いて提出することをお奨めします。

事例／ 日本人以外と国際結婚した場合

① アメリカ人男性が会社で働き始め、「技術・人文知識・国際業務」の在留
　資格に該当する仕事をする。
② アメリカ人男性がフィリピン人女性とSNSを通じて知り合い、交際を続
　け、結婚する。
③ アメリカ人男性が在留資格認定証明書交付申請を行う。
④ 出入国在留管理局より認定証明書が交付される。

⑤ フィリピン人妻の元に認定証明書を送付

⑥ フィリピンの日本大使館で手続きを行う（査証申請）

⑦ 日本上陸（在留カードの発行）

2020年6月までに、新型コロナウイルス感染症の影響から世界111カ国以上からの入国を認めない上陸拒否（入管法第5条第1項第14号）が実施されました。これにより、日本で働いており、母国から家族を呼び寄せようとした外国人労働者にとって大きな壁ができてしまったことも事実です。

One POINT ADVICE：入管法の「家族滞在」の在留資格の範囲

配偶者 ：法律上有効な婚姻関係にある配偶者をいいます。内縁関係の配偶者は含まれません。また、同性婚は、外国で法的に有効なものであっても、在留資格「家族滞在」の対象にはならず、「特定活動」になります。

親 ：日本の場合は、外国人の親は在留資格「家族滞在」の対象とはなりません。「高度専門職」の在留資格の場合、親を一定条件の下で招へいできますが、その場合は「特定活動」が与えられます。

在留資格の申請

海外から呼び寄せた外国人社員の配偶者は、日本で就労しても問題ありませんか？

Q&A for hiring
foreign workers

Chapter1
Q34

　海外から就労系の在留資格で入国した外国人社員の配偶者が日本に来た場合、通常、「家族滞在」の在留資格を持っています。

　「家族滞在」の場合ですと、「資格外活動」の許可を得たうえで、週28時間までなら働くことができます。ただし風営法関連の規定に入る関連企業では働けません。

　また、その配偶者が、本国で大学を卒業しており、「技術・人文知識・国際業務」に該当する業務で日本国内の企業と労働契約を結ぶことができるのであれば、在留資格変更申請をしてフルタイムの正社員として働くことができます。

　もし、外国人社員が「高度専門職」の在留資格に該当する場合は、「特定活動」の在留資格に変更することにより、配偶者もフルタイムで働くことができます。ただし、日本国内の企業との契約が必要です。この在留資格の場合、配偶者の学歴要件は問われません。

　このように配偶者の在留資格は、本人の職務歴や外国人社員の持っている在留資格により変わってきます。

example

　ベトナム人ナースのAさんは、「医療」の在留資格で日本に在留していました。ベトナムに一時帰国したときに知り合ったBさんと結婚し、「家族滞在」で日本に招へいしました。Bさんは、ベトナムの大学でコンピューターサイエンスを勉強し、実務経験もありました。日本国内で就職先を見つけ、在留資格を「家族滞在」から「技術・人文知識・国際業務」に変え、ITエンジニアとして日本企業のC社で働くことにしました。たまたま自宅の近くのメーカーが国際的ITエンジニアの募集をしていたため運良く就職できた事例です。

ポイントは、「家族滞在」の在留資格で入国しても、その後、フルタイムで雇用してくれる企業を見つけ、かつ「技術・人文知識・国際業務」を申請できるだけの学歴要件や能力要件を持っていれば、在留資格変更許可申請により正社員として働くことができます。

「家族滞在」

要件に合致すれば、日本国内で在留資格変更許可申請が可能となります。

「技術・人文知識・国際業務」

☑ 「技術・人文知識・国際業務」の対象業務で、「家族滞在」の在留資格の人材を採用する場合のチェックポイント

☐　対象となる外国人が、大学もしくはそれに準ずる教育機関を卒業しているか。

☐　職務経験が10年以上または国際業務（翻訳・通訳、語学教師等）の場合は3年以上あるか。

☐　日本語を使用する業務を担当する場合、日本語能力試験N2以上を有しているか。

☐　違法なアルバイト、違法な薬物使用等に手を染めていないか。

☐　外国人の担当する業務が「技術・人文知識・国際業務」に該当するか。

Chapter1
Q35

Q&A for hiring
foreign workers

在留資格の申請

日本国内で外国人社員の子供が生まれました。どのような手続きをしなければなりませんか？

子の出生の場合、生まれてから30日以内に「在留資格取得許可申請」を行わなくてはなりません。外国人社員が法定代理人として申請することになります。

まず、住民登録のため出生届及び出生証明書が必要となります。出生届は生まれた日を含めて14日以内に父又は母が出生届をする必要があります。

外国人が父母の場合、出生届が受理されると生まれた日から60日の間は在留資格を有することなく住民登録できるのですが、入管法上それ以後も滞在する場合には生まれてから30日以内に「在留資格取得許可申請」を行う必要があります。そのため申請手続きには住民票が必要です。このポイントを忘れないようにしてください。

出入国在留管理局での申請にあたって、住民票の他に母子手帳、父母のパスポート、在留カードの写し、在職証明書などの提出も求められます。

ただし、国によっては、パスポートがすぐに発給されないこともありますので、子供についてはパスポートなしでも申請が受付されます。

①出産 ➡ ②出生届 ➡ ③住民登録 ➡ ④在留資格取得申請

子供の出生後61日を経過し、在留資格を取得していない場合、住民登録が抹消され、国民健康保険や児童手当などの各種行政サービスが受けられなくなる場合があります。

在留資格の申請

外国人が親を日本に呼び寄せて生活することはできるのですか？

　日本に在留している外国人が母国から親を呼び寄せて一緒に暮らすということは、決して簡単なことではありません。条件を認められて「特定活動」が取得できます。

　外国人が帰化して日本人になった場合は、可能性は高くはなりますが、永住者や日本人の配偶者等というような身分系の在留資格を持って生活をしている外国人の場合、以下の条件をクリアしなければなりません。

・呼び寄せる親が高齢で原則70歳以上であること、日本に在留している外国人による扶養が必要な状況にあることが必要です。
・日本に呼び寄せる親に配偶者がいない状況の方が対象となります。
・日本に住む外国人の母国に兄弟がいないということが前提となります。母国に兄弟がいて扶養できる環境の場合は対象外のケースとなります。ただし、兄弟がすべて他国に移り住んでいるような状況の場合、身寄りがない状態なので認められる可能性もあります。
・日本で生活する外国人が、親を扶養するのに十分な資力を有しているということを求められます。
・日本に「短期滞在」として呼び寄せ、「特定活動」への変更申請という方法で行います。

　ポイントは、高齢の親を呼び寄せる特別な事情があるということです。高齢のため病気がちである、一人での歩行が難しくなってきているなど、様々な事情が考慮されることになります。

　親が生活する部屋が確保されているのかも重要な情報となりますし、「短期滞在」で入国した後、日本の医師により診断を受けて診断書を作成してもらうこともポイントになります。

Chapter1
Q37

Q&A for hiring
foreign workers

在留資格の申請

外国人を雇用する場合、親が高齢の場合、日本に連れて来て一緒に住むことはできますか？

　外国人の家族の場合、「家族滞在」の在留資格で招へいすることができるのは、配偶者か子供です。親については、「家族滞在」の在留資格では呼ぶことができません。しかし、在留資格が高度人材の場合は、子供が小さいケースなど、一定の要件を満たせば親を招へいすることはできます。

　身分系の在留資格を持つ外国人（「永住」、「日本人の配偶者等」等）の場合、両親のいずれかが他界し、残された親が70歳以上で故郷に面倒を看る親族等もいないようなケースでは許可が下りることがあります。その際にはその外国人が十分な収入があり、その親と同居するスペースが自宅にあり、世話ができるだけの環境が整備されていることを証明しなくてはなりません。このケースでは、まず短期滞在で親を招へいし、「短期滞在」からの在留資格変更許可申請により「特定活動」の在留資格となります。

　例外的に末期のがんのような状況の場合は、60歳代の親でも許可が下りることはありますが、基本的には病弱で世話を必要とする70歳以上の片親でないと長期の在留資格を得ることは難しいです。親の健康状態を明らかとするため、日本の病院発行の診断書を求められます。

☑ チェックポイント

- ・その外国人以外に親の面倒を看る人がおらず、親が70歳を過ぎていれば可能性はある。
- ・外国人の親が病弱で命にかかわる病気の場合は60歳代で認められることもある。
- ・外国人の親が日本で生活できる場合は、その外国人と同居し、扶養できる経済力が必要となる。
- ・病気についての証明が、海外の医師発行のものではなく、日本の医師の診断を受け、診断書の発行をしてもらう必要がある。

　2020年の新型コロナウイルス感染症の流行している国から、外国人が入ってこられない対応が実行されました。法律の根拠となるのが、入管法第５条第14号で、この規定の対象となる人が、上陸制限措置対象者と呼ばれます。実に、111ヵ国もの外国人が、入国制限されることとなりました。（2020年６月現在）

　在留期間更新申請の申請中に、再入国許可（みなし再入国許可を含む）にて出国した外国人が、新型コロナウイルス感染症の影響で再入国できない場合は、親族や雇用主もしくは申請取次行政書士等が在留カードを代理で受領することが可能となりました。ただし、代理受領に関しては、新型コロナウイルス感染症の影響を説明する委任状や理由書が必要です。

「在留カード」の主な記載内容

住居地
変更があった場合には裏面に記載されます。

在留資格
在留資格のない方にはカードは交付されません。

有効期間
在留カードには有効期間があります。ご確認ください。

交付者
2019年３月31日までに交付された在留カードでは、「法務大臣」と記載されています。

在留カード番号
在留カード番号が失効していないかを調べることができます。

顔写真
在留カードの有効期間の満了日が16歳の誕生日までとなっているカードには写真は表示されません。

2章

技術・人文知識・国際業務

1. 在留資格該当性
2. 上陸許可基準適合性
3. 外国人の転職
4. 留学生を採用する場合
5. アルバイト等の資格外活動の許可

在留資格該当性

技術・人文知識・国際業務

外国人を「技術・人文知識・国際業務」で採用する場合、国際業務とはどのような業務内容が該当しますか？

　外国人社員を雇用する際の国際業務とは、外国の文化に基盤を有する思考もしくは感受性に基づく一定水準の専門的能力を必要とする活動のことをいいます。

　例えば、国際的なマーケティング活動などは、外国人が自国の文化と日本の文化の違いを理解し、日本版とは違ったパッケージや成分による商品開発や広告戦略などを打ち出すことができます。

　日本人社員の思考や感受性と違った文化に育ってきた外国人社員だからこそ新しい価値を生み出すことも可能になります。

　インバウンドビジネスにおいても、中国系の富裕層が日本市場において不動産を取得するケースも増えてきました。やはり日本人とは好みも違いますし、希望の物件とマッチングさせるには言葉の問題も含めて中国人社員が国際業務を担当する必要が出てくるのです。

　国際的な取引が発生するビジネスでその橋渡しをすることが外国人の国際業務に該当すると理解すればよいでしょう。

　国際業務として、在留資格を取得することのできる職種は、英会話学校などの語学教師・通訳・デザイナーなどがあります。

　具体的には、ゲームソフトの開発会社でその内容を加工し、欧米市場向けにアレンジする業務、証券会社のアメリカの拠点向けに e-mail 等で英文の業務連絡文書を作成し日本人スタッフをサポートする業務、留学予備校において日本人学生にアメリカの大学入学に関連した知識を英語で教える業務などです。逆に出入国在留管理局では、宝石店にたまに来る外国人と英語でコミュニケーションをするという場合は、業務内容として「技術・人文知識・国際業務」には該

当しないと判断することもあります。免税店のように常時英語でのコミュニケーションが求められるようなケースでなければいけないというのが原則論となります。

なお、語学教師の場合は、12年以上その言語を勉強していれば、必ずしもその外国人の母国語でなくても「技術・人文知識・国際業務」の在留資格が認められることがあります。実際スイス人、スウェーデン人、フィリピン人等が英語教師として「技術・人文知識・国際業務」が認められているケースがあります。

外国人派遣社員の注意点

入管法では、外国人を直接の雇用ではなく、人材派遣という形で受け入れることが可能なケースがあります、中心となるのは「技術・人文知識・国際業務」の在留資格のケースです。

特に重要なのは、「技術・人文知識・国際業務」の在留資格を持つ外国人を派遣社員として受け入れる場合、従事することになる職務を確認しなければなりません。もし、派遣先の業務が「荷物の運搬」など明らかに在留資格の該当性がない場合は、入管法違反となります。ただし、外国人派遣社員の在留資格が「日本人の配偶者等」「永住者」など身分系の在留資格の場合は受け入れ可能です。

人材派遣については、業務を行うことができる期間が定められており、派遣先と労働者それぞれについて制限されています。この点注意が必要で、派遣元事業者と外国人との雇用契約書を確認し、派遣期間や予定職務をチェックしておくことが重要です。

2020年は、新型コロナウイルス感染症の影響で、外国人派遣社員の契約の中途解除が多く発生しました。このようなケースにおいて厚生労働省では派遣先が講じる措置を定めています。

① 外国人派遣スタッフに対し、派遣先の関連会社で就業をあっせんする等就業機会の確保に努めること。

② 派遣先の都合で中途解除する場合、派遣元に対して相当の猶予期間をもって契約の解除の申し入れを行い、了解を得ること。

③ ①ができない時には、派遣元に対して中途解約しようとする日の少なくとも30日前までにその旨を予告するか、予告を行わない場合は派遣労働者の30日以上の賃金相当額を損害賠償として支払わなければならないこと。

④ 派遣会社から、派遣労働者を契約期間満了前に解除した理由を求められた場合には、これを明らかにすること。

上陸許可基準適合性

Chapter1
Q2

Q&A for hiring
foreign workers

技術・人文知識・国際業務

「技術・人文知識・国際業務」の在留資格で外国人を採用する
場合、出入国在留管理局が許可を出す基準は何ですか？

　　出入国在留管理局が法務省の法務省令に基づいて許可を出す基準は下記のと
おりです。

「人文知識・国際業務」に該当する職種の場合	
本邦の公私の機関との契約に基づいて行う法律学、経済学、社会学その他の人文科学の分野に属する知識を必要とする業務又は外国の文化に基盤を有する思考若しくは感受性を必要とする業務に従事する活動	
基準省令	・日本人が従事する場合に受けるのと同等額以上の報酬
	・人文科学の分野…　大卒もしくは同等以上の教育または 10 年以上の実務経験
	・外国文化に基盤…　翻訳、通訳、語学の指導、広報、宣伝または海外取引業務、服飾もしくは室内装飾にかかるデザイン、商品開発その他これらに類似する業務　且つ　3 年以上の実務経験　※（例外）大卒が翻訳・通訳・語学指導を行う場合

「技術」に該当する職種の場合	
本邦の公私の機関との契約に基づいて行う理学、工学その他自然科学に属する技術又は知識を要する業務に従事する活動	
基準省令	・日本人が従事する場合に受けるのと同等額以上の報酬
	・大卒もしくは同等以上の教育または 10 年以上の実務経験 または 10 年以上の実務経験　※（例外）IT 告示に定める試験に合格 / 資格を保有するものが情報処理関連業務を行う場合

技術・人文知識・国際業務

外国人を雇用契約ではなく業務委託契約で使用しても「技術・人文知識・国際業務」の在留資格を取得することは問題ありませんか？

「技術・人文知識・国際業務」の在留資格の場合、外国人を雇用契約という形ではなく業務委託契約として働いてもらうことが可能です。下記が、企業と外国人が結んだ業務委託契約の見本です。

example　●　●

業務委託契約書

業務委託者　　　企業A
業務受託者　　　外国人B

　業務委託者（以下「甲」という。）と業務受託者（以下「乙」という。）は、以下のとおり、業務委託契約（以下「本契約」という。）を締結する。

第1条　　（目的）
　本契約は、乙が甲の委託に基づき、×××に関連する業務（以下「本業務」という。）を行うために作成する。

第2条　　（委託業務の範囲）
　甲が、乙に委託する業務の範囲は次に掲げる事項とする。
　1．ITに関するコンサルテーション
　2．サーバーの管理
　3．社内決済システムの構築
　上記に記載する項目以外の業務については、別途協議するものとする。

第3条　　（委託業務の履行）
　1．乙は、本契約に基づき誠実に業務を履行するものとする。
　2．乙は、委任された業務を専門家として最善の注意をもって遂行し、甲の指示にもとづき、月××時間を上限として委託業務に記載した作業を実施するものとする。

第4条 （資料の作成及び提供）

1. 甲は、委託業務の遂行に必要な説明、書類、記録、その他の資料（以下「資料」という。）を乙に提供しなければならない。
2. 甲の資料等の不足、誤り、提供の遅延に基づく不利益は、甲の負担とする。

第5条 （守秘義務）

1. 甲及び乙は、次の各号に該当するものについては、善良なる管理者の注意をもってその秘密を保持するものとし、自己の使用人に使用させる場合を除いて、事前に相互の同意がない限り、正当な理由なく第三者に開示してはならず、また、本契約の目的以外に使用してはならない。
   - （1）甲から開示された資料もしくは情報、又は乙から開示された資料もしくは情報であって、秘密である旨の表示がされたもの。
   - （2）本契約による業務提供過程において甲が知り得た乙の所有するノウハウ等
   - （3）本契約による業務提供過程において乙が知り得た甲の所有するノウハウ等
2. 甲及び乙は、自己の責任においてそれぞれの使用人に対して、本条第1項の義務を遵守させるものとする。

第6条 （損害賠償）

乙は、乙の業務の遂行に重過失があった場合、債務不履行により甲に与えた損害を賠償するものとする。ただし、甲が求めることができる損害賠償の範囲は、本契約の年間報酬金額を限度とする。

第7条 （契約期間及び解除）

1. 本契約は、令和○○年○月○日より令和○○年○月○日までとする。
2. 本契約は、双方の意思表示のない限り同条件にて契約を自動更新することとする。なお、本契約の解除をする場合には、1カ月前までに書面により、解除の通知をしなければならない。

第8条 （報酬）

報酬の額については、月額×××××円（税込）とする。なお、本件業務の実施に関連して必要となる付帯経費（旅費交通費、出張日当等）は、甲の承諾を得た範囲で乙は甲に請求できるものとする。

第9条　（報酬の支払い時期及び支払い方法）

　甲は、乙から業務完了月末日までに提出を受けた請求書に関し、前条の報酬額を翌日末日までに乙指定の銀行口座に振り込むことで支払う。なお、その際の振込手数料は、甲の負担とする。

第10条　（紛争又は疑義の解決方法）

　本契約に関して、甲乙間に紛争又は疑義が生じたとき、及びその他本契約に規定のない事項については、甲乙間で協議の上、信義誠実に従い円満に解決を図るものとする。

第11条　（管轄裁判所）

　本契約に関する一切の紛争は、東京地方裁判所もしくは東京簡易裁判所を第一審の専属の合意管轄裁判所とする。

　本契約締結の証として本契約書を2通作成し、当事者が各1通を保有する。

```
　　　　　　　　　　令和　　　年　　　月　　　日
　　　　　　　　　　甲　　○○○○　株式会社
　　　　　　　　　　　　代表取締役　○山　△夫
　　　　　　　　　　乙　　BCD　EFG
```

One POINT ADVICE：雇用契約と業務委託契約の違い

　労働者が労働に従事して、使用者がこれに対して報酬を与えることを約束する契約が雇用契約です。

　これに対して、一方が特定の仕事をしてこの仕事に対して報酬を支払うことを内容とする契約が業務委託契約です。例えば、ITエンジニアが特定のソフトウェア開発を企業などから受注した場合がこの契約形態となります。ただし、外国人の在留資格取得の場合、契約の中で継続的・安定的に報酬が支払われることを求められますので、この点注意が必要です。

　あと例外的に弁護士の場合は、事務所との間で業務委託契約を結ぶことが多く、この契約形態でも「技術・人文知識・国際業務」や「高度専門職1号ロ」が認められます。

技術・人文知識・国際業務

外国人の経歴はどのように説明すれば良いですか？

☑技術・人文知識・国際業務

　就労ビザでは大学等での専攻科目と就職先での業務内容との関連性について審査されます。このため、採用担当者もしくは直属の上司となる立場の方が、業務と経歴の関連性について詳しく説明して、その内容を出入国在留管理局へ提出すればよいでしょう。

「業務と経歴の関連性についての説明書」

　当社は株式会社Ｚと申します。この度、アメリカ国籍のＰＸ氏とシステム開発業務の雇用契約を結ぶにあたり「技術・人文知識・国際業務」の申請をさせて頂きます。

　当社は、ビジネス上の基幹システムを、インターネットを経由してサービス提供する PaaS（Platform as a Service）事業を主軸としております。当該事業ドメインにおいては、米国が第一線にあり、その一つの要因として、多くの米国企業では、サービスの UI（ユーザ・インターフェース）や UX（ユーザ・エクスペリエンス）を専門とする技術者を有していることが挙げられます。残念ながら、現状の日本においては、当該ビジネスは未だ確立されていないことが実情であり、すなわち、UI/UX 技術を保有する技術者の育成も発展途上の段階であるため、日本で当該技術者を見つけ出すことは非常に困難であると考えておりました。PX 氏は、米国の○○○大学でコンピューターを専攻し、特に HCI と称される UI/UX の学術的な基礎を専門としているため、まさに我々が探し求めていた人材であり、当社のビジネスが米国を含めてグローバルで成功するためには欠くことのできない人材であると考えております。

　また、当社がビジネスをグローバルに展開していくにあたり、一つの戦略として人材の多様性を重視しております。GoogleやFacebook等の巨大なインターネットビジネスが次々と誕生しているシリコンバレーという特殊な地域から技術者が開発メンバーとして参画することにより、当社に今までとは異なる文化や考え方をもたらす可能性は非常に高いと考えております。

　どうか、今回のPX氏の在留資格認定証明書交付申請につきましてご配慮をいただきたく心よりお願い申し上げます。

　採用担当者もしくは直属の上司となる立場の方が、業務と経歴について詳しく証明をして、その内容は出入国在留管理局へ提出すればよいでしょう。

　最近、「技術・人文知識・国際業務」についてはその該当性が厳しく審査される傾向にありますので、その外国人の担当する予定の職務については、明確にその内容を記述し、出入国在留管理局に提出するようにします。

　外国人の経歴とこれから担当することになる業務の関連性があるかというポイントが重要です。欧米系やインド出身の外国人の場合、通常HR（人事部門）発行のレターを持っていて、その人物が何年何月から何年何月までどのような仕事に従事していたのかを明らかにしてくれます。日本の退職証明書とは違いますが、職種を証明する有力なツールとなるので、出入国在留管理局もこのHR発行のレターについては信用してくれます。逆に本人が自分で作成した経歴書については信頼性が低いのが実情です。

　特に就労審査の場合、今までその外国人が具体的にどこの会社で何の業務を何年間担当してきたかという業務内容がチェックされます。そして、今後日本において就職するにあたって、過去の業務内容がどのように活かされるのかという業務の該当性チェックが行われるので、なるべく詳しくわかりやすく説明した書類が必要です。

外国人の転職

技術・人文知識・国際業務
「就労資格証明書」という証明書があると聞きましたが、この証明書はどのような効力を持つものですか？

　入管法では、雇用主と外国人の双方の利便を図るため、外国人が希望する場合には、その者が行うことのできる就労活動を具体的に示した「就労資格証明書」を交付することができるようにしています。

　「就労資格証明書」は、外国人から申請があった場合、法務大臣がその外国人が行うことのできる収入を伴う事業を運営する活動または報酬を受ける活動を法務大臣が証明します。

　企業が新しく外国人を雇用しようと考えたとき、面談した外国人を自社の業務で就労させても問題がないかどうかを確認したいケースがあります。

　例えば、外資系の投資顧問会社（E社）が今まで英会話教師をしていたアメリカ人を雇用し、日本人スタッフが海外の外国人スタッフと業務上のメール等で円滑にコミュニケーションできるようサポート役をさせたいと考えたケースがありました。

　このようなケースで、そのアメリカ人に「就労資格証明書」交付申請をしてもらい、法務大臣より、「技術・人文知識・国際業務」で英語のコミュニケーションのサポート業務は問題ないという証明をしてもらえました。

　「就労資格証明書」には、外国人の氏名・国籍・生年月日・性別・在留カード番号・在留資格・在留期間が記載されています。そして、その下に下記の活動を行うことが認められていることを証明するという文面が書かれています。具体的には「XYZ社における決算帳簿等の作成・税理士対応業務を行うとする活動は上記に該当する」というような文面での証明となります。

○ne POINT ADVICE：就労資格証明書は安心のパスポート

　外国人が転職した後に在留期間更新が不許可になってしまった場合、最悪の
ケースでは、日本に在留することが不可能になってしまいます。

　このような不許可のリスクを軽減するために「就労資格証明書」は意味を持
ちます。新しい職場で働く業務内容がその外国人の持つ在留資格とマッチング
することを認めてもらえれば安心して新しい職場で働くことができるのです。

　その外国人の採用を決めた人事担当者にとっても安心のパスポートとなるも
のです。

　使用目的　　：その外国人が日本で就労する資格があるか否かについて、あ
　　　　　　　　らかじめ確認する。
　メリット　　：雇用主とその外国人の双方の利便を図る。
　法律上の根拠：入管法第19条の2

☑出入国管理及び難民認定法（抄）

　第19条の2

　　　　　法務大臣は、本邦に在留する外国人から申請があったときは、法務省
　　　　　令で定めるところにより、その者が行うことができる収入を伴う事業
　　　　　を運営する活動又は報酬を受ける活動を証明する文書を交付すること
　　　　　ができる。

　2　　　何人も、外国人を雇用する等に際し、その者が行うことができる収入
　　　　　を伴う事業を運営する活動又は報酬を受ける活動が明らかな場合に、
　　　　　当該外国人が前項の文書を提示し又は提出しないことを理由として、
　　　　　不利益な取扱いをしてはならない。

☑チェックポイント

　就職先の会社の活動内容が現在その外国人に与えられている在留資格の活動
に該当しないと判断されると、在留資格更新が不許可となってしまいます。

↓

不許可のリスクを減らすため転職の際、「就労資格証明書」を交付申請します。

技術・人文知識・国際業務

「技術・人文知識・国際業務」の在留資格を持つアメリカ国籍の英会話教師が同業他社から転職したいと申し出てきました。特に在留資格の変更等は必要ありませんか？

　基本的に「技術・人文知識・国際業務」の在留資格を持つ外国人が今まで行っていたことと同様の業務を転職先で行う場合、在留資格の変更は必要ありません。ただし、そのアメリカ人の在留カードの在留期限が3カ月以内の場合は、在留期間の更新申請を転職先の企業のある地方出入国在留管理局において行う必要があります。

　注意しなければならないのは、そのアメリカ人が出入国在留管理局に「契約機関に関する届出」を転職後14日以内に提出しなければならないことです。

　この届出を提出することにより、出入国在留管理局のデータベース上に御社との契約の締結の事実と名称、所在地ならびに活動の内容が登録されることになります。この届出は郵送または出入国在留管理局電子届出システムにより行うことができます。

　郵送先は以下のとおりです。

〒108-8255　　東京都港区港南5-5-30
　　　　　　　東京出入国在留管理局　在留管理情報部門　届出受付担当

A　契約機関との契約の終了
　　契約終了年月日　　　　　年　　　　月　　　　日
　　契約が終了した機関の名称
　　契約が終了した機関の所在地と電話番号

B　新たな契約機関との契約の締結
　　契約年月日　　　　　　　年　　　　月　　　　日
　　機関の名称
　　機関の所在地と電話番号
　　新たな機関における活動の内容

技術・人文知識・国際業務

Chapter1

Q7

Q&A for hiring
foreign workers

出産のため、元々就労系の在留資格から３年前に「家族滞在」の在留資格に変更しておりました。子育ても落ち着いたので、再び職場復帰したいと思っております。カテゴリー３の企業なのですが、どのような書類を出入国在留管理局へ出せばよいですか？

「家族滞在」から「技術・人文知識・国際業務」への変更申請を出す場合、以下のような申請理由書を書きます。

example ●●

　私は、中国から参りましたSUと申します。現在、夫と埼玉県○○市において生活しております。

　現在の在留資格は、「家族滞在」ですが、このたび、以前人材派遣として働いていたMV株式会社から、契約社員としての内定をいただいております。

　当時は、１年余りで妊娠してしまったため、一旦派遣終了とせざるを得ませんでしたが、育児も目途が立ち、再度、MV株式会社で働きたいと考えております。

　私は、A女子大学を卒業して、日本語検定も１級を持っておりますので、通訳をはじめとして商社の業務に対応することは十分可能です。従来の業務も貿易業界の営業事務職でしたので、顧客との対応及び、輸入、輸出業務に関してもこなすことができます。

　私が、与えられる予定の実務は、中国からの木材製品の輸入業務です。中国語と日本語の知識を求められる業務内容となります。私は、この他にも韓国語と英語が話せることで、MV株式会社での活躍の場も広げられると自負しております。

　私は、過去の商社における勤務から商品の輸入・輸出業務を担当し、貿易においての全般的な知識だけではなく、仕入先との商談に就いても経験をしております。これらの知識や能力を十分に

発揮し、MV 株式会社においても貿易実務の最前線で仕事をする
つもりです。

　特に、中国市場から木材製品を輸入する機会が多い部門での就
労となりますので、私の語学力は大いに役立つものと確信してい
ます。

　今回の、「技術・人文知識・国際業務」在留資格変更申請に関し
まして、許可をいただきたく心よりお願い申し上げます。

埼玉県○○市△町 5-6-7　SU

なお、申請にあたっては下記の資料が必要です。

1．在留資格変更許可申請書
2．写真（縦 4cm×横 3cm）
3．パスポート及び在留カード
4．カテゴリー1から4のいずれかに該当することを証明する文書
　※カテゴリー1は四季報の写しまたは日本の証券取引所に上場していることを証明する文書
　　（写し）
　※カテゴリー2と3は、前年分の給与所得の源泉徴収票等の法定調書合計表の写し（受付
　　印のあるもの）
5．専門学校を卒業し、専門士または高度専門士の称号を付与された者につい
　ては、専門士または高度専門士の称号を付与されたことを証明する文書
6．労働契約書（雇用契約書）
7．申請人の学歴及び職歴その他経歴を証明する文書
8．登記事項証明書
9．事業内容を明らかにするパンフレット、ホームページのプリントアウトし
　たもの。

　カテゴリー3の企業も 2020 年より電子申請の対象とはなりましたが、経済
状況、財務状況等の観点から安定的、継続的に事業が運営されていると認めら
れるための書類（決算書等）が必要となります。

技術・人文知識・国際業務

「技術・人文知識・国際業務」の在留資格を持っている外国人が会社を退職した場合、在留資格に基づく本来の活動を継続して３カ月以上行っていないときでも、取り消しにならないケースはあるのですか？

　就労していない場合、その活動を行わないで在留していることについて「正当な理由」があるときは、在留資格の取り消しの対象となりません。

　「正当な理由」として認められるのは、次の就職先を探すために会社訪問をするなど具体的な就職活動を行っているケースです。

　就職活動をしていることを証明するため、企業の人事部とのやり取りを記録したメールの写しなどを求められますので、紙ベースで証明できるものを出入国在留管理局の審査官に提出する必要があります。

　実際、取り消しにならないとしても、将来永住権を目指す場合はマイナス要素となりますので注意が必要です。

One POINT ADVICE：転職希望者のチェックポイント

　企業の人事担当者は、「技術・人文知識・国際業務」の在留資格を持った人材が転職を希望してきた場合、次のことをチェックしておく必要があります。

1. 前職はいつ辞めたのか
2. 前職を辞めた後、違法なアルバイト等をしていなかったか
3. 前職では具体的にどのような内容の仕事をしていたか
4. 前職を辞めた理由は何か

　通常、自己都合で退職し、その後、求職をする場合「短期滞在」に在留資格を変更して行うことになりますが、2020年のコロナウイルス感染症の影響による解雇のケースでは、「特定活動」の在留資格が与えられ就職活動をすることができるようになった外国人がいました。また一部のケースではその「特定活動」そのもので働くことが認められる特別な措置も採られました。

留学生を採用する場合

技術・人文知識・国際業務

Chapter1
Q9

Q&A for hiring
foreign workers

インバウンド対応の通訳として外国人留学生を採用する場合、どのような書類を提出してもらう必要がありますか？

　日本において「留学」している留学生も大きく分けて2つのパターンがあります。もうすでに本国で大学を卒業して、日本に来ていればすぐに在留資格変更許可申請をかけることができます。特に、日本語学校に在籍中の場合に多いケースです。一方、本国で大学を卒業しておらず、日本の大学に在学中の場合は、原則として大学を卒業してから企業で働くことができます。ただし、インバウンド需要に対応するために通訳として働く場合、少なくとも日本語能力試験でN2レベルに到達していることを証明する必要があります。

　N2レベルは日本の大学に入学し、日本語で行われる授業が理解できるレベルの人です。このレベルで日本語のコミュニケーション能力がないと、通訳として採用することを許可してもらうことは難しいです。そのため、大学の卒業証明書に加え、日本語の能力試験等のレベルをクリアしていることの証明を出すといいでしょう。また、海外の大学で日本語学科を専攻し、卒業している場合は、日本語の能力要件を満たしていると判断されますので、通訳として採用することが可能です。この場合、日本語学科の卒業証明書と履修科目の成績証明書を提出するようにします。

☑ 日本語能力試験 N2 のレベルとは？

　日常的な場面で使われる日本語の理解に加え、より幅広い場面で使われる日本語をある程度理解することができる。

読む	幅広い話題について書かれた新聞や雑誌の記事・解説・平易な論評など、論旨が明快な文章を読んで、文章の内容を理解することができる。一般的な話題に関する読み物を読んで、話の流れや表現意図を理解することができる。
聞く	日常的な場面に加えて、幅広い場面で自然に近いスピードのまとまりのある会話やニュースを聞いて、話の流れや内容、登場人物の関係を理解したり、要旨を把握したりすることができる。

Q10

Q&A for hiring
foreign workers

技術・人文知識・国際業務

半年前に大学（マーケティング専攻）を卒業した外国人留学生が、「特定活動」という在留資格を持ち、当社への就職を希望してきました。パスポートの中に「指定書」というものがありますが、貿易担当の正社員として採用しても問題ありませんか？

指　定　書
DEDIGNATION

氏　名
Name
〇〇〇〇

国籍・地域
Nationality
/Region
中　国

出入国管理及び難民認定法別表第一の五の表の下欄の規定に基づき上記の者が本邦において行うことができる活動を次のとおり指定します。

According to the regulation stipulated in the low colum of Annexed Table 1-5 of the Immigration-Control and Refugee-Recognition Act,the above-mentioned person is permitted to engage in the activities designated as follows.

「就職活動及び当該活動に伴う日常的な活動（収入を伴う事業を運営する活動又は報酬を受ける活動を除く。）」

日　本　国　法　務　大　臣
MINISTER OF JUSTICE JAPANESE GOVERNMENT

　このような「指定書」を持っている方は、専門学校や大学を卒業した後、就職先がまだ決まっていないために、就職活動することを許された「特定活動」の在留資格を持っている方です。この「指定書」の意味することは、「大学卒業後に留学生が日本で就職活動をしても問題ありません。」ということです。また、別途、「資格外活動」の許可を得れば週28時間までのアルバイトが認められます。

　御社にてこの学生を採用したいということであれば、問題はありません。貿易担当の場合、「技術・人文知識・国際業務」の要件に合致しているので、「特定活動」からの在留資格変更許可申請によって社員として働いてもらうことができます。

技術・人文知識・国際業務

当社では、海外進出を予定している関係で中国人学生を卒業後に受け入れることとなりました。出入国在留管理局にどのような説明をすればよいでしょうか？

通常、新しく外国人の学生を採用する場合、下記のような理由書を出入国在留管理局に提出することが一般的です。ポイントとなる海外への進出について具体的な説明が必要です。

example

当社は、○○株式会社と申します。

近年、日本国内のみならず、海外への進出も展開しており、外国人社員を一定数確保する必要性がございます。

特に少子高齢化が進む日本に比べ、中国及び東南アジア諸国は、マーケットが大きく、今後の海外戦略の中で力を入れる重点エリアとなっております。

本年4月入社といたしまして○○○○年3月にL大学大学院を修了したVWの採用を○○○○年12月に決定し、○○○○年度新入社員として内定通知いたしました。当社では新卒採用を4月一括採用し教育を行っており、入社が本年4月となりました。

申請人は日本語能力試験でもN1を3年前に取得しており、日本語の高い文書作成力とコミュニケーション能力から、管理部門で、海外拠点への情報提供や連絡等で、大きな役割を果たしてくれるものと期待しております。

日本において流通する化粧品や医薬品が、海外の市場においてどの程度受入れが可能か、商品の販売にあたって求められる説明など、翻訳も含め、管理部門として海外拠点をバックアップする業務を担当してもらう予定です。

　特に、枠にとらわれずに、新しい分野に挑戦していく姿勢は、人事本部の中でも評価が高く、企業の発展に大きく貢献してくれるものと確信しています。

　つきましては、VW に「技術・人文知識・国際業務」の在留資格を与えて頂きたくお願い申し上げます。今回、○○○○年 4 月入社を予定しておりますので、速やかな審査をいただきたく心よりお願い申し上げます。

One POINT ADVICE：リモートワーク規程

　外国人をリモートワークで働かせる場合には、基本的にリモートワーク規程を作成する必要があります。2020 年新型コロナウイルス感染症の影響で日本でもリモートワークが増えましたが、あくまでも労働契約の一つになりますので、契約条項の中に入れておくことが重要です。

　例えば、テレワーク勤務をスタートする場合、以下のことを定めておく必要があります。

・ テレワーク勤務を命じることに関する規定
・ テレワーク勤務用の労働時間を設ける場合、その労働時間に関する規定
・ 通信費などの負担に関する規定

　テレワークの導入にあたり、就業規則を変更した場合には、社員代表の意見書を添付し、所轄労働基準監督署に届出をするとともに、社員に周知する必要があります。

　また、日本の場合、テレワークにおいても労働基準法、最低賃金法、労働安全衛生法、労働者災害補償保険法などの労働基準関連の法令が適用されることを、外国人社員に説明しなければなりません。

アルバイト等の資格外活動の許可

Chapter1
Q12
Q&A for hiring
foreign workers

技術・人文知識・国際業務

「技術・人文知識・国際業務」の在留資格を持つ外国人が、収入を増やしたいので就業時間外にアルバイトをしたいと申し出てきました。入管法上問題ありませんか？

　最近は就業規則を改定し、社員の副業を認める会社も増えてきました。ただし、この就業規則をそのまま外国人社員に当てはめるわけにはいきません。

　なぜなら外国人の場合、入管法の壁が存在するからです。入管法上、「技術・人文知識・国際業務」の在留資格を持つ外国人社員が、他の在留資格に該当する仕事をすることは制約があります。「技術・人文知識・国際業務」の在留資格を持つ人が、夜バーテンダーとして働いて収入を得るようなことは禁止されています。

　「資格外活動」の許可を得て、ITエンジニアが、コンピューターのソフトウェア開発に関する講義を大学と契約の上で行うことについては問題ありませんが、単純労働系の仕事については認められていません。

　この制約条件があることを前提に就業規則を作成しないと、コミュニケーション不足から企業の担当者と外国人労働者との間でトラブルが発生することになります。資格外活動の許可を得て知的な活動に従事することなら許される可能性があると伝えるべきです。

COLUMN
Let's take a break

外国人の雇用保険とその例外

　外国人が日本国内の法人に就職した場合、雇用保険は日本人社員と同様に適用となります。例外的に外国での失業保険制度の適用を受けていることが立証された人や海外の会社と雇用関係が成立した後、日本の事業所に派遣されてくるエクスパックという地位に該当する人については雇用保険の加入から除外されます。

　雇用保険の被保険者となる外国人の場合、雇用保険資格取得届の備考欄に、在留資格、在留期間、生年月日、性別、国籍、地域等を記載して届け出ます。2020年3月1日以降の雇い入れからは別の様式に在留カード番号を記載し、併せて届け出ることが求められています。

技術・人文知識・国際業務

当社は就業規則において社員のアルバイトを認めています。「技術・人文知識・国際業務」の在留資格を持つアメリカ人社員が夜バーテンダー、またカナダ人社員が休日に大工のアルバイトをしたいと、それぞれ言っているのですが、認めても問題ありませんか？

現在、日本社会では副業を認めていこうとする流れがあります。

ただし、外国人社員については入管法上の制約があります。「技術・人文知識・国際業務」の在留資格の外国人がアルバイトするためには「資格外活動」の許可が必要となります。しかし、現状の入管行政では、「特定技能1号」の外食業や「特定技能1号」の建設（建築大工）に該当するようなアルバイトを「技術・人文知識・国際業務」の在留資格を所持する人がすることはできません。よって、ご質問にある、アメリカ人社員が夜バーテンダーとして、またカナダ人社員が休日に大工として報酬を得ることは、禁止されています。

このように、外国人社員の場合、いくら会社側が就業規則で副業を認めていても、入管法の規制があり日本人社員とは異なる扱いが必要です。入管法による「資格外活動」が認められたときに限り副業を行うことができるという内容に就業規則を変更する必要があります。

なお、「技術・人文知識・国際業務」について、副業が認められるのは、同一のカテゴリーに該当性がある場合か、「資格外活動」として「教授」の在留資格に該当するような内容で、ITエンジニアが、コンピューターサイエンスを非常勤講師として日本の大学生に教えるようなケースでは可能です。

外国人社員で「技術・人文知識・国際業務」の場合

知的労働のアルバイト	○
単純労働のアルバイト	×

外国人の在留資格	アルバイト
技術・人文知識・国際業務	出入国在留管理局の「資格外活動」の許可が出れば、非常勤の大学講師など知的なアルバイトは認められる可能性有り。 単純作業については不可。
永住者 日本人の配偶者等 永住者の配偶者等 定住者	身分系の在留資格を持っている場合、基本的には日本人社員と同様に働くことができます。 アルバイト先が単純作業系の業務内容であったとしても特に問題ありません。
特定技能1号	新しい在留資格である「特定技能1号」にはアルバイトは認められていません。

2020年の特定活動（継続就職活動中または内定待機中の外国人）の特例措置とアルバイト

　学校を卒業し、就職活動を行う期間として「特定活動」を許可されている外国人または企業からの内定者が、新型コロナウイルス感染症の影響によって、引き続き日本国内で就職活動や内定待機のために在留を続ける場合、従来定められた期間を超えて在留期間の更新を受けることが可能となりました。また、これらの対象者は資格外活動の許可を得てアルバイトをすることができます。

　また、2020年1月以降に卒業（修了）をし、帰国予定だった留学生が帰国困難の場合、生活維持のために「特定活動」（6カ月）への変更が認められ、週28時間のアルバイトが可能になりました。留学生のときに、「資格外活動許可」を得ていた方は、申請の必要はないものとされました。

3章

高度専門職

ポイントシステム

高度専門職

Q1 外国人が高度専門職の場合、ポイント証明する必要があるそうですが、どのような資料を申請のときに出さなければなりませんか？

Q&A for hiring foreign workers

出入国在留管理庁が求める証明資料については、下記のようになっています。

Aは高度専門職1号イ、Bは高度専門職1号ロ、Cは高度専門職1号ハに該当する事項です。3つのグループそれぞれで、ポイント計算の根拠となる証明資料が異なるケースがありますので、注意が必要です。

A：高度専門職第1号イ　　B：高度専門職第1号ロ　　C：高度専門職第1号ハ

ポイント計算表の該当番号	ポイント計算表の各項目に関する疎明資料（基本例）		項目
①	該当する学歴の卒業証明書及び学位取得証明書（ただし、⑰を提出する場合は提出不要） ※「複数の分野において博士若しくは修士の各位又は専門職学位」の加算を希望する場合、必要に応じて成績証明書の提出を求める場合があります。		学歴 （ABC）
②	高度専門職外国人として従事しようとする業務に従事した期間及び業務の内容を明らかにする資料（所属していた機関作成のもの）		職歴 （ABC）
③	年収（契約機関及び外国所属機関から受ける報酬の年額）を証する文書 ※年収（契約機関及び外国所属機関から受ける報酬の年額）とは、（直前までの期間を含む）過去の在留における年収ではなく、申請にかかる高度専門職外国人としての活動に従事することにより受ける（予定）年収を意味します。		年収 （ABC）
④	発明者として特許を受けた発明が1件以上	そのことを証する文書（例えば、申請人の氏名が明記されている特許証の写し）	研究実績 （AB）

⑤	入国前に外国政府から補助金、競争的資金その他の金銭の給付を受けた研究に3回以上従事	そのことを証する文書（例えば、申請人の氏名が明記されている交付決定書の写し）	
⑥	学術論文データベースに登載されている学術雑誌に掲載された論文が3本以上	論文のタイトル、著作氏名、掲載雑誌名、掲載巻・号、掲載ページ、出版年を記載した文書（様式自由） ※申請人が責任著者であるものに限ります。 ※「学術論文データベース」とは、世界規模で研究者の学術論文に関する情報を収集し、提供している民間企業のサービスです。具体的には、トムソン・ロイター社（本社・カナダ）やエルビゼア社（本社・オランダ）が提供している学術論文データベースなどがあります。	研究実績 （AB）
⑦	その他法務大臣が認める研究実績	そのことを証する文書	
⑧	従事しようとする業務に関連する日本の国家資格（業務独占資格又は名称独占資格）を保有、又はIT告示に定める試験に合格し若しくは資格を保有	そのことを証する文書（例えば、合格証明書の写し）	資格 （B）
⑨	活動機関が出入国管理及び難民認定法別表第一の二の表の高度専門職の項の下欄の基準を定める省令第1条第1項各号の表の特別加算の項の規定に基づき法務大臣が定める法律の規定等を定める件別表第1又は別表第2に掲げるイノベーションを促進するための支援措置を受けている	そのことを証する文書（例えば、補助金交付決定通知の写し）	特別加算 （ABC）

⑩	活動機関が中小企業基本法に規定する中小企業者	1　主たる事業を確認できる 　　会社のパンフレット等 2　次のいずれかの文書 　（1）　資本金の額又は出資 　　　　の総額を証する次の 　　　　いずれかの文書 　ア　　法人の登記事項証明書 　イ　　決算文書の写し 　ウ　　資本金額、出資総額が 　　　　確認可能な定款の写し 　（2）　雇用保険、労働保険、 　　　　賃金台帳の写し等従業 　　　　員数を証する文書	
⑪	活動機関が中小企業基本法に規定する中小企業者で、在留資格認定証明書交付申請等の申請日の属する事業年度の前事業年度（申請日が前事業年度経過後2カ月以内の場合は前々事業年度）における試験研究費及び開発費の合計金額が、総収入金額から固定資産若しくは有価証券の譲渡による収入金額を控除した金額（売上高）の3％を超える ※活動機関が会社・事業協同組合の場合	試験研究費等が3％超であることを証する次のいずれかの文書 1　試験研究費等及び売上高等が記載された財務諸表の写し 2　売上高等が記載された公的な書類（財務諸表、確定申告書の控え等）の写し、帳簿等の写し（試験研究費にあたる個所に蛍光ペン等で目印を付与）、試験研究費等の内訳をまとめた一覧表 3　税理士、公認会計士、中小企業診断士による証明書（書式自由）	特別加算 （続き） （ABC）

	活動機関が中小企業基本法に規定する中小企業者で、在留資格認定証明書交付申請等の申請日の属する年の前年1年間（申請日が1月から3月の場合は前々年）における試験研究費及び開発費の合計金額が、事業所得にかかる総収入金額の3%を超える ※活動機関が個人事業主の場合	試験研究費等が3%超であることを証する次のいずれかの文書 1　試験研究費等及び事業所得に係る総収入金額等が記載された財務諸表の写し 2　事業所得に係る総収入金額等が記載された公的な書類（財務諸表、確定申告書の控え等）の写し、帳簿等の写し（試験研究費にあたる個所に蛍光ペン等で目印を付与）、試験研究費等の内訳をまとめた一覧表 3　税理士、公認会計士、中小企業診断士による証明書（書式自由）	特別加算 （続き） （ABC）
⑫	従事しようとする業務に関連する外国の資格、表彰等で法務大臣が認めるものを保有	そのことを証する文書 ※企業表彰、製品表彰については、受賞に当たり申請人が積極的に関与した者に限ります。	
⑬	日本の大学を卒業又は大学院の課程を修了	該当する学歴の卒業証明書及び学位取得の証明書	
⑭	日本語専攻で外国の大学を卒業又は日本語能力試験N1合格相当	卒業証明書又は合格証明書等の写し	
	日本語能力試験N2合格相当	合格証明書の写し	
⑮	各省が関与する成長分野の先端プロジェクトに従事	そのことを証する文書（例えば、当該事業に関する補助金交付通知書の写し及び所属機関が作成した当該プロジェクトに従事している旨の説明資料）	

⑯	以下のいずれかの大学を卒業 ①大学格付3機関（クアクアレリ・シモンズ社（英国）、タイムズ社（英国）、上海交通大学（中国））の大学ランキングのうち2つ以上において300位以内の大学 ②文部科学省が実施するスーパーグローバル大学創成支援事業（トップ型）において、補助金の交付を受けている大学 ③外務省が実施するイノベーティブ・アジア事業において、「パートナー校」として指定を受けている大学	卒業した大学が、左記いずれかに該当する大学であることを証する資料（ホームページ写しの該当部分等）、及び該当する大学の卒業証明書又は学位取得の証明書	特別加算 （続き） （ABC）
⑰	外務省が実施するイノベーティブ・アジア事業の一環としてJICAが実施する研修を修了	JICAが発行する研修修了証明書（なお、同証明書が提出された場合は、申請人の学歴及び職歴その他の経歴等を証明する資料は、原則として提出を求めない。ただし、職歴のポイントの付与を希望する場合は、②の疎明資料が必要となる。）	特別加算 （続き） （ABC）
⑱	本邦において貿易その他の事業の経営を行う場合であって、当該事業の自ら一億円以上を投資	資本金又は出資額を証する資料（例えば、株主名簿）	
⑲	活動機関の代表取締役・取締役、代表執行役・執行役又は業務を執行する社員（代表権を有する場含はその旨）であることを証する文書		地位 （C）

②の注意点：高度専門職の場合、「技術・人文知識・国際業務」の上陸基準省令とは考え方が異なり、職業経験により培った高度な能力や資質を評価するものなので、実務経験年数に大学等で学んだ期間は算入されません。

☑ 高度専門職 2 号への変更

　高度専門職 1 号を取得した外国人は、3 年間 70 点以上を維持していた場合、高度専門職 2 号へ変更できます。この場合、名目上は期間の定めなしですが、7 年に一度在留カードを更新する必要があります。

1. 高度人材ポイント計算表で 70 点以上であること
2. 素行が善良であること
3. 高度専門職 2 号への変更希望者が国益に合すると認められること
4. 高度専門職 1 号として日本で 3 年以上在留し活動を行っていたこと
5. 対象となる外国人が日本の産業や国民生活の向上に資する人材であること

☑ 高度人材ポイントシステム（高度専門・技術分野の場合）

学歴ポイント

博士号	30 ポイント
修士号	20 ポイント
大学を卒業し又はこれと同等以上の教育を受けた者	10 ポイント
複数の分野において博士号、修士号又は専門職学位を有している場合	5 ポイント

職歴ポイント

10 年以上	20 ポイント
7 年以上	15 ポイント
5 年以上	10 ポイント
3 年以上	5 ポイント

※職歴については、従事しようとする業務に係る実務経験に限られます。

年収ポイント

	～29 歳	～34 歳	～39 歳	40 歳～
1000 万円	40	40	40	40
900 万円	35	35	35	35
800 万円	30	30	30	30

700 万円	25	25	25	－
600 万円	20	20	20	－
500 万円	15	15	－	－
400 万円	10	－	－	－

※年収額のうち、海外の機関（企業等）からの転勤の場合は、その額も年額に参入できます。年収額には賞与（ボーナス）の額も含まれます。

年齢ポイント

29 歳以下	34 歳以下	39 歳以下
15 ポイント	10 ポイント	5 ポイント

ボーナスポイント

① 研究実績ポイント	
特許の発明　1 件～	15 ポイント
入国前に公的機関からグラントを受けた研究に従事した実績	15 ポイント
研究論文の実績については、日本国の機関において利用されている学術論文データベースに登録されている学術雑誌に計算されている論文で申請人が責任著者であるものが 3 本以上	15 ポイント
その他申請人がアピールする著名な賞の受賞歴等で法務大臣が認めたもの	15 ポイント
② 地位につき該当なし	
③ 職務に関連する日本の国家資格	1 つ 5 ポイント（10 ポイントまで）
④ 法務大臣が告示で定めるイノベーションを促進するための支援措置を受けている機関での就労	10 ポイントでの就労
④で中小企業に該当の場合はさらに	10 ポイント
⑤ 試験研究費比率が 3％超の中小企業における就労	5 ポイント
⑥ 職務に関連する外国の資格等	5 ポイント
⑦ 日本の高等教育機関において学位を取得した場合	10 ポイント

⑧ 日本語能力試験Ｎ１取得または外国の大学において日本語を専攻して卒業した者 ＢＪＴビジネス日本語能力テストにおいて、480点以上の場合もＮ１取得と同等とみなされます	15 ポイント
⑨ 日本語能力試験（⑦、⑧対象者以外）でＮ２を取得した者またはＢＪＴビジネス日本語能力テストにおいて、400点以上の場合	10 ポイント
⑩ 法務大臣が認める事業で成長分野における先端的事業に従事する者	10 ポイント
⑪ 法務大臣が告示で定める大学を卒業した者	10 ポイント
⑫ 法務大臣が告示で定める研修を修了した者（⑦のボーナス対象者を除く）	5 ポイント
⑬ 対象外	

☑高度人材ポイントシステム（高度経営・管理分野の場合）

・ 最低年収基準があり、年収300万円です。この金額未満の場合、審査の対象とはなりません。

・ 高度経営・管理分野は、ポイントの計算方法が高度専門技術分野とは異なります。

学歴ポイントは以下のように加算されます。

博士号又は修士号取得者	20 ポイント
経営管理に関する専門職学位（MBA、MOT）等を有している場合	5 ポイント
複数の分野において博士号、修士号又は専門職学位を有している者	5 ポイント
大学を卒業しまたはこれと同等以上の教育を受けた者（博士号または修士号取得者を除く）	10 ポイント

経営・管理の実務経験は下記のように加算されます。

10 年以上	25 ポイント

7 年以上	20 ポイント
5 年以上	15 ポイント
3 年以上	10 ポイント

経営・管理の年収については下記のように加算されます。

3,000 万円以上	50 ポイント
2,500 万円以上	40 ポイント
2,000 万円以上	30 ポイント
1,500 万円以上	20 ポイント
1,000 万円以上	10 ポイント

年齢については、ポイント加算の対象外となっています。

①～⑬まであるボーナスポイントのうち、④～⑫までは高度専門・技術分野と全く同じ加算となります。

①の研究実績と③の職務に関連する日本の国家資格の保有はポイント加算の対象外です。逆に、経営・管理者のみに認められている高度人材ポイントは②の地位と⑬の投資額です。

代表取締役・代表執行役	10 ポイント
取締役・執行役	5 ポイント

⑬の日本への投資額のボーナスポイントは下記の内容で加算されます。

日本で経営する事業に 1 憶円以上の投資を行っている者	5 ポイント

経営・管理に該当する業務を行う者がポイント 70 点を超える場合、高度人材として認められ 5 年の在留期間が与えられます。

ただし、経営する企業が債務超過に陥っている状況下では、そもそも経営そのものに問題があると判断され、出入国在留管理局から許可が出ないというケースもあります。

なお、高度人材ポイントで加算の対象となる大学は巻末の資料編に掲載してあります。

高度専門職

Chapter1 Q2

在留資格「高度専門職」に係る「計算結果通知書」とはどのようなものですか？

Q&A for hiring foreign workers

　もし、高度専門職に該当する外国人労働者がいる場合、以下のような内容の通知書が審査の結果発行されます。

〇〇〇〇年△月△日

在留資格「高度専門職」に係る計算結果通知書

（高度人材の氏名）　殿

　あなたの申出に対して、「出入国管理及び難民認定法別表第一の二の表の高度専門職の項の下欄の規定に基づき、出入国管理及び難民認定法別表第一の二の表の高度専門職の項の下欄の基準を定める省令」（平成26年法務省令第37号）第1条に基づくポイント計算を実施した結果、以下のとおりでしたので、通知します。

記

　□　70点未満

　□　70点以上〜80点未満

　■　80点以上

東京出入国在留管理局就労審査第一部門

（注）今回通知した点数は、在留資格認定証明書交付時（上陸許可時）／在留資格変更許可時／在留期間更新許可時に認められたポイントであり、今後継続して上記のポイントが認められることを保証するものではありません。

　高度人材外国人のポイントについては、年齢や年収の変化などにより違ってきますので、変化の状況に対応して申請することが重要です。

高度専門職

外国人経営者が高度人材ポイントを利用して「高度専門職1号ハ」と認められるためには条件があるのでしょうか？

「高度専門職」と認められるためには、入管法で定められた内容の高度人材ポイントが70点以上あることが必要です。

「経営・管理」の高度専門職については70点以上ポイントがあることだけでは不許可になる可能性があります。

実際、学歴や職歴、日本語能力や大学のポイントなどで70点以上ある経営者が不許可になったケースがあります。理由は会社が赤字の状態だ、ということです。特に個人で立ち上げた会社は注意が必要です。

赤字経営から脱却できない場合、いくら高度人材ポイントを満たしていても「高度専門職」の経営者とは言えないというのが出入国在留管理庁の判断です。つまり、会社を黒字経営にしてこそ初めて高度専門職の資格があるということです。

例えば、海外の大企業の子会社が、まだ日本でビジネスを開始したばかりで黒字転換できていないものの、今後確実に日本市場で業績がアップし、十分な利益が見込めるような場合は、「高度専門職1号ハ」が認められるケースがあります。

このようなケースでは、グローバルな視野で安定的・継続的に活動していく大企業という点が評価されます。

One POINT ADVICE：赤字経営では「高度専門職」の経営者とは言えない

高度専門職1号ハを取得しようと考える経営者は、決算が赤字ではなく、黒字化している必要があります。

ポイントだけ70点を超えていれば無条件に高度専門職に在留資格変更できるわけではありません。

高度専門職

高度専門職では、ポイント計算にかかるボーナスポイントとして、日本語能力試験Ｎ１取得者かＮ２取得者が入っています。その代わりにBJT日本語能力テストで480点以上取得した人がＮ１、400点以上の人がＮ２と同等と認められるようです。これはどのような試験ですか？

BJTビジネス日本語能力テストとは、ビジネス場面で必要とされる日本語コミュニケーション能力を測定する試験です。

受験者が受験時にどの程度の日本語によるビジネス・コミュニケーション能力を持っているかを測る能力テストです。

結果は、IRT（項目応答理論）に基づいた統計処理により0〜800点で採点されます。BJTビジネス日本語能力テストは、日本語やビジネスの知識の有無だけを測るテストではありません。受験した外国人に日本語の基礎的な知識があることを前提として、与えられた情報を適切に処理し、対応する能力が客観的に測定されます。

聴解テスト　約45分		
場面把握問題 5問	発言聴解問題 10問	総合聴解問題 10問

聴読解テスト　約30分		
状況把握問題 5問	資料聴読解問題 10問	総合聴読解問題 10問

読解テスト　30分		
語彙・文法問題 10問	表現読解問題 10問	総合読解問題 10問

なお、BJTビジネス日本語能力テストを受けることを希望する外国人のために公式模擬テストやガイドも出版されています。

転職・他の在留資格からの変更申請

高度専門職

「高度専門職1号ロ」に自分は該当するので「技術・人文知識・国際業務」からの変更申請をお願いしたいと外国人社員が申し出てきました。現在、有効な在留資格があるのに、そんな簡単に変更申請ができるのですか？

　高度専門職1号ロには色々とメリットがあります。特に高度人材ポイントが80点以上の場合、わずか1年の滞在で永住権申請が可能となります。

　永住権を目指す外国人については、なるべく短い期間で申請を可能にしたいということから「高度専門職」の在留資格に変更したいと考える人も多いわけです。高度専門職については企業側から提出しなければならない資料も多いので、外国人単独の意思で申請することはできません。特に、在職証明書、労働契約書などの書類については、会社側が準備する必要があります。

　申請書類の中にも所属機関作成用の用紙がありますので、この書類の中に会社のデータを記入していく必要があります。高度専門職については、70ポイント以上で申請できます。許可が下りれば、5年の在留期限も与えられますので、企業としても雇用管理上メリットの大きい制度といえるでしょう。

☑ 高度人材の親の在留の要件

　通常、就労資格で在留している外国人の親が、長期間日本に在留することは認められていませんが、「高度専門職」に対する優遇措置の一つとして、高度専門職を持つ外国人またはその配偶者の7歳未満の子（養子を含む）を養育するサポート役として、親が入国し一緒に生活することが認められています。

　高度専門職の外国人が妊娠もしくはその配偶者が妊娠した場合も、親が介助・家事・その他必要な支援をすることが認められています。

　ただし、高度専門職の世帯年収が、800万円以上であることが要件です。

　ITエンジニアなどは、高度専門職の特権の一つである自分で会社を経営できるという点を活かし、IT関連企業を立ち上げ、永住権を取得後、本格的に独立を考えるようなケースもあります。

高度専門職

外国人を高度専門職として在留資格変更申請する場合、留学生から直接の変更申請でも特に問題ありませんか？

「高度専門職」の取扱いは、裁量権の影響からか対応にバラつきがあります。

地方の一部の出入国在留管理局では、留学生が就職する際に直接「高度専門職」に変更申請することを認めているようです。

一方、東京出入国在留管理局においては、過去に1年以上働いた経験のない外国人人材の場合、「留学」から「高度専門職」への変更申請は認めていません。

ただし、過去に1年以上働いた人間が大学院に入り、その後就職するような場合は、「留学」から「高度専門職」への変更申請は認められています。

就職した経験がない場合、まず「技術・人文知識・国際業務」への変更申請をして1年以上経過してから「高度専門職」へ在留資格変更許可申請をすることになります。

One POINT ADVICE：高度専門職の対象となるケース

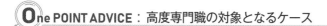

①留学生　⟫⟫⟫　高度専門職への変更不可能

②海外での就労経験あり（1年以上）　⟫　留学生　⟫　高度専門職への変更可能

「高度専門職1号ロ」にはいろいろなバリエーションがあります。

「高度専門職1号ロ」は、「技術・人文知識・国際業務」の在留資格のゴールドカードのようなイメージがありますが、「医療」（医師や薬剤師）、「技能」（航空会社のパイロット）等が行っている活動で、ポイントが合計70点を超えていることが証明できれば、「高度専門職1号ロ」として認められます。

なお、「高度専門職」で対象となる報酬とは「一定の役務の給付の対価として与えられる反対給付」のことをいい、基本給のほか、勤勉手当や調整手当が含まれます。

高度専門職

高度専門職の資格を他社で持っている IT エンジニアが転職を希望しております。当社で採用する場合、現在パスポートに貼られている下記の指定書はどうすればいいですか？

　下記の指定書が、御社に代わらないと、高度人材の IT エンジニアとして働くことができません。そのためには、「高度専門職 1 号ロ」の在留資格変更許可申請が必要です。これにより機関名が BB ×× 株式会社から御社に変更となります。

指　定　書
DEDIGNATION

氏　名
Name

〇〇〇〇

国籍・地域
Nationality
/Region

アメリカ合衆国

出入国管理及び難民認定法別表第1の2の表の　高度専門職 / 技能実習　の項の下欄

第　1 / 2　号の規定に基づき、同号ロに定める活動を行うことができる本

邦の公私の機関を次のとおり、指定します。

入国審査官
㊞

次の機関との契約に基づいて行う自然科学若しくは人文科学の分野に属する知識若しくは技術を要する業務に従事する活動又は当該活動と併せて当該活動と関連する事業を自ら経営する活動

機関名：BB ×× 株式会社
（本店等所在地：東京都港区〇〇 5-6-7）

日　本　国　法　務　大　臣
MINISTER OF JUSTICE JAPANESE GOVERNMENT

高度専門職のメリット－起業、家族・家事手伝いの呼び寄せ、永住権申請

高度専門職

「高度専門職」だと社員が会社を設立することができますか？
また、「高度専門職」の配偶者をフルタイムでその会社にて働
かせることは可能ですか？

日本では「高度専門職」の在留資格を持っている場合は、契約に基づき行う
主な活動と併せて、主な活動と関連する事業を経営することができます。

IT 企業に勤務するインド人エンジニアは、よく自らのソフトウェア開発の企
業を別に立ち上げて、ダブルインカムの形で活動します。

「高度専門職」の在留資格を持つ外国人のために設けられた優遇制度です。

ただし、あくまでも主な活動と関連する事業を経営することが許されている
だけで、事業と関連性のないバーやレストランを本格的に経営することは制度
の趣旨に反します。

「高度専門職」は、自ら勤務し従事する業務内容と関連性がある事業であれ
ば、会社を設立して経営することができます。

特に可能性があるのは、IT エンジニアです。日本は IT 立国を目指しています
ので、IT 関連企業を創設し、事業として運営するのは何ら問題がありません。
実際、その IT エンジニアの配偶者をその新設した企業の正社員として雇用し、「特
定活動」の在留資格でフルタイム働いてもらうことも可能です。

注意が必要なのは、その「高度専門職」の外国人が確定申告を行わなければ
ならないということです。

「高度専門職」として認められた外国人の配偶者について、副業として設立さ
れた企業においてフルタイムで勤務することは可能です。ただし、在留資格を「家
族滞在」から「特定活動」に変更する必要があります。

高度専門職

**高度専門職の外国人の親を呼び寄せるときには、どのような
要件を満たしていることが求められますか？**

　通常、就労資格で在留する外国人の親の中長期の在留資格は認められていま
せんが、高度人材ポイント制では、高度外国人材に対する優遇措置の一つとして、
高度外国人材若しくはその配偶者の7歳未満の子（子には養子を含みます。）を
養育するため、又は高度外国人材の妊娠中の配偶者若しくは妊娠中の高度外国
人材に対し、介助、家事その他の必要な支援をするため、高度外国人材又はそ
の配偶者の親については、高度外国人材と共に入国する場合と同様に所定の要
件を満たした上で、高度外国人材が先に入国したのち、本国から呼び寄せるこ
とが可能です。

☑要件（次のいずれにも該当することが必要です）

　※申請人とは、日本への入国・在留を希望している外国人の方のことです（以
　　下同じ。）。

　1　申請人の子又は子の配偶者である高度外国人材と同居すること。

　2　申請人の入国の時点において、高度外国人材の世帯年収が800万円以上で
　　あること。

　　（注1）「世帯年収」とは、高度外国人材が受ける報酬の年額と、当該外国人の配偶者が受け
　　　　る報酬の年額を合算したものをいい、配偶者以外の者の報酬などは含まれません。

　3　高度外国人材若しくはその配偶者の7歳未満の子（高度人材告示第2条の
　　表ニの項の下欄に掲げる活動を指定されているものに限る。）の養育を行
　　おうとするものであること、又は高度外国人材の妊娠中の配偶者若しくは
　　妊娠中の当該高度外国人材に対し、介助、家事その他の必要な支援を行お
　　うとするものであること。

　4　申請人が高度外国人材の配偶者の父又は母である場合は、高度人材告示第
　　2条の表チの項の下欄に掲げる活動を指定されて在留する当該高度外国人
　　材の父又は母がいないこと。

5 申請人が高度外国人材の父又は母である場合は、高度人材告示第2条の表
　チの項の下欄に掲げる活動を指定されて在留する高度外国人材の配偶者の
　父又は母がいないこと。

☑ 提出資料

※日本で発行される証明書は全て、発行日から3カ月以内のものを提出して
　ください。

1 在留資格認定証明書交付申請書（「特定活動」の様式・「○上記以外の目的」
　を選択）　　　　　　　　　1通

※地方入国管理官署において、用紙を用意してあります。また、法務省のホー
　ムページから取得することもできます。

2 写真（縦4cm×横3cm）1葉

※申請前3カ月以内に正面から撮影された無帽、無背景で鮮明なもの。

※写真の裏面に申請人の氏名を記載し、申請書の写真欄に貼付してください。

3 返信用封筒（定形封筒に宛先を明記の上、404円分の切手（簡易書留用）
　を貼付したもの）　　　　　　1通

4 高度人材外国人の世帯年収を証する文書　　　　1通

5 高度人材外国人若しくはその配偶者の7歳未満の子を養育しようとする場合

(1) 次のいずれかで、申請人と高度人材外国人又はその配偶者との身分関係、
　及び養育しようとする者が高度外国人材又はその配偶者の7歳未満の子で
　あることを証する文書

　　ア　戸籍謄本

　　イ　婚姻届出受理証明書

　　ウ　結婚証明書（写し）

　　エ　出生証明書（写し）

　　オ　上記アからエまでに準ずる文書

(2) 高度外国人材、高度外国人材の配偶者及びその7歳未満の子の在留カード
　又はパスポートの写し　　1通

6 高度外国人材の妊娠中の配偶者若しくは妊娠中の当該高度外国人材に対
　し、介助、家事その他の必要な支援を行おうとする場合

(1) 次のいずれかで、申請人と高度外国人材又はその配偶者との身分関係を証
　する文書

ア　戸籍謄本

　　イ　婚姻届出受理証明書

　　ウ　結婚証明書（写し）

　　エ　出生証明書（写し）

　　オ　上記アからエまでに準ずる文書

(2) 高度外国人材又はその配偶者が妊娠中であることを証する文書（診断書、母子健康手帳の写し等）

(3) 高度外国人材及び高度外国人材の配偶者の在留カード又はパスポートの写し　1通

　このほか、申請いただいた後に、当局における審査の過程において、上記以外の資料を求められる場合もあります。

☑留意事項

　1　申請の際には、身分を証する文書（会社の身分証明書等）をご提示いただきます。これは、代理人、申請取次者又は法定代理人が申請を提出する場合において、申請を提出することができる方かどうかの確認のために必要となるものです。

　2　在留資格認定証明書に関する手続等の案内については、出入国在留管理庁ホームページの「各種手続案内」をご覧ください。

　3　提出資料が外国語で作成されている場合には、訳文（日本語）を添付してください。

　4　原則として、提出された資料は返却できませんので、再度入手することが困難な資料の原本等の返却を希望する場合は、申請時に申し出てください。

　この呼び寄せは、高度人材のための特権なので、わざわざ永住権を持っている外国人が、その目的のためだけに高度専門職に在留資格変更許可申請をすることがあります。

Chapter
Q10

Q&A for hiring
foreign workers

高度専門職

高度専門職に在留資格を変更すると、家事手伝いを雇えるのですか？

　出入国管理及び難民認定法別表第1の2の表の高度専門職の在留資格をもって在留する外国人「高度専門職外国人」に雇用される家事使用人には2つのタイプがあり、1つ目は高度専門職外国人と共に（又は後から）日本に入国する家事使用人（特定活動告示2号の2。以下「家事使用人（入国帯同型）」と言います。）、2つ目は高度専門職外国人に13歳未満の子がいること等により家事に従事することが認められる家事使用人（特定活動告示2号。以下「家事使用人（家庭事情型）」と言います。）です。家事使用人（入国帯同型）は、雇用主と共に出国されることが予定されていることが必要であり、日本入国後の雇用主変更は認められないのに対し、家事使用人（家庭事情型）は、日本入国後の雇用主変更が認められる一方、雇用主である高度専門職外国人の子が13歳に達したりその配偶者が日常の家事に従事することができない事情が消滅したときは、在留期間の更新を受けることができないという違いがあります。在留資格変更許可申請が認められるのは、家事使用人（家庭事情型）であって、当該活動を指定されて上陸許可又は在留資格変更許可を受けたときにおける雇用主と異なる高度専門職外国人に雇用される場合、又は他の在留資格で在留していた方が新たに家事使用人（家庭事情型）として雇用される場合です。家庭事情型は、13歳未満の子供がいることの証明や日常の家事を配偶者ができない事情（病気等）の証明が必要です。

☑要件（次のいずれにも該当することが必要です）

　※申請人とは、日本への入国・在留を希望している外国人の方のことです（以下同じ。）。

　1 雇用主である高度専門職外国人が申請人以外に家事使用人を雇用していないこと。

2 在留資格変更の申請の時点において、雇用主である高度専門職外国人の日本入国後の世帯年収が 1,000 万円以上であること。

　　（注1）「世帯年収」とは、高度専門職外国人が受ける報酬の年額と、当該外国人の配偶者が受ける報酬の年額を合算したものをいい、配偶者以外の者の報酬などは含まれません。

3 雇用主である高度専門職外国人が、在留資格変更の申請の時点において、13 歳未満の子又は病気等により日常の家事に従事することができない配偶者を有すること。

4 雇用主である高度専門職外国人が使用する言語により日常の会話を行うことができること。

5 月額 20 万円以上の報酬を受けること。

6 18 歳以上であること。

7 在留状況が良好であると認められること。

☑ 必要書類

- ・ 在留資格変更許可申請書
- ・ 縦4cm×横3cmの証明写真
- ・ 申請人のパスポート、在留カード
- ・ 申請人の活動内容、期間、地位及び報酬を証明する文書
- ・ 雇用主である高度専門職外国人の在留カードまたはパスポートの写し
- ・ 雇用主である高度専門職外国人の世帯年収を証する文書
- ・ 雇用主である高度専門職外国人が申請人以外に家事使用人を雇用していない旨を記載した文書及び契約書
- ・ 雇用主と申請人が日常生活において使用する言語でコミュニケーションできる証明が必要になります。

　その他、フィリピン国籍の家事手伝いを日本に招へいする場合には、在留資格認定証明書交付申請の手続きの他にフィリピン労働局の許可を得る必要もあります。

Chapter
Q11

Q&A for hiring
foreign workers

高度専門職

高度専門職 80 ポイント以上の人の永住権申請理由書はどう書きますか？

高度専門職で 80 ポイント以上ある外国人の永住権申請書の例を紹介します。

example ● ● ●

○○○○年○月○日
法務大臣　　殿
国籍　　　　カナダ
申請人　　　S.W
生年月日　　1989年○月○日

理由書

　私は、カナダ国籍の S.W（30 歳）と申します。この度、高度人材ポイント 80 点以上を根拠に「永住者」の在留資格を申請しておりますが、現在までの経緯と申請理由等につきまして説明させていただきます。何卒、ご検討の程宜しくお願い申し上げます。

　現在、私は H 法律事務所のアソシエイトであり、外国法律の専門の弁護士として日本で働いております。

　H 事務所は、○○○○年イギリスで設立された長い歴史がある法律事務所です。現在日本にある弊事務所は、○○○○年以来、海外に投資を希望する日本企業や日本に投資を希望する海外企業のアドバイザーとして日本の経済が一層発展するように努めております。

　私は、2015 年アメリカの○○大学ロースクールを卒業し、P というニューヨークを代表する法律事務所で研修し、現在ニューヨークとカリフォルニア州の弁護士資格を所有しております。資本市場や買収合併（M&A）のコーポレートや国際取引の法律を専門としておりますので、そのスキルを日本企業や海外企業のお客様のために生かしております。

　私は、韓国のソウルで生まれたのですが、小学校からカナダ育ち、カナダの G 大学で作曲、哲学、経済学を専攻し 2012 年に卒業しました。妻は、カナダ生まれの大学の後輩です。今年結婚しましたが、もう

9年付き合っております。ロースクールを卒業した際、日本に一緒に旅行に参りましたが、そのとき二人とも日本という国に興味を持ち、日本の文化や料理等にも興味を持つようになりました。そのときから日本語の勉強も始め2018年7月に日本語能力試験のレベルN1に合格しました。

　この度、永住権の申請を提出する理由は下記のとおりです。

①日本企業や海外企業のお客様を支援し続けるため、長期的に東京に住んで働きたいと思っております。
②自分の社会的な地位を固めて、更に日本の社会や経済に貢献したいと思っております。
③恒久的な地位を得て、妻と一緒に将来のために家族の計画等を具体的に立てたいと思っております。

　当然のことですが、日本社会を支えるため、所得税、住民税、国民年金、国民健康保険等は全て滞りなく納付しております。妻も現在Ｚという会社でリクルーターとして働いており、もちろん彼女も上記の全てを納付しております。現在、私の年収は○万円であり、貯金は○万円、日本の NISA と個人型確定拠出年金（iDeCo）の資産は○万円、海外資産は○万円でございます。妻の年収は○万円、貯金は○万円、海外資産は○万円でございます。安定した生活を送ることが可能な状況です。私は、カナダで育ち、他の文化や多様性を重んじておりますので、もちろん日本の習慣や文化も尊重しております。私どもの日本の生活を撮影した写真も、この理由書１に添付して提出いたします。私は、過去に犯罪を犯したことなど全くなく、今後も、日本の法律や法令、社会のルールを遵守し、日本社会の一員として責任ある生活を送っていく所存です。

　以上、私どもの諸事情ご理解の上、永住許可を賜りますよう、何卒、宜しくお願い申し上げます。

署名○○○○○

　永住権申請が１年でできる 80 ポイント以上の「高度専門職」の場合、１年前と現在の２つの時点で確実に 80 ポイントを超えていることが必要です。

　永住権申請において審査部門は、課税証明書に記載されている金額で年収ポイントを決定しますので、市区町村から住民税の課税証明書の出る時期に申請した方がよいでしょう。「高度専門職」の申請時には、見込み年収でポイントが計算されるので注意が必要です。

高度専門職

「高度専門職2号」の場合、「高度専門職1号」が5年であるのと違い、在留期限が無期限となるそうですが、永住権と同じ考えでよいのでしょうか？

　「高度専門職2号」は、永住権と同じではありません。永住権の場合は、失職したとしても取り消しとはなりませんが、「高度専門職2号」は、仕事をしないで6カ月経過した場合、本来の活動を行っていないということを理由に在留資格の取り消しの対象となってしまいます。つまり、現在の仕事を辞めたり、引退してしまうと在留資格そのものが取り消しの対象になります。

　もし、日本でずっと生活をしたいということであれば、やはり永住権を取得しておく方が安心です。特に高齢になってくると、病気等で仕事を続けることが難しくなるケースもあります。このようなケースでは、せっかく積み上げた実績の「高度専門職2号」が継続できないリスクもありますので、ライフステージを変えたとき、永住権への変更の方がリスクを軽減できます。

☑出入国在留管理上の優遇措置の内容

•「高度専門職1号」の場合
1. 複合的な在留活動の付与（エンジニアでも自ら会社経営できる等）
2. 在留期間「5年」の付与
3. 在留歴に係る永住許可要件の緩和（70ポイントで3年、80ポイントで1年）
4. 配偶者の就労（フルタイムで働くことができる）
5. 一定の条件の下での親の帯同
6. 一定の条件の下での家事使用人の帯同
7. 入国、在留手続の優先処理

•「高度専門職2号」の場合
a 「高度専門職1号」の活動と併せてほぼすべての就労の活動を行うことできる。
b 在留期間が無期限となる。
c 上記3から6までの優遇措置が受けられる。

　「高度専門職2号」は、「高度専門職1号」で3年以上活動を行っていた方が対象になります。

2020年1月以降カテゴリー1企業に該当する一定の企業の条件とは？

(1) 厚生労働省が所管する「ユースエール認定制度」において都道府県労働局長から「ユースエール認定企業」として認定を受けているもの。

(2) 厚生労働省が所管する「くるみん認定制度」「プラチナくるみん認定制度」において都道府県労働局長から「くるみん認定制度」「プラチナくるみん認定制度」として認定を受けているもの。

(3) 厚生労働省が所管する「えるぼし認定制度」「プラチナえるぼし認定制度」において都道府県労働局長から「えるぼし認定制度」「プラチナえるぼし認定制度」として認定を受けているもの。

(4) 厚生労働省が所管する「安全衛生優良事業者認定制度」において都道府県労働局長から「安全衛生優良企業」として認定を受けているもの。

(5) 厚生労働省が所管する「職業紹介優良事業者認定制度」において指定審査認定機関から「職業紹介優良事業者」として認定を受けているもの。

(6) 厚生労働省が所管する「製造請負優良適正事業者認定制度」（GL認定）において指定審査機関から「製造請負優良適正事業者」として認定を受けているもの。

(7) 厚生労働省が所管する「優良派遣事業者認定制度」において指定審査認定機関から「優良派遣事業者」として認定を受けているもの。

(8) 経済産業省が所管する「健康経営優良法人認定制度」において、日本健康会議から「健康経営優良法人」として認定を受けているもの。

(9) 経済産業省が所管する「地域未来牽引企業制度」において、経済産業大臣から「地域未来牽引企業」として選定を受けているもの。

(10) 国土交通省が所管する「空港における構内の営業承認制度」において、地方航空局長または航空事務所長から「航空管理規則上の第一類構内営業者」または「第二類構内営業者」として承認をうけているもの。

(11) 消費者庁が所管する「内部通報制度認証（自己適合宣言登録制度）」において、内部通報制度認証事務局から「内部通報制度認証（自己適合宣言登録制度）」登録事業者」として登録を受けているもの。

　なお、(1) ～ (11) までは、認定を受けていることを証明する認定証等の写しが必要です。この新しい認定制度を活用することにより、中小企業でも上場企業と同じカテゴリー1という最高ランクの評価を受けることができます。

4章

特定技能

特定技能の要件

Chapter1
Q1

Q&A for hiring
foreign workers

特定技能

入管法の改正により「特定技能」という在留資格ができたそうですが、この在留資格であればどのような外国人でも採用できますか？

「特定技能」の在留資格を取得するためには、外国人労働者が日本語試験と技能試験に合格しなければなりません。ただし、「技能実習生」として「技能実習2号」を良好に修了した外国人はこれらの試験が免除されます。

「特定技能」には受入可能な分野があり、現在14の受入可能な「特定産業分野」のうち、P146〜P152に該当する職種であれば、外国人を採用できます。「特定産業分野」は下記の14の産業です。

1. 介護	8. 産業機械製造業
2. ビルクリーニング	9. 電気・電子情報関連産業
3. 農業	10. 建設
4. 漁業	11. 造船・舶用工業
5. 飲食料品製造業	12. 自動車整備
6. 外食業	13. 航空
7. 素形材産業	14. 宿泊

☑ 特定技能1号における分野と技能実習2号移行対象職種との関係性について

1 介 護

職種名	作業名
介護	介護

（注）平成29年11月1日から対象職種に追加

2 ビルクリーニング

職種名	作業名
ビルクリーニング	ビルクリーニング

3　素形材産業

職種	作業名	職種名	作業名
鋳造	鋳鉄鋳物鋳造	めっき	電気めっき
	非鉄金属鋳物鋳造		溶融亜鉛めっき
鍛造	ハンマ型鍛造	アルミニウム陽極酸化処理	アルミニウム陽極酸化処理
	プレス型鍛造		
ダイカスト	ホットチャンバダイカスト	仕上げ	治工具仕上げ
			金型仕上げ
	コールドチャンバダイカスト		機械組立て仕上げ
		機械検査	機械検査
機械加工	普通旋盤	機械保全	機械保全
	フライス盤	塗装	建築塗装
	数値制御旋盤		金属塗装
	マシニングセンタ		鋼橋塗装
金属プレス加工	金属プレス		噴霧塗装
工場板金	機械板金	溶接	手溶接
			半自動溶接

4　産業機械製造業

職種名	作業名	職種名	作業名
鋳造	鋳鉄鋳物鋳造	機械検査	機械検査
	非鉄金属鋳物鋳造	機械保全	機械系保全
鍛造	ハンマ型鍛造	電子機器組立て	電子機器組立て
	プレス型鍛造	電気機器組立て	回転電機組立て
ダイカスト	ホットチャンバダイカスト		変圧器組立て
	コールドチャンバダイカスト		配電盤・制御盤組立て
機械加工	普通旋盤		開閉制御器具組立て
	フライス盤		回転電機巻線製作
	数値制御旋盤	プリント配線板製造	プリント配線板設計
	マシニングセンタ		プリント配線板製造

金属プレス加工	金属プレス	プラスチック成形	圧縮成形
鉄工	構造物鉄工		射出成形
工場板金	機械板金		インフレーション成形
めっき	電気めっき		ブロー成形
	溶融亜鉛めっき	塗装	建築塗装
仕上げ	治工具仕上げ		金属塗装
	金型仕上げ		鋼橋塗装
	機械組立仕上げ		噴霧塗装
		溶接	手溶接
			半自動溶接
		工業包装	工業包装

5 電気・電子情報関連産業

職種名	作業名	職種名	作業名
機械加工	普通旋盤	プリント配線板製造	プリント配線板設計
	フライス盤		プリント配線板製造
	数値制御旋盤	プラスチック成形	圧縮成形
	マシニングセンタ		射出成形
金属プレス加工	金属プレス		インフレーション成形
工場板金	機械板金		ブロー成形
めっき	電気めっき	塗装	建築塗装
	溶融亜鉛めっき		金属塗装
仕上げ	治工具仕上げ		鋼橋塗装
	金型仕上げ		噴霧塗装
	機械組立仕上げ	溶接	手溶接
機械保全	機械系保全		半自動溶接
電子機器組立て	電子機器組立て	工業包装	工業包装
電気機器組立て	回転電機組立て		
	変圧器組立て		
	配電盤・制御盤組立て		
	開閉制御器具組立て		
	回転電機巻線製作		

6 建 設

職種名	作業名
型枠施工	型枠工事
左官	左官
コンクリート圧送施工	コンクリート圧送工事
建設機械施工	押土・整地
	積込み
	掘削
	締固め
かわらぶき	かわらぶき
鉄筋施工	鉄筋組立て
内装仕上げ施工	プラスチック系床仕上げ工事
	カーペット系床仕上げ工事
	鋼製下地工事
	ボード仕上げ工事
	カーテン工事
表装	壁装
建築板金	ダクト板金
	内外装板金
建築大工	建築大工
とび	とび
配管	配管
熱絶縁施工	保温保冷
	吹付ウレタン断熱
	海洋土木工

＊末尾の8作業は令和2年2月28日から対象職種に追加

7 造船・舶用工業

職種名	作業名
溶接	手溶接
	半自動溶接

塗装	金属塗装作業
	噴霧塗装作業
鉄工	構造物鉄工作業
仕上げ	治工具仕上げ作業
	金型仕上げ作業
	機械組立仕上げ作業
機械加工	普通旋盤作業
	数値制御旋盤作業
	フライス盤作業
	マシニングセンタ作業
電気機器組立て	回転電機組立て作業
	変圧器組立て作業
	配電盤・制御盤組立て作業
	開閉制御器具組立て作業
	回転電機巻線製作作業

8 自動車整備

職種名	作業名
自動車整備	自動車整備

9 航 空

職種名	作業名
空港グランドハンドリング	航空機地上支援

10 宿 泊

職種名	作業名
宿泊	宿泊

＊令和2年2月25日より、技能実習2号移行対象職種に追加

11　農　業

職種名	作業名
耕種農業	施設園芸
	畑作・野菜
	果樹
畜産農業	養豚
	養鶏
	酪農

12　漁　業

職種名	作業名
漁船漁業	かつお一本釣り漁業
	延縄漁業
	いか釣り漁業
	まき網漁業
	ひき網漁業
漁船漁業	刺し網漁業
	定置網漁業
	かに・えびかご漁業
養殖業	ほたてがい・まがき養殖

13　飲食料品製造業

職種名	作業名
缶詰巻締	缶詰巻締
食鳥処理加工業	食鳥処理加工
加熱性水産加工食品製造業	節類製造
	加熱乾製品製造
	調味加工品製造
	くん製品製造

非加熱性水産加工	塩蔵品製造
食品製造業	乾製品製造
	発酵食品製造
水産練り製品製造	かまぼこ製品製造
牛豚食肉処理加工業	牛豚部分肉製造
ハム・ソーセージ・ベーコン製造	ハム・ソーセージ・ベーコン製造
パン製造	パン製造
そう菜製造業	そう菜加工
農産物漬物製造業	農産物漬物製造

14　外食業

職種名	作業名
医療・福祉施設給食製造	医療・福祉施設給食製造

（注）平成30年11月16日から対象職種に追加

出所：出入国在留管理庁「新たな外国人材の受入れについて」（平成31年4月）

　今後「特定技能1号」がカバーする職種については、社会のニーズに応じて拡大されることが予想されます。実際、「コンビニエンスストア」「トラック運送」「産業廃棄物処理」なども、将来有力な特定産業の候補といわれています。

COLUMN
Let's take a break

二国間協定とは

　日本は、特定の国と協力覚書を作成しています。二国間協定は外国人材の保護、悪質な仲介事業者の排除や情報共有の枠組の構築を中心とした内容になっています。下記のサイトで、内容は確認できます。

http://www.moj.go.jp/nyuukokukanri/kouhou/nyuukokukanri05_00021.html

　日本との協力覚書を作成した国によっては、それぞれの国の国内規定に基づき、送出手続を定めており、その手続きを行ったことを証明する書類を発行しているケースがあります。その場合、「特定技能1号」の申請にあたり、その書類を提出しなくてはなりません。

☑ 特定技能受け入れ可能な各国についての情報

受入れ可能な 13 カ国とその在留者数（令和元年 6 月末現在）

受入国	在留外国人数（人）	技能実習（人）	留学生（人）
ベトナム	371,755	189,021	82,266
フィリピン	277,409	33,481	3,176
カンボジア	13,191	8,274	857
インドネシア	61,051	30,783	7,144
タ　イ	53,713	10,656	4,169
ミャンマー	28,860	10,328	5,893
ネパール	92,804	309	28,268
中　　国	786,241	81,258	132,845
モンゴル	12,012	1,846	3,856
スリランカ	26,229	566	8,045
バングラデシュ	16,030	117	3,693
ウズベキスタン	3,665	8	2,180
パキスタン	16,968	16	537

☑ 主な各国の概要

ベトナム（主要産業：農林水産業、鉱業、縫製業、通信機器製造）

人口（万人）	言　語	宗　教	平均年齢	平均賃金
9,600	ベトナム語	仏教 カトリック	31 歳	2.7 万円前後

フィリピン（主要産業：農林水産業、コールセンター事業等のアウトソーシング産業）

人口（万人）	言語	宗教	平均年齢	平均賃金
10,665	タガログ語 及び英語	キリスト教 イスラム教	24 歳	4 万円前後

カンボジア（主要産業：農業、縫製業、建設業、観光業）

人口（万人）	言語	宗教	平均年齢	平均賃金
1,625	カンボジア語	仏教	26 歳	1.8 万円前後

インドネシア（主要産業：鉱業〔石油、LNG、アルミ、錫〕、農業〔米、ゴム、パーム油〕工業〔木材製品、セメント、肥料〕）

人口（万人）	言語	宗教	平均年齢	平均賃金
26,766	インドネシア語	イスラム教 キリスト教	29 歳	2.3 万円前後

タイ（主要産業：農業）

人口（万人）	言語	宗教	平均年齢	平均賃金
6,943	タイ語	仏教 イスラム教	38 歳	11 万円前後

ミャンマー（主要産業：農業、天然ガス、製造業）

人口（万人）	言語	宗教	平均年齢	平均賃金
5,400	ミャンマー語	仏教 キリスト教 イスラム教	28 歳	1 万円前後

ネパール（主要産業：農林業、貿易・卸売業、交通・通信業）

人口（万人）	言語	宗教	平均年齢	平均賃金
2,930	ネパール語	ヒンドゥー教 仏教	24 歳	2.5 万円前後

中国（主要産業：第一次産業〔名目 GDP の 7.2％〕、第二次産業〔同 40.7％〕、第三次産業〔同 52.2％〕）

人口（万人）	言語	宗教	平均年齢	平均賃金
139,000	漢語 （中国語）	仏教 イスラム教 キリスト教	37 歳	14 万円前後

モンゴル（主要産業：鉱業、牧畜業、流通業、軽工業）

人口（万人）	言語	宗教	平均年齢	平均賃金
323	モンゴル語	チベット仏教	27 歳	1.1 万円前後

特定技能

「特定技能1号」で来日することを希望する外国人は、どの程度の日本語能力が必要になりますか？　他の在留資格で日本に来る外国人の場合、日本語能力は問われますか？

　日本語の最大規模の試験である日本語能力試験があります。この試験は日本語の文字や語彙、文法についてどのくらい知っているかを測るための「言語知識」、知識を利用してコミュニケーション上の課題を遂行できるかを測るための「読解」、「聴解」という3つの要素により、総合的に日本語のコミュニケーション能力を測定する試験です。一番難しいN1からN5のレベルまであります。

　「特定技能1号」の場合はN4レベルの日本語能力が求められます。

　N4レベルとは、基本的な日本語を理解することができるレベルです。読解力としては、基本的な単語や漢字を使って書かれた、日常生活の中でも身近な話題の文章を読んで理解できることが求められます。

　一方、聞く力としては、日常的な場面で、ややゆっくりと話される会話であれば、内容がほぼ理解できるレベルです。

　その他の在留資格については、例えば通訳を担当することを職務とする外国人で、「技術・人文知識・国際業務」の在留資格を申請する場合は、日本語能力試験のN2レベルのコミュニケーション能力が求められます。

　このN2レベルとは、日常的な場面で使われる日本語の理解に加え、より幅広い場面で使われる日本語をある程度理解することができるレベルです。

　読解力としては、幅広い話題について書かれた新聞や雑誌の記事・解説・平易な評論など、論旨が明確な文章を読んで文章の内容を理解することができ、また一般的な話題に関する読み物を読んで、話の流れや表現意図を理解することができるレベルです。

　聞く力としては、日常的な場面に加えて、幅広い場面で自然に近いスピードのまとまりのある会話やニュースを聞いて、話の流れや内容、登場人物の関係を理解したり、要旨を把握したりすることができるレベルです。

☑ 「特定技能１号」外国人雇用のチェックポイント

- ☐ 特定産業分野に属している企業か
- ☐ 技能の内容が採用後の仕事と合致するか
- ☐ 直接雇用契約を結ぶものか（農業・漁業を除く）
- ☐ 附随的な業務が半分以上にならないか
- ☐ 採用予定の外国人が対象となる技能試験に合格しているか
- ☐ 採用予定の外国人の給与は日本人と同等もしくはそれ以上か
- ☐ 社会保険に加入することを前提としている
- ☐ 労働保険に加入することを前提としている
- ☐ 外国人が住む住居を確保しているか
- ☐ 社内に支援の責任者を置いているか
- ☐ 登録支援機関への業務委託を考えているか、もしくは自社ですべての支援業務を完結できるか
- ☐ 外国人が日本人と同様の労働条件で仕事ができる体制となっているか
- ☐ 外国人支援に係る費用を自社で支払うことが可能か
- ☐ 外国人が理解できる言語の通訳等を用意できるか
- ☐ 継続的に日本語習得の支援ができる体制となっているか
- ☐ 出入国在留管理局へ定期的に定められた届出を行うことができるか

特定産業分野として認められるのは？

　「特定技能」は、日本国政府が最も力を入れている分野の一つです。そのため、今後も２年ごとに法改正で新しい特定産業が入管法に登場してくる可能性があります。あくまでも、今後人手不足がどれだけ深刻化していくかによって選ばれる時期も変わります。

　「コンビニエンスストア」「トラック運送」「産業廃棄物処理」などは今後特定産業の一つとして認められる可能性のある分野で、監督官庁でその準備・調査等が行われているようです。

特定技能

技能実習生が「特定技能1号」に移行するためには、どのような要件が必要ですか？

「技能実習2号」修了者は、「特定技能1号」の技能試験・日本語能力試験の合格を免除されるため、「特定技能1号」に該当する職種と同一性のある分野であれば在留資格変更許可手続きを行うことができます。

許可のための要件は以下の1～4のいずれも満たすことです。

1. 「技能実習2号」を良好に修了し、かつ、修得した技能の職種・作業が「特定技能1号」で従事する「特定産業分野」の業務区分の技能試験・日本語能力試験の合格免除に対応するものであること
2. 受入れ機関が、労働、社会保険及び租税に関する法令を遵守していること
3. 受入れ機関が、「特定技能所属機関」に係る一定の欠格事由（前科、暴力団関係、不正行為等）に該当しないこと
4. 受入れ機関又は支援委託予定先が、外国人が十分理解できる言語で支援を実施できること

One POINT ADVICE：「技能実習生」と「特定技能1号」の大きな違い

「技能実習生」の場合、技能を身につけることが主目的ですが、「特定技能1号」は就労の在留資格であり、転職の自由が認められています。また、「特定技能1号」については、今後各分野において「特定技能2号」が創設される予定で、2号に変更申請が認められると、在留期限が定年まで延長することが可能となり、永住権の道も開かれます。

☑「特定技能外国人」の在留諸申請に必要な書類

法務省の下記のアドレス（特定技能運用要領・各種様式等のⅤ参考様式）から確認することができます。

⊘ 参考URL

http://www.moj.go.jp/nyuukokukanri/kouhou/nyuukokukanri07_00201.html

特定技能

2020年4月1日以降、「特定技能1号」の試験の受験資格が拡大されたということですが、どう変わったのですか?

　2020年4月1日以降、「特定技能制度」の試験が受けやすくなりました。それまでは、受験対象者は「外国人で中長期在留者及び過去に中長期在留者として在留していた経験を有する者」に限られていました。

　今回の改正により、受験を目的として「短期滞在」で日本に入国し、特定技能に関連した試験を受験することが可能になりました。

　ただし、試験に合格したとしても、そのことをもって「特定技能」の在留資格が付与されるわけではありません。

　企業にとっては、あらかじめ候補者を日本に「短期滞在」で呼んで、合格者に面接をして内定を与え、在留資格認定証明書交付申請の準備を進めることもできるようになりました。

　ちなみに、試験を受けることのできる外国人は、17歳以上と定められています。

　なお、2020年4月1日以降の「特定技能1号」の試験水準は、以下のとおりです。

☑技能試験

　分野所轄行政機関は、必要とされる外国人材の技能水準を明確化するため、当該特定産業分野に属する法務省令で定める相当程度の知識又は経験を必要とする技能を要する業務の適切な遂行能力を担保するための具体的な水準設定を行う。

　この際、1号特定技能外国人については、相当期間の実務経験等を要する技能であって、特段の育成・訓練を受けることなく直ちに一定程度の業務を遂行できる水準の技能が求められることを踏まえ、初級技能者のための試験である3級相当の技能検定等の合格水準と同等の水準を設定する。なお、例えば、「実務試験A年程度の者が受験した場合の合格率がB割程度」など、合格者の水準

を可能な限り明確化する。

☑ 日本語試験

　ごく基本的な個人的情報や家族情報、買い物、近所、仕事など、直接的関係がある領域に関する、よく使われる文や表現が理解できる。

　簡単で日常的な範囲なら、身近で日常の事柄についての情報交換に応ずることができる。

　自分の背景や身の回りの状況や、直接的な必要性のある領域の事柄を簡単な言葉で説明できる。

　また、分野所管行政機関は、特定産業分野に応じて業務上必要な日本語能力水準を理解し、水準設定を行う。

☑ ２号特定技能の試験水準

　分野所管行政機関は、必要とされる外国人材の技能水準を明確化するために、当該特定産業分野に属する法務省令で定める熟練した技能を要する業務の適切な遂行能力を担保するための具体的な水準設定を行う。

　この際、２号特定技能外国人については、長年の実績経験等により身に付けた熟達した技能であって、現行の専門的・技術的分野の在留資格を有する外国人と同等又はそれ以上の高い専門性・技能を要する技能が求められることを踏まえ、上級技能者のための試験である技能検定１級の合格水準と同等の水準を設定する。なお、例えば、「実務試験Ａ年程度の者が受験した場合の合格率がＢ割程度」など、合格者の水準を可能な限り明確化する。

複合的な技能試験合格者のケース

　2020 年の春、各国で技能試験が行われたこともあり、「特定技能１号」に申請する資格を有する外国人も増えました。このような中で、「農業」と「飲食料品製造業」の両方の試験に合格した外国人も出てきました。もし、農業生産法人にこの人物が就職した場合、栽培と加工食品の製造工程と両面で仕事をすることができます。

特定技能

特定技能 1 号の在留資格申請をするときに雇用契約を示すために企業が提出しなければならない資料とは何ですか？

　出入国在留管理庁へは、特定技能雇用契約書（様式 1-5 号）、雇用条件書（様式 1-6 号）、賃金の支払（様式 1-6 号別紙）を提出することになります。これに加えて外国人には理解できる言語バージョンの内容のものを見せ、サインをもらうことが前提となります。

　さらに、外国人が送り出し機関や有料職業紹介事業者から紹介されるケースでは、どこからのあっせんを受けているかを明確にして雇用経緯に係る説明書（様式 1-16 号）を出入国在留管理庁へ提出します。

　なお、国内の職業紹介事業者を利用する場合については、下記 1 〜 4 の情報を厚生労働省職業安定局ホームページの「人材サービス総合サイト」を活用して記入する必要があります。

1. 許可・届出受理番号
   受理受付年月日（年月日）
2. 職業紹介事業者の区分
   □　有料職業紹介事業者　　　　　□　無料職業紹介事業者
3. 職業紹介事業者の氏名
4. 職業紹介事業者の住所
5. 職業紹介事業者へ支払った費用

   求職者（申請人）　　　　　　額及びその名目
   求人者（特定技能所属機関）　額及びその名目

　実際、職業紹介事業者との間で交わした契約書があれば、その写しを添付する必要があります。

　もし、国外に取次機関がある場合、「雇用の経緯に係る説明書」の中に以下の 4 点の記載が必要になります。なお、取次機関とは、職業紹介事業者が求人者

に求職者のあっせんを行うに際し、当該職業紹介事業主に対し求職者等に係る情報の取次ぎを行うものをいいます。

1. 取次機関の氏名又は名称
2. 所在国
3. 所在地
4. 取次機関へ支払った費用

　　　求職者（申請人）　　　　　　　額及びその名目
　　　求人者（特定技能所属機関）　　額及びその名目

　雇用条件について詳しく書いて提出する必要がありますが、出入国在留管理庁の指定フォーマットは、「雇用条件書」（様式 1-6 号）です。

　基本的には、労働条件通知書の「特定技能 1 号」版というべきもので、労働基準法に精通した社会保険労務士が作成することが理想の形です。

　この他に「特定技能 1 号」の特徴として、雇用契約に付随して徴収費用の説明書（様式 1-9 号）、支払費用の同意書及び明細書（様式 1-8 号）を記載して出入国在留管理庁に提出する必要があります。

☑ 徴収費用の説明書

　雇用契約内容に付随して、1 号特定技能外国人がどのような費用を負担しなければならないかを明確に決定し、企業側（特定技能所属機関）の名称、責任者の役職と氏名を記載します。

　以下の 5 つの項目について必要事項を記載し、出入国在留管理庁へ提出する必要があります。

1. 特定技能外国人に対する報酬の支払概算額

　概算額は、社会保険料・税金等を控除する前の金額を記載します。

2. 食費

　食費については、下記の 4 点を明確に説明する必要があります。
　①食費・食材を提供するかどうか
　②食費として徴収する費用は 1 カ月あたりいくらか
　③提供する食事・食材等の具体的な内容

④費用が実費に相当する額その他の適正な額であることの説明

3. 居住費

①居住費として徴収する費用　1カ月あたり○○円
②提供する宿泊施設の具体的な内容（自己所有物件か借上物件かを明示）
③費用が実費に相当する額その他の適正な額であることの説明

　居住費の場合、自己所有物件では、実際に建設・改築等に要した費用、物件の耐用年数、入居する特定技能外国人の人数を勘案して合理的であるかどうかが判断されます。

　借上物件の場合は、借上に要する賃料について管理費と共益費は徴収額の中に含めることができます。

　一方、敷金・礼金・保証金・仲介手数料は徴収してはいけないことになっています。これらのコストは企業側が負担することになっています。

4. 水道光熱費

①水道光熱費の徴収についての有無を明示します。
②水道光熱費として徴収する費用の内容…1カ月あたり何円水道光熱費の負担が生じるかを明示します。

5. その他特定技能外国人が定期的に負担する費用

①特定技能外国人が負担する費用が上記1.〜4.以外に有りか無しかを明示します。
②特定技能外国人が定期に負担する費用が発生するケースでは、何の費用が月何円発生するかを明示します。
③特定技能外国人が定期に負担する費用に関し、特定技能外国人が受ける具体的な便益の内容
　例えば、旅行積立金のように、天引きした費用を一部充当して社員旅行に行くなどの説明が必要になります。
④費用が実費に相当する額その他の適正な額であることの説明
　特定技能外国人に何かしらの負担を求める場合、その負担額が合理的なものであることの説明をしなければなりません。

☑ 賃金の支払について

出入国在留管理庁は賃金の支払について、（様式 1-6 号別紙）を使用しての報告を求めてきます。

具体的には、

1. 基本賃金
2. 諸手当の額及び計算方法
3. 1 カ月あたりの支払概算額
4. 賃金支払時に控除する項目
5. 手取り支給額

なお、出入国在留管理庁に提出する書類は、欠勤等がない場合であって、時間外労働の割増賃金等は除いたものになります。

特定技能所属機関（企業等）による定期届出

特定技能外国人を受け入れている特定技能所属機関は、特定技能雇用契約書や受け入れの状況に関する各種届出が義務づけられています。随時届出は発生から 14 日以内に、定期届出は四半期ごとに翌四半期の初日から 14 日以内に提出する必要があります。

第 1 四半期　1 月 1 日　　〜　　3 月 31 日まで
第 2 四半期　4 月 1 日　　〜　　6 月 30 日まで
第 3 四半期　7 月 1 日　　〜　　9 月 30 日まで
第 4 四半期　10 月 1 日　〜　　12 月 31 日まで

定期届出は、「受け入れ状況に係る届出」、「支援実施状況に係る届出」、「活動状況に係る届出」です。

随時届出は、「特定技能雇用契約に係る届出」、「支援計画変更に係る届出」、「支援委託契約に係る届出」、「受入れ困難に係る届出」と「出入国又は労働に関する法令に関し不正又は著しく不当な行為（不当行為）に係る届出」です。

特定技能

外国人を「特定技能1号」の内容で働いてもらう場合、雇用という形ではなく業務委託という形で契約を結んでも問題ありませんか?

　企業にとって、有期雇用の形態をとらざるを得ない「特定技能1号」について、雇用契約にしたくないという考え方を持つのもわかります。しかしながら、出入国在留管理庁の方針で、「特定技能1号」については、直接の雇用契約でなければいけないという定めになっています。社会保険と労働保険の加入義務を法律で企業側に求めている以上、「特定技能1号」の外国人を個人事業主のような形で使用することは認められていません。

　「特定技能1号」は、雇用保険の被保険者の対象となりますので、雇用保険資格取得届の備考欄に在留資格、在留期間、生年月日、性別、国籍、地域等を記載して届け出るとともに在留カード番号を記載し、届け出ます。

　「特定技能1号」の外国人労働者も日本人と同様に労災保険の適用となります。

　厚生年金と健康保険についても日本人と同様に適用となります。注意点は、社会保険の「二重加入」を防止するために加入すべき制度を二国間で調整する「社会保険協定」が発行された国です。現在20カ国で発効しており、協定の内容にもよりますが、「特定技能1号」のように5年を超えない見込みで日本で働く場合には、祖国の社会保障制度のみに加入し、日本の社会保障制度の加入が免除されるケースもあります。ただし、原則は日本での加入が手続き上のルールです。

二国間の協力覚書(MOC)について

　現在、日本では、悪質な仲介事業者の排除を目的として特定技能外国人の円滑かつ適正な送出し、受入れに関する情報共有の構築を図るため二国間の協力覚書を12カ国と結んでいます。内容については法務省のホームページで確認することができます。http://www.moj.go.jp/hisho/kouhou/press_h31.html

特定技能外国人への支援等

特定技能

「登録支援機関」とは何ですか？

　特定技能1号の外国人労働者に対し、外国人労働者を雇用する会社に代わり、職業生活上、日常生活上、社会生活上の支援を行う役割を担う機関（個人又は企業・団体など）です。

　「特定技能1号」の在留資格を持って働く外国人の入国前から帰国に至るまで、全面的に世話をする役割を果たすのが「登録支援機関」です。「登録支援機関」は、5年に1度登録の更新を受けなくてはなりません。

☑登録支援機関となるための要件

- ・ 法令違反による罰則（5年以内に出入国又は労働に関する法令により罰せられたことなど）を受けていないこと。
- ・ 2年以内に、中長期在留者の受入れを適正に行った実績や中長期在留者の生活相談などに従事した経験を有する者が在籍していること。
- ・ 支援を行うための情報提供体制が確保されていること（外国人が十分に理解できる言語）。
- ・ 社内（組織内）に、支援責任者と支援担当者がいること（兼任は可能）。
- ・ 株式会社などの営利企業であっても、「登録支援機関」として登録が可能（人的要件を満たす必要あり）。
- ・ 技能実習制度における監理団体であった個人又は団体が「登録支援機関」になることも可能（人的要件を満たす必要あり）。
- ・ 個人やボランティアサークルなど法人格のない団体であっても、人的要件を満たせば「登録支援機関」になることが可能。

☑ 登録支援機関が企業などの受入れ機関と締結する支援契約の内容についてのポイント

- ・ 受託する支援業務の内容、支援業務に要する費用の額並びにサービス内容について、明記する必要があります。
- ・ 「登録支援機関」は、複数の受入れ機関との間で支援委託契約を締結することができます。
- ・ 「登録支援機関」と企業等の受入れ機関との間で締結される契約金額について、入管法上の定めはなく、両者で自由に決めることができます。
- ・ 「登録支援機関」が提供できるサービス内容については、出入国在留管理庁のホームページにて公開されています。
- ・ 「登録支援機関」は、受入れ機関に代わり、出入国在留管理庁に対し、定期又は随時の各種届出を行う必要があります。

☑ 登録支援機関と1号特定技能外国人支援計画

「特定技能1号」の外国人労働者を受け入れるために、企業が必ず作成しなければならないのが「1号特定技能外国人支援計画」です。

「登録支援機関」は、この計画作成の段階から受入れ企業をサポートし、支援計画の内容を全部実行していくことが求められています。

支援計画に記載が義務付けられているのは、下記の内容です。

① 入国前ガイダンスの提供
② 入国時・帰国時の空港への送り迎え
③ 適切な住宅の確保
④ 生活オリエンテーション（入国後の各種生活情報の提供）
⑤ 公的手続き等への同行
⑥ 日本語学習機会の提供
⑦ 相談・苦情対応
⑧ 外国人と日本人との交流の促進に係る支援
⑨ 転職支援
⑩ 定期的な面談・行政機関への通報

特定技能

Chapter1
Q8

Q&A for hiring
foreign workers

「特定技能１号」の外国人を受け入れることになった企業（受入れ機関）、あるいは「登録支援機関」は、出入国在留管理局にどのような届出をする必要がありますか？

「特定技能１号」の外国人労働者を受け入れた場合、他の就労系の在留資格に比べ、届出書類が多くなります。全部で８種類あります。

① 特定技能雇用契約を変更、終了、新たに締結した場合の届出
② １号特定技能外国人支援計画を変更した場合の届出
③ 支援の委託契約を締結、変更、終了した場合の届出
④ 受入れが困難となった場合の届出
⑤ 出入国又は労働に関する法令に関し、不正又は著しく不当な行為を行った場合の届出
⑥ 特定技能外国人の受入れに係る届出
⑦ 支援の実施状況に係る届出
⑧ 特定技能外国人の活動状況に係る届出

　①ないし⑤の届出については、届出事由が発生した場合に、随時提出義務があります。⑥ないし⑧の届出については、四半期に１度、定期に郵送又は持参による方法で、管轄する出入国在留管理局（支局を含む）に届け出る必要があります。一方、「登録支援機関」については、3種類の届出があります。

① 登録事項に変更が生じた場合の届出
② 支援業務の休廃止に係る届出
③ 支援の実施状況に係る届出

　「登録支援機関」については、①と②の届出は届出事由が発生した場合に随時、③の届出は四半期に１度、定期に郵送又は持参により管轄する出入国在留管理局（支局を含む）に、届け出る必要があります。

これらの届出のフォーマットは、出入国在留管理庁のホームページから取得することができます。

　もし、受入れ機関である企業等が各種届出を怠った場合は、欠格事由（不正行為）に該当するほか、罰則の対象にもなります。

　「登録支援機関」が必要な届出を怠った場合は、登録取消しの対象となり、もし登録が取り消されると、以後5年間「登録支援機関」になることができません。

　なお、特定技能外国人に係る各種届出および保存文書については巻末の資料編にも掲載してあります。

✅ 参考URL

登録支援機関のリスト：

http://www.moj.go.jp/nyuukokukanri/kouhou/nyuukokukanri07_00205.html

COLUMN Let's take a break.

新しい健康管理の措置
「入国前結核スクリーニングの実施」

　中国、インドネシア、ミャンマー、ネパール、フィリピン、ベトナムの国籍を有し、中長期在留者（在留カードが発行される対象者）として来日する外国人は、2020年7月1日以降、在留資格申請の際に、本国の日本国政府が指定する医療機関が発行する結核非発病証明書を提出し、入国前の結核スクリーニングをしなければならないことになりました。

Chapter1
Q9

Q&A for hiring
foreign workers

特定技能

特定技能1号を雇用した雇用主（特定技能所属機関）が保存しなければならない文書とは何ですか？

「1号特定技能外国人支援の状況に係る文書」とは、少なくとも次の事項が記載されていなければなりません。保存期間は契約終了から1年間です。

①支援実施体制に関する管理簿
- ・支援を行う事務所の名称、所在地及び連絡先
- ・職員数（常勤・非常勤職員数の内訳）
- ・支援実績（各月における支援人数、行方不明者数）
- ・支援責任者の身分事項、住所、役職及び経歴（履歴書及び就任承諾書）
- ・支援担当者の身分事項、住所、役職及び経歴（履歴書及び就任承諾書）
- ・対応可能な言語及び同言語による相談担当者に関する事項（委託契約書、通訳人名簿）

②支援の委託契約に関する管理簿
- ・支援業務に関する事項(委託契約書)
- ・支援経費の収支に関する事項（支援委託費含む）

③支援対象者に関する管理簿
- ・1号特定技能外国人の氏名、生年月日、国籍・地域、性別及び在留カード番号
- ・1号特定技能外国人支援計画の内容（支援計画書）
- ・支援の開始日
- ・支援の終了日（支援を終了した理由を含む）

④支援の実施に関する管理簿
- ⅰ　事前ガイダンスに関する事項
  - ・1号特定技能外国人の氏名、生年月日、国籍・地域、性別及び在留カード番号
  - ・実施担当者（通訳人を含む）の氏名及び所属

- ・ 実施日時及び実施場所
- ・ 実施内容（情報提供内容）
- ・ 実施方法

ii　空港等への出迎え及び見送りに関する事項
- ・ 1号特定技能外国人の氏名、生年月日、国籍・地域、性別及び在留カード番号
- ・ 出迎え日（上陸日）及び見送り日（出国日）
- ・ 実施担当者の氏名及び所属

iii　住居の確保及び生活に必要な契約に関する事項
- ・ 1号特定技能外国人の氏名、生年月日、国籍・地域、性別及び在留カード番号
- ・ 確保した住居に関する事項（住所、住居の形態「賃貸、家賃等」及び家賃等）
- ・ その他日常生活に必要な契約に係る支援の概要

iv　生活オリエンテーションに関する事項（関係機関への同行に関する事項を含む。）
- ・ 1号特定技能外国人の氏名、生年月日、国籍・地域、性別及び在留カード番号
- ・ 実施日時及び実施場所
- ・ 実施内容（情報提供内容）
- ・ 実施方法
- ・ 実施担当者（通訳人及び法的保護に関する情報提供の実施者含む）の氏名及び所属

v　日本語習得支援に関する事項
- ・ 1号特定技能外国人の氏名、生年月日、国籍・地域、性別及び在留カード番号
- ・ 実施内容（情報提供内容）
- ・ 実施方法
- ・ 実施担当者（委託先の講師を含む）の氏名及び所属

vi　相談等に関する事項
- ・ 1号特定技能外国人の氏名、生年月日、国籍・地域、性別及び在留カード番号
- ・ 相談日時
- ・ 相談内容及び対応内容（面談記録、対応記録）
- ・ 関係行政機関への通報・相談日時及び通報・相談先の名称
- ・ 実施担当者（通訳人を含む）の氏名及び所属

vii　日本人との交流促進に関する管理簿
- ・ 1号特定技能外国人の氏名、生年月日、国籍・地域、性別及び在留カード番号
- ・ 実施日時及び実施場所
- ・ 実施方法（促進した事項）
- ・ 実施担当者の氏名及び役職

viii　転職支援に関する事項
- ・ 1号特定技能外国人の氏名、生年月日、国籍・地域、性別及び在留カード番号
- ・ 転職相談日時及び実施場所
- ・ 相談内容及び対応内容（面談記録、対応記録）
- ・ 公共職業安定所への相談日時及び相談を行った公共職業安定所の名称
- ・ 転職先候補企業の名称、所在地及び連絡先
- ・ 実施担当者（通訳人を含む）の氏名及び所属

ix　定期的な面談に関する事項
- ・ 1号特定技能外国人の氏名、生年月日、国籍・地域、性別及び在留カード番号
- ・ 1号特定技能外国人を監督する立場にある者の氏名及び役職
- ・ 面談日時
- ・ 面談内容及び対応内容（面談記録、対応記録）
- ・ 実施担当者（通訳人を含む）の氏名及び所属

　「1号特定技能外国人」の雇用管理（支援計画の実施）は、かなり大変な作業となります。そのため、法務大臣が認めた「登録支援機関」が「特定技能所属機関（受入れ機関）」から委託を受けて代わって、「1号特定技能外国人」の「支援計画」全般を実施することができます。

　登録支援機関の最新リストは下記のとおりです。

✅ **参考URL**

http://www.moj.go.jp/nyuukokukanri/kouhou/nyuukokukanri07_00205.html

「特定技能1号」の介護人材の必要性

　日本では第二次世界大戦後のベビーブームで生まれた世代（1947年〜1949年）が806万人もいます。この世代がもうすでに70歳に到達しているため、10年後にはかなり多くの比率で要介護状態になると予想されています。その下の世代も高齢化が進み2040年には要介護となる高齢者のうち約75万人が介護難民となり、世話をしてくれる人材が日本国内にいないという状況が発生します。この問題から、介護分野では深刻化する人手不足に対応するため、これから継続的に外国人人材を受け入れていく必要があるのです。少子高齢化が深刻化する中、介護業界は外国人人材なしには成り立たない状況です。

☑ **インフォメーション：**
　日本の人口統計（総務省統計局）2019年12月1日現在

前年同期比（増減）

総人口	1億2614万人	29万1千人減少
15歳末満人口	1,517万4千人	21万3千人減少
15歳〜64歳末満人口	7,504万6千人	39万1千人減少
65歳以上人口	3,592万4千人	31万3千人増加

特定技能

Q10

「特定技能1号」と無期転換ルールの関連性はどうなっていますか？

Q&A for hiring
foreign workers

　有期労働契約が5年を超えて反復更新された場合は有期契約労働者の申し込みにより、期間の定めのない労働契約（無期労働契約）に転換されます。

　「特定技能1号」については5年までの在留しか認められていないことから「無期転換ルール」の対象外となります。

　外国人の場合、「特定技能2号」への変更が認められた場合、「無期転換ルール」の対象となります。この場合、有期労働契約が反復更新されて、5年を超えた場合、外国人である有期契約労働者の申し込みにより、期間の定めのない労働契約（無期労働契約）に転換されます。

　通常の在留資格「技術・人文知識・国際業務」の在留資格を持つ外国人については日本人の労働者と全く同じ扱いとなりますので、有期労働契約が5年を超えて反復更新された場合は、外国人のリクエストにより期間の定めのない労働契約に転換することが可能です。ただし、この事実を持って外国人労働者が日本に永住できるわけではありません。

　出入国在留管理庁の説明では、今後社会的なニーズが高まり、「特定技能1号」が「特定技能2号」に変更許可可能になった場合は、無期転換ルールが適用されることになります。

One POINT ADVICE：パートタイム・有期雇用労働法

　2020年4月施行（中小企業は2021年4月1日より）のパートタイム・有期雇用労働法が施行されることにより正社員と非正規社員の間の不合理な待遇差が禁止されました。外国人の有期雇用労働者も①不合理な待遇差の禁止、②労働者に対する待遇に関する説明義務の強化、③行政による事業主への助言・指導や裁判外紛争解決手続き（行政ＡＤＲ）の対象となります。

☑ 解雇のルール

外国人をやむを得ず解雇する場合、30日以上前に予告するか、解雇予告手当（平均賃金の30日以上）を支払わなければなりません。（労働基準法第20条）

また、業務上の傷病や産前産後による休業期間及びその後の30日間は、原則として解雇できません。（労働基準法第19条）

☑ インフォメーション 新型コロナウイルス感染症による整理解雇

新型コロナウイルス感染症の影響から急激に業績が悪化し、宿泊業や飲食業などで整理解雇する企業が増えてきました。解雇は「客観的かつ合理的な理由」の存在と「社会通念上相当である」ことが必要であり（労働契約法第16条）、新型コロナウイルス感染症の影響により外国人社員を整理解雇する場合でも、4つの要素の総合判断の結果、相当であると認められるものでなければ、大きな問題となります。

① 人員削減の必要性があるか
② 解雇回避の努力をしたか
③ 外国人社員を解雇の対象とする合理性があるか
④ 解雇手段は妥当なものか

事例 / 緊急事態対応

2020年の新型コロナウイルス感染症の影響を受け、実際に、造船業で働いていた「特定技能1号」の溶接工が解雇されることになりました。このケースでは、他の特定産業で雇用してもらえる企業があれば継続して日本で働くことができる特例措置を利用して、その外国人はトンネルのメンテナンス関連の仕事に再就職することができました。

5章

身分系の在留資格・永住権

身分系の在留資格 −「 日本人の配偶者等」ほか

Q&A for hiring
foreign workers

身分系の資格・永住申請

Q1

私は元々日本人でした。現在ハワイ在住ですが、アメリカ人の夫と死別したので、姉のいる日本へ戻りたいです。現在、アメリカ国籍で日本国籍の離脱もしていません。アメリカ国籍を維持したまま日本に住むためにはどのような申請書類が必要になりますか？

結婚を機に海外に渡り、日本国籍を捨て海外の国籍を取得するケースがあります。日本は、二重国籍を認めていませんので、結婚後外国の国籍を新たに取得した場合、日本国籍を喪失することになります。アメリカ国籍を維持したまま、元日本人として日本に住みたいということであれば、日本国籍を離脱する手続きをして、その手続きが完了した後、「除籍謄本」を入手して、日本人の実子としての「日本人の配偶者等」の「在留資格認定証明書」交付申請をすることになります。更に、下記のような状況を説明する書類を提出するとよいでしょう。

> 私は、アメリカ国籍のY.Fと申します。日本国籍を有しておりましたが、夫との結婚を機にアメリカ国籍を取得して現在に至っております。
> 夫もすでに他界し、今までホノルルのマンションにおいて生活を続けておりましたが、このたびハワイのマンションを売却し、日本に戻ってまいりました。今後人生の最後まで日本で生活をすることに決めております。現在、姉のA子の家におりますが、すでに○○県にある有料老人ホームとの契約も終わり、在留カードが発給されましたら、その場所に移り住む予定です。

この場合、日本に在住する姉が身元保証人になるのが一般的です。元日本人として日本においてアメリカ人として生活する場合、除籍謄本が必要になります。そして、どのような場所に住むことになるのか、今後の計画を提出します。預金残高、元夫の遺族年金を受けられる証明など、生活保護を受けることなく、自立して生活をしていくのに十分な資金があることを明らかにしていくことが重要です。元日本人の場合、日本人に戻るか（帰化）あるいは外国人のまま日本に在留するのか（日本人の配偶者等）により手続きが全く違います。

身分系の資格・永住申請

先祖が日本人で現在アメリカ国籍の日系アメリカ人であれば、日本国内のどの職種でも問題なく働けますか？

　例えば、日系アメリカ人の2世で、両親が日本国籍を持っていた場合、日本人の実子として「日本人の配偶者等」の在留資格を取得することができます。

　ただし、「技術・人文知識・国際業務」で働いている日系アメリカ人の場合は、「日本人の配偶者等」へ在留資格の変更をしないと限られた業務内容の範囲内でしか働けません。

事例1：トレーダー・ITエンジニア等知的な仕事の場合

　　　…「技術・人文知識・国際業務」のままで問題なし

事例2：レストランのコック・ウェイター等の場合

　　　…「日本人の配偶者等」への変更が必要

　「日本人の配偶者等」の等には、日本人の子供のケースも該当します。この場合、親が日本国籍を持っているか、持っていたことの証明として戸籍謄本もしくは除籍謄本が求められます。さらにその日本人の親と親子関係のある証明（生まれた国の出生証明）を提出する必要があります。

　これらの公的な証明が入手不可能な場合は、残念ながら「日本人の配偶者等」の在留資格を取得することはできません。

COLUMN
Let's take a break.

緊急時の身分系在留資格の特例

　2020年は歴史的にも新型コロナウイルス感染症の影響を受けた年として記憶されることになりました。日本でも数多くの対象地域からの上陸拒否を実施しました。このようなケースでも2020年4月2日より前に日本を出て外国から戻ってくる「永住者」「日本人の配偶者等」等の身分系の在留資格を有する外国人は特段の事情がある者として入国することを認められました。

身分系の資格・永住申請

「日本人の配偶者等」や「永住者」などで必要な身元保証人の役割とは何ですか？

　身元保証人とは法務大臣に申請人である外国人が安定的にかつ継続的に対象となる在留資格の目的を達成できるように、必要に応じて経済的保証および法令の遵守等の生活指導を法務大臣に約束をする人です。

　身元保証人となれるのは、日本人または永住権を持つ外国人となります。

　身元保証書の性格は、法的な強制力はなく、保証事項を履行しない場合でも出入国在留管理局から約束の履行を指導されるに留まります。

　ただし、約束の履行をしない場合は、その後身元保証人としての適格性を欠くと判断され、外国人の身元保証人になることができません。

　一般的に平均的な日本人以上の年収のある方や社会的地位の高い方でないと身元保証人としては不適格といえるでしょう。

　入管法上「身元保証書」において以下の3つの内容を保証することになります。

1. 滞在費

2. 帰国旅費

3.（日本の）法令の遵守

　身元保証人となる人は自分の住所・職業・氏名・生年月日・電話番号・申請人との関係を記載することが必要です。実際、永住権許可申請の際に身元保証人となる場合、収入を証明するための住民税課税証明書と在職証明書の提出を求められます。会社役員の場合は法人の登記事項証明書を提出します。

☑注意点

　就労系の在留資格から永住権申請を目指す外国人のケースで、代表取締役の外国人社長を身元保証人としてしまうことがあります。しかし、この場合、永住権を持っていない代表取締役の外国人だと出入国在留管理局から拒絶されますので注意が必要です。身元保証人となれる外国人は永住者のみです。

Chapter1
Q4

Q&A for hiring
foreign workers

身分系の資格・永住申請

日本人と結婚したことにより「日本人の配偶者等」の在留資格を取得したものの、その後別居期間が6カ月を超えた場合、在留資格は取り消しになりますか？

　原則として、日本人の配偶者としての活動を6カ月以上行っていない場合、在留資格は取り消しの対象となります。しかし以下の4つのパターンの場合、正当な理由があるものとして扱われます。

① 配偶者からの暴力（ドメスティックバイオレンス）を理由として、一時的に避難または保護を必要としている場合

② 子供の養育等やむを得ない事情のために配偶者と別居しているものの、生計を一にしている場合

③ 本国の親族の傷病等の理由により、「再入国許可」（「みなし再入国許可」を含む）により長期間出国している場合

④ 離婚調停または離婚訴訟中の場合

　①から④に該当する外国人の場合、日本において生活を続けることが正当な理由となるため6カ月から1年は延長して日本に在留することが可能になります。なお、「日本人の配偶者等」の在留資格の場合、3年間婚姻生活が継続しており、納税義務や社会保険料納付義務等を履行していれば「永住権」の取得が可能となります。ただし、別居しているなど夫婦としての実態がないと判断された場合、在留期間が1年もしくは6カ月になり、永住権が申請できる対象にはなりません。これは、永住申請の要件の1つである「3年以上の在留資格を有すること」に該当しないためです。

　一度、「永住権」を取得してしまえば日本人と離婚した場合でも、在留資格そのものが無効となってしまうことはありません。

One POINT ADVICE：「日本人の配偶者等」の同居要件

　結婚していても同居の事実がなく、一緒に生活していない場合は、合理的な理由がない限り、「日本人の配偶者等」の在留資格の該当性がないものとみなされます。特に就労目的で日本人と結婚していることが明らかな場合は問題となります。

身分系の資格・永住申請

「日本人の配偶者等」の在留資格だと離婚した場合、在留資格が取り消しになってしまうことがあると聞きました。在留資格が「永住者」になっていれば日本人の夫（妻）と離婚しても在留資格は取り消されないのですか？その他、取り消しになるケースはありますか？

　「日本人の配偶者等」で日本に在留している外国人の場合、夫婦生活がうまくいかなくなり、最終的に離婚という結果になることがあります。

　この場合、「日本人の配偶者等」の該当性がないわけですから、6カ月以上離婚した状態で日本に在留することはできません。

　もし、その外国人が仕事をしていて就労系の在留資格への変更が認められる場合、日本に引き続き在留することができます。

　また、実態を伴った結婚生活が3年以上続いていた場合、「定住者」への在留資格変更が認められることがあります。

　「永住者」の場合、日本人と離婚していたとしても、その在留資格を失うということはありません。7年に1度の在留カードの更新のときに出入国在留管理局へ必要となる書類を提出し、新しい在留カードを受け取れば在留資格としての「永住者」で引き続き日本で生活することができます。

　ただし、法律は改正される可能性のあることから、日本社会に迷惑となる行為（故意に働かず、生活保護を受け続けるなど）をする場合、「永住権」の取り消しが検討されるかも知れません。

　「永住権」は、一度取得すれば絶対取り消しにならないという証明ではありません。実際、不法就労の外国人を採用した永住者がその後警察に逮捕され「永住権」を取り消されたケースもあります。

　「永住権」取り消しの原因で特に多いのは、「再入国許可」を得ることなしに海外に出てしまい1年を超えてしまうことです。このケースでは、せっかく取得した「永住権」が取り消しになります。

　2020年の新型コロナウイルス感染症による入国規制のときも、「再入国許可」を得ないで「みなし再入国」の制度で海外生活をしていたために、「永住権」を喪失してしまうケースも発生しました。

永住権申請

> 身分系の資格・永住申請

日本で永住権を取得したい外国人に求められている3つの審査基準とは何でしょうか？

☑ 日本が永住権を許可する基本的な要件

① 素行が善良であること

② 独立の生計を営むに足りる資産

③ その者の永住が日本国の利益に合すると認められること

①の素行が善良ということは、日本において在留してきた中で犯罪歴がないということに加え、納税や社会保険料の支払いなどを完全に履行しているということです。永住権申請の直前に滞納していた保険料を払うのも問題です。

特に最近、年金加入していない場合は確実に不許可になります。

2019年7月以降、納税証明書「その3」についても提出が求められることになりました。納税証明書「その3」ですべて完納している証明をもらうためには所得税のみならず消費税、固定資産税などすべての税金について未納がないことを証明しなければなりません。

②の独立の生計を営むに足りる資産とは、日本における年収が400万円を超えるレベルで、安定的・継続的に収入を得ることのできる職業に就いているということです。家族を扶養しながら生活しているケースでは、一人につき50万円分ぐらいの年収アップが求められます。年金生活者の場合は、年金収入に加え、充分な預金等の金融資産を持っているということです。

③の、その者の永住が日本国の利益に合すると認められることは、日本の経済の発展に寄与するような重要な仕事をしていることやボランティア活動などを通じて日本社会をサポートするなどの貢献を意味します。

また、学問の最前線でリサーチペーパーなどを数多く発表し、日本経済の発展に寄与していると認められるケースも日本国の利益に合すると認められます。

身分系の資格・永住申請

「技術・人文知識・国際業務」の在留資格の外国人が永住申請をする場合、以前より要件が厳しくなったそうですが、内容はどのようなものですか？

　永住権は、外国人が在留期間を制限されることなく日本に住み続けることができる権利のことを言います。

　「技術・人文知識・国際業務」という一般的な就労系の在留資格を持っている場合、永住権を与える条件は 10 年以上の在留ということになります。

　2020 年 7 月で在留カードの制度がスタートして 8 年経過しました。7 年が経過する前が永住権の在留カードの切り替え時期です。

　このこともあり、法務省では地方自治体からの意見書を踏まえ永住権申請の要件も見直されることになり、以前よりハードルがかなり高くなりました。

　永住権の申請には、下記の書類が求められます。

１．永住許可申請書

２．写真（縦4cm×横3cm）

３．申請理由書（日本語で書く）

４．家族が「家族滞在」の場合、以下の証明書が必要です。
　　(1) 戸籍謄本（全部事項証明書）　　　1 通
　　(2) 出生証明書　　　　　　　　　　　1 通
　　(3) 婚姻証明書　　　　　　　　　　　1 通
　　(4) 認知届の記載事項証明書　　　　　1 通
　　(5) 上記 (1) から (4) に準ずるもの

５．申請人を含む家族全員（世帯）の住民票（マイナンバー記載のないもの）

６．申請人または申請人を扶養する方の職業を証明する次のいずれかの資料
　　(1) 会社勤務の場合　　　　　　　　　在職証明書
　　(2) 自営業等である場合　　　　　　　a. 確定申告書の控えの写し
　　　　　　　　　　　　　　　　　　　　b. 営業許可書の写し（ある場合のみ）
　　(3) その他の場合　　　　　　　　　　職業に係る説明書

7．最近（過去5年分）の申請人または申請人を扶養する方の所得及び納税状況を証明する資料

(1) 住民税の納付状況を証明する資料

①直近5年分の住民税の課税（又は非課税）証明書及び納税証明書（1年間の総所得及び納税状況が記載されたもの）　　各1通

（※）1年間の総所得及び納税状況（税金を納めているかどうか）の両方が記載されている証明書であれば、いずれか一方で構わないとされています。

②直近5年間において、住民税を適正な時期に納めていることを証明する資料（通帳の写しや領収書などが証明書類になります）

(2) 国税の納付状況を証明する資料

源泉所得税及び復興特別所得税、申告所得税及び復興特別所得税、消費税及び地方消費税、相続税、贈与税に係る納税証明書（その3）

（※）納税証明書（その3）は、証明を受けようとする税目について、証明日現在において未納がないことを証明するものです。そのため、対象期間の指定は不要となっています。

(3) その他、申請人の所得を証明するもの

①預貯金通帳の写し

②収入が証明できるほかの資料

8．申請人又は申請人を扶養する方の公的年金及び公的医療保険の保険料の納付状況を証明する資料

(1) 直近（過去2年）の公的年金の保険料の納付状況を証明する資料

①「ねんきん定期便」（全期間の年金記録情報が表示されているもの）

（※）毎年誕生日の月に送付されてくるハガキ形式の「ねんきん定期便」は、全ての期間が確認できないため、提出資料としては認めてもらえません。

②ねんきんネットの「各月の年金記録」の印刷画面

（※）日本年金機構のホームページから、ねんきんネットに登録することができます。
https://www.nenkin.go.jp/
なお、永住権許可申請時の直近2年間において、国民年金の被保険者であった期間がある方は「各月の年金記録」の中にある「国民年金の年金記録（各月の納付状況）」の印刷画面もあわせてプリントアウトし、提出する必要があります。

③国民年金保険料領収書（写し）

（※）直近2年間において国民年金に加入していた期間がある方は、その納付を証明する国民年金の保険料を提出しなければなりません。

（※）直近2年間において全ての期間において国民年金に加入していた方で直近2年間

（24 月分）の国民年金保険料領収書の写しを提出できる場合は①の「ねんきん定期便」と②のねんきんネットの「各月の年金記録」の印刷画面は必要ありません。

(2) 直近（過去 2 年）の公的医療保険の保険料の納付状況を証明する資料

①国民健康保険被保険者証（写し）

これは国民健康保険に現在加入している人のみです。

②健康保険者証（写し）

現在、健康保険に加入している人が提出するものです。

③国民健康保険料（税）納付証明書

直近 2 年間において、国民健康保険に加入していた期間がある方は、この納付証明書も必要です。

④国民健康保険料（税）領収証書（写し）

直近 2 年間において、国民健康保険に加入していた期間がある方は、その 2 年間分の領収証書（写し）を全て提出しなければなりません。提出できない場合は、その理由を記載した理由書を作成する必要があります。

(3) 申請する外国人が申請時に社会保険適用事業所の事業主である場合

永住権許可申請をするときに社会保険適用事業所の事業主である外国人は、「公的年金の保険料の納付状況を証明する資料」及び「公的医療保険の保険料の納付状況を証明する資料」を提出する必要があります。さらに、直近 2 年間のうち当該事業所で事業主である期間について事業所における公的年金及び公的医療保険の保険料に関する①か②のいずれかの資料の提出が必要です。

①健康保険、厚生年金保険料領収証書

直近 2 年間のうち事業主である期間における全ての期間の領収証書の写しを提出する必要があります。

②社会保険料納入確認（申請）書

日本年金機構のホームページから「社会保険料納入確認（申請）書」（未納の有無を確認する場合）により申請できます。

✅ 参考URL

https://www.nenkin.go.jp/service/kounen/jigyonushi/sonota/20140311.html

9．申請人または申請人を扶養する方の資産を証明するいずれかの資料
　　①預貯金通帳の写し
　　②不動産の登記事項証明書
　　③①と②に準ずる証明資料

10．パスポート

11．在留カード

12．身元保証書
　　　身元保証人は日本人か永住者になってもらう必要があります。身元保証人
　　の①職業を証明する資料、②直近過去1年分の所得証明書、③住民票が求め
　　られます。

13．日本に対する貢献を証明する資料
　　　(1) 表彰状、感謝状など
　　　(2) 所属会社の代表者によるレコメンデーションレター
　　　(3) ボランティア等を日本で行った証明
　　　(4) 自分の働く分野において日本に貢献があったことを証明する資料、学会
　　　　　での発表や特許の取得、本の執筆など

14．その他
　　　就労系の場合でも、日本人と結婚している場合はその結婚の事実を証明す
　　るため配偶者の戸籍謄本等の提出を行うことが求められます。

　　近年、永住申請部門においては、かなりの確率で追加資料の提出を求めてき
ます。例えば、以下のような資料を求めてくることがあります。

　・長期間日本を離れていたことの理由
　・転職した場合の理由書や職務内容説明書、雇用契約書
　・住所を変更した場合の新しい住民票
　・新しい日付の在職証明書
　・申請した後に発行された住民税の課税証明書、納税証明書

身分系の資格・永住申請

永住権を申請するとき、住民税の課税・納税証明書以外に外国人が提出を求められる納税証明書とは何ですか?

2019 年の入管法改正で「特定技能」の更新や永住権申請のときに提出しなくてはいけないのは、税務署で入手する納税証明書「その 3」です。

なお、納税証明書には、下記のように「その 1」から「その 4」まであります。

納税証明書の種類	証明内容
納税証明書「その 1」	納付すべき税額、納付した額及び未納税額等
納税証明書「その 2」	「申告所得税及び復興特別税」又は「法人税」の所得金額
納税証明書「その 3」	未納の税金がないこと
納税証明書「その 3 の 2」	「申告所得税及び復興特別税」と「消費税及び地方消費税」に未納の税額がないこと(個人用)
納税証明書「その 3 の 3」	「申告所得税及び復興特別税」と「消費税及び地方消費税」に未納の税額がないこと(法人用)
納税証明書「その 4」	証明を受けようとする期間に、滞納処分を受けたことがないこと

もし、外国人本人が窓口に来られない場合には、外国人本人の委任状を受けた代理人が委任状を持参(納税証明書交付請求書に添付して提出)して手続を行うことができます。

納税証明書の請求方法には、現在の住所地(納税地)を所轄する税務署に、

① オンラインで交付請求する方法

② 納税証明書交付請求書(書面)で交付請求する方法(郵送での請求も可能)

の 2 つがあります。

身分系の資格・永住申請

Q9

Q&A for hiring
foreign workers

外国人が離職したときに出すことを求められている「所属機関等に関する届出」を履行していない場合、永住権申請でどのような不利益が生じますか？

　入管法 19 条の 16 で「所属機関等に関する届出」は義務となっています。この届出をしないと 1 年以下の懲役又は 20 万円以下の罰金に処するというペナルティも存在します。（入管法 71 条の 2）

　このような性格を持つ届出のため、永住権申請の際に最近の転職の事実を伝えていないときには、法律に違反していることから永住権許可が下りないケースも出ています。

　単なる転職だけではなく、同じ企業内でも契約の形態が雇用契約から業務委託契約に変わった場合についてもこの「所属機関等に関する届出」を出していないと不利益が生じることになります。

　ある法律事務所で事務員だったアメリカ人女性が外国法事務弁護士として登録が完了し、その法律事務所と業務委託契約で働くことになった場合もこの届出が必要でした。この届出を出したことによってようやく永住権許可が下りたという事例です。

　出入国在留管理局では、ハローワークの離職データにアクセスできるようになっていますので、外国人本人が離職の事実を出入国在留管理局に届け出ていないことは致命傷になります。

　外国人の中には、「所属機関等に関する届出」という制度があることすら知らないこともあり、転職した外国人を受け入れる場合も、企業の人事担当者が「所属機関等に関する届出」の存在を案内することが必要です。

契約の終了した企業	新たな契約を結んだ企業
終了年月日 企業名・電話番号・所在地	契約年月日 企業名・電話番号・所在地 活動の内容

身分系の資格・永住申請

「技術・人文知識・国際業務」の在留資格を持つ社員が３年前に日本人女性と結婚しており、永住権を申請したいと言っております。この場合、在留資格が「日本人の配偶者等」ではなく、「技術・人文知識・国際業務」の在留資格のままでも永住権申請はできますか？

　外国人社員が「技術・人文知識・国際業務」の在留資格で日本に在留し、その後日本人女性と知り合って結婚するというケースは決して珍しくはありません。

　結婚を機に「日本人の配偶者等」へ在留資格変更許可申請をするケースが一般的ではありますが、かなり手間がかかるため、あえて「日本人の配偶者等」に在留資格変更許可申請をせずに、就労等の在留資格のまま、日本において生活を続けるケースもあります。永住権の申請に関しては、日本人との結婚が成立している場合は「日本人の配偶者等」と同等とみなされ、３年以上結婚生活が日本国内で続いていることが証明できれば、永住権の申請をすることが可能です。ただし、「日本人の配偶者等」への在留資格変更許可申請の際に求められるような詳しい資料の提出が必要となります。さらに、就労の在留資格を持っていることから、年収の証明、在職の証明、厚生年金や健康保険の加入状況の証明も必要となります。２人の結婚を証明する戸籍謄本や写真、結婚までの流れを証明する文書等を提出することになります。

・日本人との婚姻を証明する文書（海外で結婚した場合はその国で発効された婚姻証明書）及び住民票の写し
・本人の職業及び収入に関する証明書
・日本人配偶者の職業及び収入に関する証明書
・日本人配偶者の身元保証書
・質問書（日本人配偶者との出会いから現在に至るまでを説明した書類）
 - 結婚に至った経緯（A4 １ページ程度の説明）
 - 夫婦間の会話で使われている言語
 - 結婚式（披露宴）を行った場合の年月日と場所
 - 申請人と配偶者の親族についての記載
・永住権の申請理由書（日本語）

　この他、結婚から現在に至るまで、夫婦で撮影した写真を数枚プリントアウトして提出するとよいでしょう。

　日本の場合、配偶者が、日本人であれば無条件で永住権が認められるわけではありません。基本的に納税と社会保険料の納付が期限内に行われているか、日本人の配偶者との同居が確認できるか、生計維持に必要な収入があるかなどチェックされますので、これらの問題がない状態で永住権申請することが必要です。

保有する在留資格	永住権申請のタイミング
「日本人の配偶者等」の在留資格を持ち、日本人と結婚している。	結婚から 3 年経過し、日本にも継続して 1 年以上在留していること。
「日本人の配偶者等」ではなく就労系の在留資格を持ち、日本人と結婚して 3 年以上経過している。	日本にも継続して 1 年以上在留していること。

COLUMN　Let's take a break.

日本の永住権が不許可になる要因

　日本人と結婚していれば日本の永住権が取得しやすいのは事実です。しかし、最近日本の永住権申請の許可を難しくしているのが年金制度への未加入です。2019 年 7 月以降、厳格に年金制度への加入状況が審査されることになりました。特に、英会話学校の教師の場合、会社側が日本の厚生年金制度に加入させてくれることが少なく、自ら国民年金に加入していない履歴が存在していると配偶者が日本人であっても、永住権が不許可となります。

example ● ●

　英会話学校 S が、フルタイムでイギリス人男性 F 氏を雇用しているのにもかかわらず、レッスンは週 29 時間 30 分で、他の時間は準備であって労働時間ではないと主張し、厚生年金への加入を認めてきませんでした。このため、仕方なく国民年金に加入した F 氏は、保険料の支払いが遅いことを理由に永住権申請が不許可となってしまいました。

身分系の資格・永住申請

就労系の在留資格を持つ外国人が日本で永住権を申請する場合、どのような内容の理由書を書けばいいですか？

通常以下のような内容の永住許可申請理由書を書きます。

example

法務大臣　殿

永住許可申請理由書

　私は、アメリカ国籍のDTと申します。2002年9月に交換留学生として△△で一年間学び、その後日本において就職しました。最初は、Bという企業で、ITのパッケージサービスに加え、ITバイリンガルサービスのシステム開発を行っていました。この企業には、2003年から2010年まで勤務し、その後、X株式会社に転職し、現在に至っています。この転職は、より自分の能力を評価してくれる企業に移り、責任ある国際業務のプロダクトマネージャーの仕事をするためでした。年収も、約800万円にアップしました。

　私は、ITエンジニアとして、総合的にシステムのすべてを知っています。金融関係のシステムのプロジェクトマネージャーとしての管理運営もできます。特に現在の業務においては、ファイナンシャルシステムマネジメントの分野で、自分の能力を最大限に活かした内容の仕事をしています。

　私は、来日して以来、東京での生活を続けてまいりました。卒業して、すぐに働き始めましたので、友人も日本人が多く、全ての面で、日本的ライフスタイルが身についております。安全で、信頼できる人の多い、日本は、私にとって生活をする上で、最高の場所だと考えています。

　　日本の食べ物でも、寿司が好きなので回転寿司にはよく友人と出かけます。日本の美しい自然と四季の移り変わりも大好きで、日本国内の名所は、北海道、長野、沖縄、大阪、仙台、群馬と出かけます。日本に来て、初めてのスノーボードをすることも覚えました。

　　毎年、日本人の友人と、花見や花火大会にも出かけます。このような、日本的な文化に愛着を感じています。日本人の友人も多いので、私の日本語の会話力は、コミュニケーションをするのに関しましては、何ら不自由のないレベルにあります。

　　日本に交換留学生として来日して、早くも10年が経ちました。今回私は、永住権の申請をさせていただきたいと思います。国際化する日本のビジネス環境に適合するシステムを運営し、この面から日本経済の発展に協力できればと考えています。

　　変化の厳しいIT分野において、英語と日本語と、IT能力の3つの力をバランスよく持っている私が、日本の国のために貢献できる可能性は大きいと信じております。どうか、私の永住許可申請に関しまして許可をいただきたく心よりお願い申し上げます。

　なお、永住権許可申請の理由書は、自由形式で何を書いてもよいのですが、日本に対する貢献度についての記述や自分の参加した日本でのボランティア活動に関して詳しく説明するとイメージは良くなります。

　逆に日本の永住権を持っていると世界のいろいろな国に自由に行くことができるとか、銀行のローンを組むことができるので楽だというような後ろ向きの理由は書かない方がいいでしょう。

☑内容のポイント
・　現在の業務の説明
・　会社の説明
・　日本を好きになった理由
・　日本でこれから何をしたいか
・　日本で自分が行ってきた仕事がどのように役立ったか

身分系の資格・永住申請

私は部下から、永住権申請をするので、推薦文（レコメンデーションレター）を書いて欲しいと言われました。どのように書けばよいでしょうか？

外国人のレコメンデーションのケースですが、以下のような内容でまとめるとよいでしょう。

A氏は、これまで米国及び日本において、数多くのM&A取引及びファイナンス取引を取り扱ってきました。A氏が過去に所属した法律事務所はニューヨークにおいて長い歴史を有し法曹業界においても広く認知されている法律事務所であり、そのような法律事務所において長きにわたって最先端のM&A取引及びファイナンス取引に携わってきたA氏のこれまでの経験は、当事務所の日米間の取引案件において極めて重要なものとなります。加えて、日本企業で勤務した経験及びA氏の日本語能力は日本で執務する海外法の外国法事務弁護士の中でも極めて特殊なものであり、代替する外国法事務弁護士を探して採用するのは容易ではありません。なお、実際に当事務所ではこれまで十数名の外国法事務弁護士候補の採用の検討を行っておりますが、高い技能を有し当事務所の採用の基準を満たすと当事務所が判断したのはA氏のみでした。

私と当事務所の共同経営者は、A氏にぜひ当事務所に加わってもらえるように最善を尽くして説得をし、A氏の承諾を得ることができました。

A氏は、当事務所において、その資格と経験に基づき、国際取引における契約書面の作成、交渉、米国連邦法及びニューヨーク州法の法令の調査等を行い、当職らは、A氏がかかる業務を行うに際して適用ある日本法及び米国法等の規制を順守するように必要に応じて指揮監督を行います。

A氏の優れた法的スキルと、A氏が長年に渡って日本語と日本文化を学び、更に今後のキャリアを日本で積んでいくことを決めた強い信念は、当事務所や当事務所のクライアントにとってはもちろん、日本におけるビジネスコミュニティにとっても、欠くことのできない貴重な財産だと信じてやみません。

　ぜひ、Ａ氏の永住権申請をご承認くださいますよう、心よりお願い
申し上げます。

☑レコメンデーションレターのポイント

☐　申請人の外国人とどのような関係か
☐　申請人といつ知り合ったか
☐　申請人の仕事のことをよく知っているか
☐　申請人のいままでの日本への貢献を具体的に知っているか
☐　申請人の人柄について説明できるか

　永住権に関するレコメンデーションレターで効果があるのは、申請人の所属
している組織の上司、社長からのものが、効果があります。その人物が今まで
日本でどのような業務に従事し、日本経済に対してどのような形で貢献してき
たかを書くとよいでしょう。永住許可申請においては、以下の要件が必須です。

①素行が善良であること
②独立生計を営むに足りる資産または技能を有すること
③その者の永住が日本国の利益に合致すると認められること

　この①から③までの要件に十分合致していることを申請人の上司もしくは社
長からサイン入りで書いてもらうことにより信用度も増します。日本への貢献
に関する第三者からの証明のような位置づけがレコメンデーションレター（推
薦状）とお考えください。

COLUMN
Let's take a break

永住権許可に求められる素行が善良とは？

・日本国の法令に違反して懲役・禁固または罰金（道路交通法の反則金を除く）に
　処せられたことがないこと。
・少年法による保護処分の対象となっていないこと。
・日常生活または社会生活において違法な行為または風紀を乱す行為を繰り返すよ
　うな行為をしていない。
　以上の３点がポイントです。

身分系の資格・永住申請

永住権の推薦文をアメリカ人の友人の弁護士から依頼されました。どのような内容のものを書くのが一般的でしょうか？

下記のような内容でまとめるのが一般的です。

　私は、○○○○○法律事務所の弁護士Ａと申します。この度、当事務所のＰさんが日本における永住権を申請すると聞き、推薦状を書かせていただきます。彼の人柄や仕事ぶりから、私は自信を持って、彼が永住権を得るにふさわしい人物であると推薦いたします。

　彼は、私が2012年11月から○○○○○法律事務所で働き始めた時からの同僚であり、また親しい友人でもあります。彼は、日本での生活も長いのみならず、日本文化そのものに大変強い興味を持っていることから、日本特有の文化や習慣にも柔軟に対応し、職場の同僚や日系企業のクライアントと、とても良好な関係を築いています。また、休日には、彼の自宅で様々な友人を招いた食事会を頻繁に開催しており、彼の奥さんであるＣさんも含めて、職場の垣根を越えた付き合いができることは、私自身とても嬉しく思っております。

　また、彼は国際仲裁を専門としておりますが、彼の仕事ぶりや専門知識の深さには、同僚である私も毎度驚かされます。国際仲裁という分野は、グローバル企業にとっては、企業の進退にもかかわる重大な問題ですが、残念ながら、日本人の弁護士には、国際仲裁を専門とする弁護士はあまり多くありません。そうした中で、彼のように日本に居住し、国際仲裁を専門とする弁護士は大変稀であり、これまでも多くの国際仲裁に関する案件を取り扱ってきています。

クライアントの中には、日系企業のみならず、日本政府も含まれていました。のみならず、彼は今後より多くの日本の学生が国際仲裁に興味を持ってくれるよう、○○大学で国際仲裁に関する教鞭をとっています。

　このように、彼の仕事ぶりは、日本の今後の更なるグローバル化に間違いなく貢献するものだと思います。

　また、彼は東京で既に不動産も購入しており、またＣさんも日本の大手商社法務部に勤務していることから、彼の日本での生活環境も全く問題ございません。また、彼は税金の納付義務をこれまでも遅滞なく履行しております。

　このように、彼はその仕事ぶりもさることながら、人柄も大変素晴らしく、日本にとって大変有益な人物であると力強く保証いたします。したがいまして、ぜひ今回のＢさんの日本永住許可申請を認めていただきたく心よりお願い申し上げます。

　上記のような内容でまとめるのが一般的で、最後に推薦文を書いた方の署名と捺印をするのが一般的です。ポイントは以下のとおりです。

1. 自分の紹介をし、申請人との関係を明らかにする。
2. 申請人の仕事ぶりを紹介する。
3. 申請人の日本経済に対する貢献度を説明する。
4. 申請人の日本での生活ぶりを紹介する。
5. 申請人の人間性について説明し、日本に永住することとの利益を記述する。

　基本的に永住権の推薦文は、日本で申請人のことをよく知っている人間が書くべきもので、より社会的地位の高い人が書いた方が効果的です。

　ある永住審査部門担当官のコメントでは、「会社勤務の人の場合、代表取締役に推薦文を書いてもらうことが、一番効果がある」とのことです。雇用主から信頼されているという証明力にもなります。

身分系の資格・永住申請

「高度専門職」と「技術・人文知識・国際業務」では永住権を申請する場合に何か違いがありますか?

2019年7月以降、「高度専門職」と「技術・人文知識・国際業務」では、永住権申請において、大きな差がつくことになりました。

「高度専門職」の場合、3年間高度人材ポイントを70ポイント継続していれば、永住権申請が可能です。もし、対象となる外国人の高度人材ポイントが80点の状態が続いているとすると、1年経過後に申請が可能な状況となります。

これに対し「技術・人文知識・国際業務」の在留資格の場合は、10年間日本に在留することでようやく申請が可能になります。そのうち少なくとも5年分の住民税の課税証明書と納税証明書を準備する必要があります。

「高度専門職」は、すでに年収・学歴・資格等で優秀な人材と日本国が認めているので、審査上も有利に働くことになります。

ただし、永住権申請の場合、所得を決定するポイントの根拠となるのは、会社発行の在職証明書や雇用契約書にかかれている金額ではなく、住民税の課税証明書に記載されている金額となります。

そのため、永住権が認められるために時間がかかります。

よく問題となるのは、高度専門職の要件を満たしているのに「技術・人文知識・国際業務」のままの在留資格で日本に在留している外国人です。この倍、高度専門職の要件に合致していることを証明した上で永住申請をします。

高度専門職と認められた場合、5年ではなく、70ポイントで3年分、80ポイントで1年分課税と納税の証明(住民票)に軽減されています。

「技術・人文知識・国際業務」の場合、「高度専門職」の要件に該当していたとしても、その証明資料が充分でないと、永住権申請が不許可になりますので、しっかりとした準備をしてから申請した方がよいでしょう。

Chapter1
Q15

Q&A for hiring
foreign workers

身分系の資格・永住権

1年ほど前に高度人材でポイント80点以上の外国人社員が当社にて働くことになりました。この場合、高度人材に加えてその家族も同時に永住申請はできますか？

高度人材に該当する外国人は、80点以上のポイントが1年以上継続していることが確認できれば永住権の申請ができます。ただし、その高度人材の配偶者が同時に永住申請できるわけではありません。あくまでも特例の永住権申請は本人のみが対象となります。（一部例外を除き）

なお、高度専門職で80点以上の方が永住申請する場合以下の資料が必要です。

1. 永住許可申請書　　　　　1通

※地方出入国在留管理官署において、用紙を用意しています。また、法務省のホームページから取得することもできます。

2. 写真（縦4cm×横3cm）　1葉

※申請前3カ月以内に正面から撮影された無帽、無背景で鮮明なもの。
※写真の裏面に申請人の氏名を記載し、申請書の写真欄に貼付してください。
※16歳未満の方は、写真の提出は不要です。

3. 理由書　　　　　　　　　1通

※永住許可を必要とする理由について、自由な形式で書いてください。
※日本語以外で記載する場合は、翻訳文が必要です。

4. 申請人を含む家族全員（世帯）の住民票

※個人番号（マイナンバー）については省略し、他の事項については省略のないものとするようお願いします。

5. 申請人の職業を証明する次のいずれかの資料

(1) 会社等に勤務している場合在職証明書　　　　　　　　　　1通

(2) 自営業等である場合

   a　申請人の確定申告書控えの写し又は法人の登記事項証明書　1通

   b　営業許可書の写し（ある場合）　　　　　　　　　　　　1通

   ※自営業等の方は、自ら職業等について立証していただく必要があります。

(3) その他の場合

   職業に係る説明書（書式自由）及びその立証資料　　　　　適宜

6. 直近（過去1年分）の申請人又は申請人を扶養する方の所得及び納税状況を
証明する資料

※源泉所得税及び復興特別所得税、申告所得税及び復興特別所得税、消費税及び地方消費税、
相続税、贈与税に係る納税証明書（その3）については、令和元年7月1日から申請時に提
出を求めています。

(1) 住民税の納付状況を証明する資料

ア 直近1年分の住民税の課税（又は非課税）証明書及び納税証明書
（1年間の総所得及び納税状況が記載されたもの） 各1通

※お住まいの市区町村から発行されるものです。

※上記については、1年間の総所得及び納税状況（税金を納めているかどうか）の両方
が記載されている証明書であれば、いずれか一方でかまいません。

※入国から1年後に永住許可申請を行う場合など、上記証明書が提出できない場合は、
上記証明書に代えて、給与所得の源泉徴収票（写し）又は給与明細書（写し）等の資
料を提出してください。

※また、上記の証明書が、入国後間もない場合や転居等により、市区町村から発行され
ない場合は、最寄りの地方出入国在留管理官署にお問い合わせください。

イ 直近1年間において住民税を適正な時期に納めていることを証明す
る資料（通帳の写し、領収証書等）

※直近1年間において、住民税が特別徴収（給与から天引き）されていない期間がある
方は、当該期間分について提出してください。

(2) 国税の納付状況を証明する資料 源泉所得税及び復興特別所得税、申告
所得税及び復興特別所得税、消費税及び地方消費税、相続税、贈与税
に係る納税証明書（その3）

※住所地を管轄する税務署から発行されるものです。税務署の所在地や請求方法など、
詳しくは国税庁ホームページを御確認ください。

※納税証明書（その3）は、証明を受けようとする税目について、証明日現在において
未納がないことを証明するものですので、対象期間の指定は不要です。

※上記の税目全てに係る納税証明書を提出してください。

(3) その他 次のいずれかで、所得を証明するもの

a 預貯金通帳の写し　　　　　　　　適宜

b 上記aに準ずるもの　　　　　　　適宜

7. 申請人又は申請人を扶養する方の公的年金及び公的医療保険の保険料の納付
状況を証明する資料

※公的年金の保険料の納付状況を証明する資料、公的医療保険の保険料の納付状況を証明する
資料については、令和元年7月1日から申請時に提出を求めています。

※過去1年間に加入した公的年金制度及び公的医療保険制度に応じ、次のうち該当する資料を提出してください（複数の公的年金制度及び公的医療保険制度に加入していた場合は、それぞれの制度に係る資料が必要です）。

(1) 直近（過去1年間）の公的年金の保険料の納付状況を証明する資料

次のア〜ウのうち、ア又はイの資料及びウの資料を提出してください。

ア 「ねんきん定期便」（全期間の年金記録情報が表示されているもの）

※日本年金機構から封書でねんきん定期便が送付されている方（35、45、59歳の誕生月）は、同封されている書類のうち〈目次〉において、『○ねんきん定期便（必ずご確認ください）』欄の枠内に記載されている全ての書類を提出してください。

※なお、毎年送付されるハガキ形式のねんきん定期便もありますが、全ての期間が確認できないため提出書類としては御使用いただけません。

※「ねんきん定期便」（全期間の年金記録情報が表示されているもの）は、日本年金機構の以下の問合せ先に御連絡いただくことにより交付申請を行うことができます。交付申請の際は、『全期間分（封書）を交付希望』とお伝えください（申請から交付までに2カ月程度を要します）。

【問合せ先電話番号】
　ねんきん定期便・ねんきんネット専用番号：0570-058-555（ナビダイヤル）
　050で始まる電話でかける場合：03-6700-1144

イ ねんきんネットの「各月の年金記録」の印刷画面

※「ねんきんネット」は日本語のみ対応しており、外国語には対応していませんのでその旨御留意ください。

※日本年金機構のホームページ（以下のURLを参照）から、ねんきんネットに登録することができます。なお、登録手続には最大5営業日程度かかる場合があります。

https://www.nenkin.go.jp/n_net/index.html

※申請時の直近1年間において、国民年金の被保険者であった期間がある方は、「各月の年金記録」の中にある、「国民年金の年金記録（各月の納付状況）」の印刷画面も併せて提出してください。

ウ 国民年金保険料領収証書（写し）

※直近1年間において国民年金に加入していた期間がある方は、当該期間分の領収証書（写し）を全て提出してください。提出が困難な方は、その理由を記載した理由書を提出してください。

※直近1年間の全ての期間において国民年金に加入していた方で、直近1年間（12月分）の国民年金保険料領収証書（写し）を提出できる場合は、上記ア又はイの資料を提出していただく必要はありません。

(2) 直近（過去1年間）の公的医療保険の保険料の納付状況を証明する資料

ア 国民健康保険被保険者証（写し）

※現在、国民健康保険に加入している方は提出してください。

イ 健康保険被保険者証（写し）

※現在、健康保険に加入している方は提出してください。

ウ 国民健康保険料（税）納付証明書

※直近1年間において、国民健康保険に加入していた期間がある方は提出してください。

エ 国民健康保険料（税）領収証書（写し）

※直近1年間において国民健康保険に加入していた期間がある方は、当該期間分の領収証書（写し）を全て提出してください。提出が困難な方は、その理由を記載した理由書を提出してください。

(3) 申請される方が申請時に社会保険適用事業所の事業主である場合

申請時に、社会保険適用事業所の事業主である方は、上記の「公的年金の保険料の納付状況を証明する資料」及び「公的医療保険の保険料の納付状況を証明する資料」に加え、直近1年間のうち当該事業所で事業主である期間について、事業所における公的年金及び公的医療保険の保険料に係る次の資料ア及びイのいずれかを提出してください。

ア 健康保険・厚生年金保険料領収証書（写し）

※申請される方（事業主）が保管されている直近1年間のうち事業主である期間における、全ての期間の領収証書（写し）を提出してください。全ての期間について領収証書（写し）が提出できない方は、下記イを提出してください。

イ 社会保険料納入確認（申請）書（未納の有無を確認する場合）

※申請書の様式や申請方法等は日本年金機構ホームページを御参照ください。

以下のURLから、「2. 社会保険料納入確認書」のうち、申請様式「社会保険料納入確認（申請）書（未納の有無を確認する場合)」により申請してください。

✅ 参考URL

https://www.nenkin.go.jp/service/kounen/jigyonushi/sonota/20140311.html

※日本年金機構ホームページトップ画面右上の「サイトマップ」＞「年金について（しくみや手続き全般）」＞「厚生年金保険」欄の「事業主向け情報」＞「事業主向け情報（その他）」＞「納入証明書・納入確認書」からアクセスできます。

8. 高度専門職ポイント計算表等

(1) 活動の区分（高度専門職1号イ、高度専門職1号ロ、高度専門職1号ハ）に応じ、永住許可申請の時点で計算した、いずれかの分野のもの

　　　（80点以上のものに限る）　　　　　　　　　　　　　　1通

(2)　ポイント計算の結果80点以上の点数を有すると認められ、「高度人材外国人」として1年以上継続して本邦に在留している方

　　高度専門職ポイント計算結果通知書の写し（別記第27号の2様式）

　　※「高度人材外国人」と認められて在留資格認定証明書の交付又は在留資格変更の許可等を受けた場合に通知されるものです。

(3)　上記（2）の高度専門職ポイント計算結果通知書により80点以上を有する旨の通知を受けていない方

　　活動の区分（高度専門職1号イ、高度専門職1号ロ、高度専門職1号ハ）に応じ、永住許可申請の1年前の時点で計算した、いずれかの分野のもの（80点以上のものに限る）　　　　　　　　　　1通

9. ポイント計算の各項目に関する疎明資料

　※ポイントの合計が80点以上であることを確認できる資料を提出してください。該当する項目全ての疎明資料を提出する必要はありません。

　※高度専門職ポイント計算結果通知書を提出した場合は、当該時点における疎明資料の提出は不要です。

　※疎明資料の基本例は高度専門職ポイント計算表に記載しています（出入国在留管理局ホームページから取得することもできます）。

　※疎明資料について、過去に提出した資料の転用を希望する場合は、願出書を提出してください（法務省のホームページから取得することもできます）。

10. 申請人の資産を証明する次のいずれかの資料

(1)　預貯金通帳の写し　適宜

(2)　不動産の登記事項証明書　1通

(3)　上記(1)及び(2)に準ずるもの　適宜

11. パスポート　提示

12. 在留カード　提示

13. 身元保証に関する資料

(1)　身元保証書

　　※地方出入国在留管理官署において、用紙を用意してます。また、法務省のホームページから取得することもできます。

(2)　身元保証人の印鑑

　　※上記(1)には、押印していただく欄がありますので、印鑑をお持ちください（提出前に(1)に押印していただいた場合は、結構です）。また、印鑑をお持ちでない方は署

名（サイン）でもかまいません。

(3)　身元保証人に係る次の資料

    a　職業を証明する資料　　　　　　　　　　　　　　　　適宜

    b　直近（過去1年分）の所得証明書　　　　　　　　　　適宜

    ※a及びbの資料については、上記5及び6を参考にして提出してください。

    c　住民票　　　　　　　　　　　　　　　　　　　　　　1通

    ※cについては、上記4の資料と重複する資料となる場合もありますので、その場合は、併せて1通提出していただければ結構です。

14.　我が国への貢献に係る資料（※ある場合のみで結構です。）

(1)　表彰状、感謝状、叙勲書等の写し　　　　　　　　　　適宜

(2)　所属会社、大学、団体等の代表者等が作成した推薦状　適宜

(3)　その他、各分野において貢献があることに関する資料　適宜

15.　身分を証する文書等　　　　　　　　　　　　　　　提示

※上記15については、申請人本人以外の方（申請が提出できる方については、こちらのページを参照してください）が申請を提出する場合において、申請を提出できる方かどうかを確認させていただくために必要となるものです。また、申請人以外の方が申請書類を提出する場合であっても、上記11及び12の「申請人のパスポート及び在留カードの提示」が必要です。

COLUMN
Let's take a break

高度専門職イコール永住権ではない

　高度人材のポイント制が注目されたために80点以上あれば1年の滞在で日本の永住権が取得できるわけではありません。

　就労審査部門では、会社の在職証明書によって年収を判断しますが、永住審査部門はあくまでも住民税の課税証明書に記載された年収額によって高度人材ポイントの年収ポイントが決定されます。これによって年収額のズレが生じることがあり、許可が出るまでにかなり長い期間待たされることになります。

　また、高度専門職に該当する人材であっても、扶養家族が8人もいるような理由で永住権が不許可になってしまったケースもあります。さらに、審査期間中に6カ月間長期出張したケースも、日本に在留していないという理由で不許可になりました。

身分系の資格・永住申請

永住権は取り消しになることもありますか？

　永住権は、取消になってしまうこともあります。

☑「再入国許可」を受けていないケース

　用語説明の欄で説明したように、「再入国許可」（または「みなし再入国許可」）という制度があります。永住者であっても「再入国許可」（または「みなし再入国許可」）を取らずに単純に出国してしまうと永住権が失効してしまいます。「みなし再入国許可」は、出国しても1年以内に日本に帰国すれば、「再入国許可」はいらないという制度です。ただし、あくまでも1年以内なので1年を超えて日本に帰ってこないと永住権が取り消しになってしまいます。このようなトラブルを避けるため事前に「再入国許可」の手続きをしておくことで、出国してから最長5年については、永住権を失うことはありません。ただし、この5年の有効期限は元々許可されている在留期間の範囲内で認められています。

　永住権取得後、日本企業に勤務する外国人がこの「再入国許可」を受けることを忘れ、長期にわたって外国の支社等で働いているケースがあります。このような場合、日本の永住権が消えてしまいますので注意が必要です。2020年の新型コロナウイルス感染症の拡大により入国制限が実施され、飛行機がストップする事態になりました。このような伝染病のリスクなど考え、再入国許可は取っておくべきです。

☑居住地を登録しないケース

　日本に3カ月を超えて滞在する外国人は、入国後14日以内に居住する市町村で住民登録をする必要があります。永住者であってもこの住民登録は必要です。この登録を忘れたり、虚偽の届出をすると取り消しになる可能性があります。

　あと気をつけなくてはならないのは、外国人が飲食店等の経営者の場合です。もし不法滞在の外国人をコックやウェイターなどで雇用してしまった場合、「不法就労助長罪」に該当することとなり、永住権の取消の対象となります。

☑ その他

麻薬取引など犯罪行為に関与し、1年以上の懲役刑の対象となった場合も永住権取消の対象となります。

☑ インフォメーション 2019年における外国人入国者数

外国人入国者数　3,119万人

国籍・地域別の新規入国者数

① 中　国　742万人

② 韓　国　534万人

③ 台　湾　452万人

在留資格別の新規入国者数

① 短期滞在　　　2,781万人

② 技能実習1号　17万人

③ 留　学　　　　12万人

2019年は日本のインバウンドで外国人観光客が大きく増えた1年でした。ところが、2020年に入ってからは、新型コロナウイルス感染症の影響から入国制限が111カ国に対して実施され、4月の場合、対前年比99.9%減の2,900人になるという惨状でした。

新型コロナウイルス感染症による一時的なダメージはあるものの、2021年以降は再び日本社会のグローバル化に対応した人材交流が増え、外国人の入国者数も回復していくことが見込まれます。

☑ 「外国人在留支援センター（FRESC/フレスク）」の開設

2020年7月6日、東京都新宿区JR四ツ谷駅前に、日本で暮らし活躍する外国人の在留を支援する「外国人在留支援センター（FRESC）」が開所しました。入居しているのは、「出入国在留管理庁」「東京出入国在留管理局」「東京法務局人権擁護部」「法テラス」「東京労働局外国人特別相談・支援室」「東京外国人雇用サービスセンター」「外務省ビザ・インフォメーション」「日本貿易振興機構（JETRO）」です。これらの機関が一括して外国人支援を実施するので効率的かつ効果的なサポート体制となっています。

6章

その他の在留資格・帰化

その他の在留資格

Chapter1

Q1

Q&A for hiring foreign workers

その他在留資格

外国人留学生のうち4年生の大学を出た人材は、どのような仕事にも就けるようになったのですか？

　政府の外国人留学生の就職率をもっとアップさせていこうという方針から、従来より幅広い職種において在留資格が取得できるようになりました。それが、2019年に新設された特定活動（46号）です。ただし、どのような仕事にも就けるようになったわけではありません。

　就職先として雇用契約を結ぶ企業において自分が担当する業務のなかに、日本語を使用する業務が含まれていることが大前提です。

　日本語を使う業務が含まれるなどの条件を満たしていれば、飲食業、宿泊業、製造業の現場で働けるようになりました。

　今まで携帯ショップや宝石店、ファミリーレストランなどのサービス業務は一般的な就労の在留資格の対象外とされていました。今回の「特定活動」（46号）の新設により4つの要件を満たしていれば在留資格を取得できます。

☑ 要件（次のいずれにも該当することが必要です。）

1. 常勤の従業員として雇用され日本の大学又は大学院において修得した知識や能力等を活用することが見込まれる。
2. 日本の大学（短期大学を除く）を卒業し、または大学院の課程を修了して学位を授与されている。
3. 日本人と同等額以上の報酬を受ける。
4. 高い日本語能力を有している。

　どのような仕事とまでは言えませんが、日本語能力試験N1クラスの日本語の高いコミュニケーション能力を有し、日本人と同等の給与を受けることができるのならば問題はないとされています。

　この「特定活動46号」の創設により、非常に多くの4大卒の外国人留学生に雇用のチャンスが生まれたと言えます。

その他在留資格

「企業内転勤」とはどのような在留資格ですか？申請に必要な書類は何ですか？

「企業内転勤」という名称の在留資格は、日本国内に本店もしくは支店がある外国企業が、日本の事業所に一定期間転勤し、在留資格「技術・人文知識・国際業務」に関する業務を行う場合に取得できるものです。また、経営者に該当する場合もこの在留資格の対象外です。

この在留資格については、日本に転勤してくる前に外国に所在する本店、支店、営業所で「技術・人文知識・国際業務」に該当する業務に従事していた期間が継続して1年以上あるという要件を満たした場合のみ申請することができます。

つまり、海外で採用したばかりの人材については、この在留資格の対象外となります。

☑企業内転勤で必要となる書類

1　在留資格認定証明書交付申請書

2　写真（縦4cm×横3cm）

3　返信用封筒（簡易書留用に404円分の切手を貼付したもの）

4　カテゴリー1〜4に該当することを証明する文書

5　申請人の活動の内容を明らかにするいずれかの資料（活動内容、期間、地位及び報酬を含む）

①法人を異にしない転勤の場合

　　（1）転勤命令書の写し　　　（2）辞令等の写し

②法人を異にする転勤の場合

　　労働基準法15条1項及び労働基準法施行規則5条に基づき、労働者に交付される労働条件を明示する文書（労働条件通知書等）

③労働者に該当しない役員の場合

　　（1）会社の場合は、役員報酬を定める定款の写しまたは役員報酬を決議

した株主総会の議事録

（2）会社以外の場合は、地位（担当業務）、期間及び支払われる報酬額を明らかにする所属団体の文書

6 転勤前に勤務していた事業所と転勤後の事業所の関係を示す、次のいずれかの資料

①同一の法人の場合

外国法人の支店登記事項証明書等、当該法人が日本に事業所を有することを明らかにする資料

②日本法人への出向の場合

日本法人と出向元の外国法人との出資関係を明らかにする資料

③日本に事務所を有する外国法人への出向の場合

（1）外国法人の支店の登記事項証明書等、勤務予定地の外国法人が日本に事務所を有することを明らかにする資料

（2）勤務予定の外国法人と出向元の法人との資本関係を明らかにする資料

7 申請人の経歴を証明する文書

（1）関連する業務に従事した会社等の情報、業務内容及び勤務期間を明示した履歴書または人事部発行のレター

（2）過去1年間に、申請人となる外国人が従事していた事業内容、地位及び報酬額を明示した企業発行の証明文書

8 事業内容を明らかにする資料

（1）勤務先等の沿革、役員、組織、事業内容（主要取引先と取引実績を含む）等が詳細に記載された案内書

（2）その他、勤務先が作成した事業案内の文書やホームページの写し

（3）登記事項証明書

9 直近の年度の決算文書（カテゴリー4企業の場合で、新規の事業者については事業計画書）

なお、カテゴリー4企業で前年度の「職員の給与所得の法定調書合計表」を

提出できない場合、その説明理由として、次の資料の提出が必要です。

①源泉徴収の免除を受ける機関の場合

　　外国法人の源泉徴収に対する免除証明書、その他の源泉徴収を要しない
　ことを明らかにする資料　　　　　　　　　　　1通

②上記①を除く機関の場合

　　（1）給与支払事務所等の開設届書の写し　　1通

　　（2）次のいずれかの資料

　　　　ア．直近3カ月分の給与所得・退職所得等の所得税徴収高計算書（領
　　　　　　収日付印のあるものの写し）　　　　1通

　　　　イ．納期の特例を受けている場合は、その承認を受けていることを
　　　　　　明らかにする資料　　　　　　　　　1通

COLUMN　企業内転勤の特色

　企業内転勤とは、外国にある会社と日本にある会社とが同一資本である場合の異動・出向をいいます。

- 親会社・子会社間の異動
- 本店・支店・営業所間の異動
- 親会社・孫会社間の異動、および子会社・孫会社間の異動
- 子会社間の異動
- 孫会社間の異動

　また、関連会社の位置づけでも認められるケースもあります。企業内転勤の在留資格で行うことのできる業務は、「技術・人文知識・国際業務」に該当する内容に限られます。

「短期滞在」でアメリカから出張してくる本部の社員がいます。
どのような業務なら合法的に在留できますか？

在留資格「短期滞在」の在留期間は、入管法施行規則によって 90 日、30 日、又は 15 日のいずれかと規定されています。

ビジネスマンの場合、何度も日本に入ったり出たりを繰り返すケースがありますが、1 年の過半数に相当する日数は認められないことになっています。

ビジネス目的で短期滞在の在留資格を使用する場合、工場の見学、講演会への参加、業務連絡、営業所での会議への参加、トレードショーにおける視察などが中心となります。

さらに、次のような目的までは「短期滞在」の在留資格の範囲内とされています。

・日本に出張して商談を行う、契約を調印する。
・日本に納品した機械類のアフターサービスを行い、機械等に不具合がないかをチェックする。
・日本の消費者行動についての市場調査を行い、レポートにまとめる。
・将来日本に投資し、事業を開始するための用地の確保や市場を調査するなどの準備行為を行う。

以下の内容の場合、違法となりますので注意が必要です。

・サービス提供をして対価を受け取る
・商品を日本に持ち込み販売する
・日本国内でアルバイトをする
・日本国内で事業を展開し報酬を得る

その他在留資格

Chapter1
Q4

Q&A for hiring
foreign workers

ヨーロッパに本社がある海運会社の日本法人（カテゴリー3）です。ヨーロッパ本社の社長がアジア地区強化のため、日本に在留し経営活動を展開したいと考えておりますが「経営・管理」の在留資格申請にはどのような資料が必要ですか？

ヨーロッパに本社がある企業の社長が日本に一定期間滞在し経営者として仕事をするためには以下の書類を揃え提出する必要があります。

1. 在留資格認定証明書交付申請書
2. 写真（縦4cm×横3cm）
3. 404円分の切手(簡易書留用)を貼り付けした返信用封筒
4. 前年分の職員の給与所得の源泉徴収票等の法定調書合計表
5. 役員報酬を定める定款の写し又は役員報酬を決議した株主総会の議事録の写し
6. 親会社の社長であることの証明資料
7. 日本法人の登記事項証明書
8. 事業内容や組織について書かれた案内書
9. 事務所用施設の存在を証明する賃貸借契約書
10. 事業計画書
11. 直近年度の決算文書の写し

ヨーロッパの本社が安定的・継続的に運営され、実績があるということを本社の決算書、ホームページ等の写しで証明すると許可は取りやすくなります。

本社社長の経歴や実績がわかる文書等も任意に提出することをお奨めします。

さらに、今後日本市場においてどのような市場開発を具体的に行っていくかという事業計画を提出した方が入国審査官の理解を得るのに有効でしょう。

One POINT ADVICE

「経営・管理」は従来よりも出入国在留管理局の審査が厳しくなっています。特に、事業の実現性と申請人の経営者としての資質がしっかりと審査されます。事務所と資本金500万円を用意すれば許可が出るというものではありません。

その他在留資格

家族滞在で日本に住む外国人男性をアルバイトで料理店の調理に使いたいのですが労働基準法の規定の週 40 時間をオーバーしなければ特に問題ありませんか？

「家族滞在」の在留資格を持つ外国人は資格外活動の許可を得なければ、日本国内で働くことはできません。資格外活動許可を出入国在留管理局から得た場合、包括許可となり、勤務先、仕事内容を特定することなく働くことができますが、1 週間の就労可能時間は、一律で 28 時間以内となります。複数のアルバイトを行うことも可能ですが、すべての事業所における就労時間を合算して 28 時間以内であることが必要です。もし御社が、「家族滞在」の在留資格を持つ外国人を週 40 時間働かせた場合、入管法に違反することになります。

☑ 「家族滞在」のアルバイトについてのチェックポイント

☐ 他社でアルバイトしていないか（週 28 時間を超える要因）

☐ 週 28 時間までのアルバイトと理解しているか（法律の理解チェック）

☐ 配偶者と同居しているか（婚姻の事実確認）

☐ 資格外活動の届出を出入国在留管理局へ出しているか（在留カードの裏で確認）

アルバイト外国人の雇用状況届出書

外国人留学生や週 20 時間未満の勤務で働く外国人パート人材など、雇用保険の被保険者でない外国人の場合は、外国人雇用状況届出書を採用した翌月末日までに、ハローワークに届ける必要があり、在留カード番号も記載することが求められています。このため、アルバイトやパートで外国人を採用する場合でも、人事担当者は必ずその外国人の在留カードの写しを保管しておく必要があります。

現在、日本の入管行政では、「留学」の在留資格であるのにもかかわらず、学校の出席率が悪く実質単純労働で就労しているような人材は、素行不良として厳しい目で見ています。もし、労働が目的で日本に入国したいのであれば、「特定技能 1 号」などの在留資格を取得し、日本に入国するべきというのが現在の日本の方針で、2020 年 4 月以降は、「留学」で入国できる外国人の条件が非常に厳しくなりました。

その他在留資格

Chapter1
Q6

Q&A for hiring
foreign workers

社員Ａが妻と不仲になり、離婚調停中なのですが、すでに社員Ａと日本で同居する不倫相手の外国人留学生が先日その社員の子を出産しました。その社員は、離婚が成立したらその外国人留学生と結婚したいそうですが、在留資格の手続きはどうすればいいのでしょうか？

　このようなケースでは、まだ社員の離婚が成立していないので、その相手の外国人については、「日本人の配偶者等」へ在留資格の変更申請をすることができません。

　今回の状況では、「日本人の実子を扶養する外国人親」ということで「定住者」への在留資格変更許可申請をすることになります。

　日本人の実子が安定した生活を営めるようにする人道的配慮から、出入国在留管理局では、以下の2点を満たしていれば「定住者」への変更申請を認めています。

①独立の生計を営むに足りる資産または技能を有すること
②日本人の実子の親権者であることおよび日本国内において監護養育している実態があること

　これらを証明するために、銀行の預金残高、在職証明書、住民税の課税・納税証明書、状況説明書とその説明に係る写真を提出する必要があります。

　さらに今回のケースでは、離婚調停の状況説明や不倫し出産に至るまでの経緯も説明文として提出することが求められます。

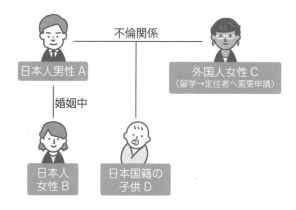

その他在留資格

当社は産業廃棄物を扱う会社です。現場にいる外国人社員Ｂが６年前に日本人と結婚し、在留資格は「日本人の配偶者等」となっています。すでに１年前から別居し、離婚を考えているようです。離婚した後は、在留資格を変更する必要がありますか？

　このようなケースでは、外国人社員Ｂは在留資格を変更しなければなりません。

　残念ながら、産業廃棄物の処理をする現場の業務では、就労系への在留資格変更許可申請はできません。

　この場合、日本人との結婚生活が３年以上続いていて、かつ会社で安定した収入を得ているのであれば「定住者」への在留資格の変更許可申請を行うことができます。

　独立生計要件を満たし、離婚するまで３年以上日本において生活していれば必ず「定住者」への在留資格変更許可申請が認められるわけではありませんが、条件的には可能性が十分あります。

　このようなケースは、「特別な事情を考慮して在留を引き続き認めることが適当」という場合に該当し非告示定住者で「離婚定住」と呼ばれています。

結婚
▼

「日本人の配偶者等」 ────── 在留資格変更 ──────┐

離婚

1. 結婚生活が３年以上続いている場合 …………「定住者」への変更申請（離婚定住）

2. 就労系の在留資格の要件を満たしている場合 …… 就労系の在留資格への変更申請

3. 上記１または２に該当しない場合 ……………… 帰国

Chapter
Q8

Q&A for hiring
foreign workers

その他在留資格

「技能」の在留資格とはどのような性格を持つ在留資格ですか？

「技能」という名称の在留資格については、次のような特徴があります。

①産業上の特殊な分野に属する熟練した技能を要する業務に従事する活動を行うこと。

②日本国内の公私の機関（企業等）との契約に基づいて行うものであること。この場合、雇用契約だけでなく、委任、委託、嘱託等も認められます。

③申請人が1）から9）のいずれかの該当する業務に従事し、日本人が従事する場合の報酬の同等額以上の報酬を受けること。

1）　料理の調理又は食品の製造に係る技能で外国において考案されたわが国において特殊なものを要する業務に従事する者で次のいずれかに該当するもの

イ　当該技能について10年以上の実務経験（外国の教育機関において当該料理の調理又は食品の製造に係る科目を専攻した期間を含む。）を有する者

ロ　経済上の連携に関する日本国とタイ王国との間の協定附属書7第1部A第5節1（c）の規定の適用を受ける者⇒5年に軽減

2）　外国に特有の建築又は土木に係る技能について10年（当該技能を要する業務に10年以上の実務経験を有する外国人の指揮監督を受けて従事する者の場合にあっては、5年）以上の実務経験（外国の教育機関において当該建築又は土木に係る科目を専攻した期間を含む。）を有する者で、当該技能を要する業務の従事するもの

3）　外国に特有の製品の製造又は修理に係る技能について10年以上の実務経験（外国の教育機関において当該製品の製造または修理に係る科目を専攻した期間を含む。）を有する者で、当該技能を要する業務の従事するもの

4) 宝石・貴金属又は毛皮の加工に係る技能について10年以上の実務経験（外国の教育機関において当該加工に係る科目を専攻した期間を含む。）を有する者で、当該技能を要する業務の従事するもの

5) 動物の調教に係る技能について10年以上の実務経験（外国の教育機関において動物の調教に係る科目を専攻した期間を含む。）を有する者で、当該技能を要する業務の従事するもの

6) 石油探査のための海底掘削、地熱開発のための掘削又は海底鉱物探査のための海底地質調査に係る技能について10年以上の実務経験（外国の教育機関において石油探査のための海底掘削、地熱開発のための掘削又は海海底鉱物探査のための海底地質調査に係る科目を専攻した期間を含む。）を有する者で、当該技能を要する業務の従事するもの

7) 航空機の操縦に係る技能について250時間以上の飛行経歴を有する者で、航空法（昭和27年法律第231号）第2条第18項に規定する航空運送事業の用に供する航空機に乗り組んで操縦者としての業務に従事するもの※貴重又は副操縦士としての業務に従事できる技能証明を所持する者であっても、250時間以上の飛行経歴が必要です。

8) スポーツの指導に係る技能について3年以上の実務経験（外国の教育機関において当該スポーツに従事していた期間を含む。)を有する者で、当該技能を要する業務に従事するもの又はスポーツ選手としてオリンピック大会、世界選手権大会その他の国際的な協議会に出場したことがある者で、当該スポーツの指導に係る技能を要する業務に従事するもの。

9) ぶどう酒の品質の鑑定、評価及び保持並びにぶどう酒の提供（以下「ワイン鑑定等」という。）に係る技能について5年以上の実務経験（外国の教育機関においてワイン鑑定等に係る科目を専攻していた期間を含む。）を有する次のいずれかに該当する者で、当該技能を要する業務に従事するもの。

   イ　ワイン鑑定等にかかる技能に関する国際的な規模で開催される協議会（以下「国際ソムリエコンクール」という。）において優秀な成績を収めたことがある者

　ロ　国際ソムリエコンクール（出場者が1国につき1名に制限されているものに限る。）に出場したことがある者

　ハ　ワイン鑑定等に係る技能に関して国（外国を含む。）若しくは地方公共団体（外国の地方公共団体を含む。）またはこれらに準ずる公私の機関が民定する資格で法務大臣が告示をもって定めるものを有する者

　このように特殊な分野で優秀な知識と技能をもっている人にのみ与えられる在留資格とご理解ください。

　やはり圧倒的に多いのは料理の調理と食品の製造ですが、しっかりとした経歴が証明されていないと認められにくい在留資格となっています。

　「技能」における調理は、フルコースメニューを提供できるレベルの人材でなければ該当しません。いわゆる「特定技能1号」のようにマニュアル化されたチェーン店の料理をそのまま単純に調理して出すレベルとは全く違うものです。

COLUMN
Let's take a break

「技能」の調理師のレベルについて

　技能の在留資格の中で、一番多いのは外国料理の調理師です。基本的には日本人では代えられないその国の特殊な調理法を身につけ10年以上の経験を持つ人でなければ与えられないものです。実際、現地のホテル等で働いていてコースメニューを調理できるレベルというのが、許可が出る基準です。日本の雇用主も外国料理の専門店で30席以上の座席数を確保しているかどうかが審査の対象となります。この基準が高すぎると思う場合、新しい在留資格「特定技能1号」の調理担当者を目指すこととなります。

・10年以上の経験がありコース料理もできる　　⇒　　技能
・ただ単に料理を作る技能試験には合格　　　　⇒　　特定技能1号

その他在留資格

外国人が母国語を話す家事手伝いを雇えるケースにはどのようなものがありますか？

　現在、出入国在留管理庁では「特定活動」の家事使用人を雇用できる条件として、以下の在留資格を持つ外国人が一定の要件を満たすことを定めています。

1. 申請人以外に家事使用人を雇用していない「高度専門職」の外国人で、申請の時点において13歳未満の子または病気等により日常の家事に従事することができない配偶者を有し、かつ世帯収入が1,000万円以上ある者

2. 申請人以外に家事使用人を雇用していない「経営・管理」の在留資格をもって在留する事業所の長またはこれに準ずる地位にある者で、申請の時点において、13歳未満の子または病気等により日常の家事に従事することができない配偶者を有する者

3. 申請人以外に家事使用人を雇用していない「法律・会計業務」の在留資格をもって在留する事業所の長またはこれに準ずる地位にある者で、申請の時点において、13歳未満の子または病気等により日常の家事に従事することができない配偶者を有する者

　上記のように、就労系の在留資格を持つ外国人が就労等の家事手伝いを雇えるケースは限られています。

　ただし、日本国内で「日本人に配偶者等」や「定住者」の在留資格を持ち、生計を維持するために日本で生活をしている外国人に家事手伝いを頼む場合においては、特にこのような制約条件はありません。

Chapter1
Q10

Q&A for hiring
foreign workers

その他在留資格
在留資格取得許可申請とは何ですか？

　日本に住む外国人のカップルの間に出生した子どもや、日本国籍を離脱して外国人になった元日本人、日米地位協定に基づき在留するアメリカの軍人等で、その身分を失った外国人が、引き続き60日を超えて日本に在留しようとする場合には、在留資格取得の許可を受けなければなりません。（入管法第22条の2）

　子供のケースについては第1章Q35において説明してありますのでそちらをご参照ください。

　日本国籍とアメリカ国籍の両方を持っているようなケースがあります。例えば両親が日本人であっても仕事の都合でアメリカに移り住み、現地で母親が出産したようなケースにおいては、アメリカ国籍も取得することになります（生地主義）。このようなケースでは二重国籍となりますが、22歳までにいずれかの国籍を選択する必要があります。外国の国籍を選択した場合、日本国籍の離脱という手続きが必要となり、手続きが完了すれば外国国籍のみとなり、重国籍は解消されることになります。この場合、元日本人が日本国内で生活を続けるため、在留資格取得許可申請をすることになります。

　日本国籍を離脱した除籍謄本を提出すれば「日本人の配偶者等」の在留資格を取得することができます。

　日米地位協定に基づくアメリカ軍人等は、在留資格を必要としません。しかし、退役してそのまま日本にとどまりたいと考える場合、在留資格取得許可申請をしなければなりません。手続きの流れは以下の①～④となります。

① SOFA（Japan Status of Forces Agreement〈日米地位協定〉）ステータスを離脱
② 在留資格取得申請をする（離脱後30日以内）
③ 在留資格取得許可を受けて在留カードを受け取る。
④ 日本の市役所等で住民登録をする。

その他在留資格

外国人の映像プロデューサーを招き、日本で企業の PR 動画を作成しようと考えております。この場合、どのような在留資格が必要ですか？

このような場合、「興行」の在留資格が必要です。在留資格「興行」の場合、俳優・ダンサー・プロスポーツ選手なども該当しますが、以下の（1）〜（4）の活動を日本で行う外国人についても「興行」の対象となります。（基準4号の例です。）

（1）商品または事業の宣伝に係る活動

（2）放送番組（有線放送番組を含む）

（3）商業用写真の撮影に係る活動

（4）商業用のレコード・ビデオテープ・その他の記録媒体に録音または録画を行う活動

申請手続きを進めるにあたっては、以下の資料を準備する必要があります。

1 在留資格認定証明書交付申請書　1通

2 写真（縦4cm×横3cm）　　　1葉

※申請前3カ月以内に正面から撮影された無帽、無背景で鮮明なもの。
※写真の裏面に申請人の氏名を記載し、申請書の写真欄に貼付してください。

3 返信用封筒（定形封筒に宛先を明記の上、送料分の切手404円分（簡易書留用）を貼付したもの）　1通

4 申請人の芸能活動上の実績を証する資料　適宜

※所属機関の発行する資格証明書又は経歴証明書、CDジャケット、ポスター、雑誌、新聞の切り抜き等で、芸能活動上の実績を証するもの

5 次のいずれかで、申請人の日本での具体的な活動の内容、期間、地位及び報酬を証する文書

（1）雇用契約書の写し　1通

（2）出演承諾書の写し　1通

（3）上記（1）又は（2）に準ずる文書　適宜

6 受入れ機関の概要を明らかにする次の資料

(1) 登記事項証明書　　　　　　　1通

(2) 直近の決算書（損益計算書、貸借対照表など）の写し　　1通

(3) 従業員名簿　　　　　　　　　1通

(4) 案内書（パンフレット等）　1通

(5) 上記（1）〜（4）までに準ずる文書　適宜

7 その他参考となる資料

滞在日程表・活動日程表、活動内容を知らせる広告・チラシ等　適宜

8 身分を証する文書（会社の身分証明書等）　提示

今回のようなケースでは具体的にどのような内容の PR 動画の撮影になるか企画書等の写しを提出したほうがいいでしょう。

One POINT ADVICE

在留資格「興行」には基準1号から4号まで分かれており具体的には以下のような活動となっております。

基準1号：申請人が演劇、演芸、歌謡、舞踏または演奏（「演劇等」）の興行に係る活動に従事しようとする場合が該当します。（クラブやバーでの興行）

基準2号：申請人が演劇等の興行に係る活動に従事しようとする場合が該当します。具体的には100人以上収容できる劇場やコンサートホールで客席において飲食物を有償で提供しない施設での興行等

基準3号：申請人が演劇等の興行に係る活動以外の興行に係る活動に従事しようとする場合が該当します。（プロスポーツ選手やコーチ等）

基準4号：申請人が興行に係る活動以外の芸能活動に従事しようとする場合が該当します。（Q11のような活動が該当）

その他在留資格

技能実習生の制度の特色は何ですか？

　技能実習生は「人材育成を通じた発展途上地域等への技能等の移転による国際協力の推進」という制度目的があります。そのため、通常の労働力とイコールという感覚で使用する制度ではありません。

　残念ながら、技能実習生を、人手不足を補うための安い労働力のように使う企業等が多かったため、彼らの保護を図る観点から「技能実習法」が成立し、2016 年 11 月 28 日に公布されました。

　従来は、入管法とその省令を根拠として実施されていたのですが、現在は入館法令で規定されていた多くの部分が、この「技能実習法」で規定され運用されています。

　「技能実習法」に基づく技能実習制度には二つのタイプがあります。一つは「企業単独型」で、もう一つは事業協同組合や商工会などの非営利の監理団体が技能実習生を受け入れ、その関連の企業で技能実習を実施するという「団体監理型」です。日本では、圧倒的に後者が多くなっています。

　「技能実習法」に基づく新しい外国人技能実習制度では、監理団体の許可制や技能実習計画の認定制度も採用されています。

　実際、技能実習生ごとに作成された「技能実習計画」について、外国人技能実習機構が認定を行います。また、外国人技能実習機構は、計画の内容や雇用契約の内容を含めた受入体制が適正かどうかを審査します。

　優良な監理団体はと実習実施者と認められた場合、技能実習生の実習期間の延長や技能実習生の受け入れについて人数の枠が増やせるなどの利点もあります。

　また、3 年間無事に技能実習生として修了すると対応職種に該当する「特定技能 1 号」の在留資格に変更申請し、日本に引き続き在留することができます。

「技能実習法」の特色は以下のとおりです

☑ 1. 技能実習の適正な実施のための仕組み

① 技能実習の基本理念、関係者の責務及び基本方針の策定

② 技能実習計画の認定制の実施

③ 実習実施者の届出制

④ 監理団体の許可制

⑤ 認可法人「外国人技能実習機構」による審査の実施

⑥ 事業所管大臣等への協力要請等の規程の整備及び関係行政機関等による
地域協議会の設置

☑ 2. 技能実習生の保護

① 人権侵害等に対する罰則等の整備

② 技能実習生からの主務大臣への申告制度の実施

③ 技能実習生の相談・通報の窓口の整備

④ 実習先変更支援の実施

☑ 3. 技能実習制度の拡充

① 優良な監理団体・実習実施者の場合、実習期間を3年から5年へ延長

② 優良な監理団体・実習実施者における受け入れ人数枠の拡大

③ 対象職種の拡大（地域限定の職種、企業独自の職種、複数職種の同時実
習の措置）

One POINT ADVICE：インフォメーション

☑ コロナウイルス感染症による特例

　新型コロナウイルス感染拡大のために、仕事ができなくなった技能実習生な
ど外国人の方が、引き続き日本で仕事ができるよう、しばらくの間、特別に最
大1年間働くことができる「特定活動」の在留資格を認めることとしています。
この期間中に「技能実習生」時代の職種と違う技能試験に合格すれば、「特定技
能1号」として他業種で働くことができます。

☑ 在留資格をもらえる方

・会社を辞めろと言われるなど、研修ができなくなった技能実習生
・会社を辞めろと言われるなど、仕事ができなくなった外国人労働者
　（例：在留資格「特定技能」、「技術・人文知識・国際業務」、「技能」など）
・採用が取り消された留学生　など

☑ 手続の方法

　近くの出入国在留管理局・出張所に、「特定活動（就労可）」への在留資格変更許可を申請します。

　会社を辞めろと言われた方で、別の会社を見つけることが難しい場合は、国のサポートで、会社とのマッチングを受けることができます。

☑ マッチング支援の流れ

STEP 1

　名前、連絡先、希望する分野（特定技能の分野）など必要な情報を「個人情報の取扱いに関する同意書」に書いて、提出してください。

STEP 2

　出入国在留管理庁から、関係省庁などを通じて、仕事を紹介する機関に提供

STEP 3

　仕事を紹介する機関が外国人と新しい会社をマッチング

STEP 4

　新しい会社と契約

STEP 5

　「特定活動（就労可）」への在留資格変更許可を出入国在留管理局・出張所に申請・許可

　なお、2020年7月からは、東京都新宿区四谷駅前に開設された「外国人在留支援センター（FRESC）」においても、失業した外国人が新しい就職先を見つけるための支援を求めることができます。

その他在留資格

「特定活動」に該当する在留資格は数多くありますが、どのようなものが活動内容として定められていますか？

　現在、法務省告示に掲げられた49種もの特定活動があります。（2019年6月現在）

☑ 1号（外交官等の家事使用人：家庭事情型）

①日本国政府が接受した外交官又は領事官。

②条約または国際慣行により外交使節と同様の特権及び免除を受ける者。

③申請人以外に家事使用人を雇用していない日本国政府の承認した外国政府または国際機関の公務に従事する者（外交官及び領事官を除く）。

④申請人以外に家事使用人を雇用していない台湾日本関係協会の日本国内の事務所の代表または副代表。

⑤申請人以外に家事使用人を雇用していないパレスチナ総代表部の代表。

⑥申請人以外に家事使用人を雇用していない少佐以上の階級にある日本国とアメリカ合衆国との間の相互協力及び安全保障条約第6条に基づく施設及び区域並びに日本国における合衆国軍隊の地位に関する協定（昭和35年条約第7条）第一条（a）に規定する合衆国軍隊の構成員または日本国における国際連合の軍隊の地位に関する協定（昭和29年条約第12条）第一条（e）に規定する国際連合の軍隊の構成員。

　上記①～⑥に該当する外国人が使用する言語により日常生活を行うことができる個人的使用人として雇用された18歳以上の者が雇用した外国人の家事に従事する活動です。

☑ 2号（高度専門職の家事使用人）

①申請人以外に家事使用人を雇用していない高度専門職外国人で、申請時点において13歳未満の子または病気等により日常の家事に従事することが

できない配偶者を有し、かつ世帯年入が 1,000 万円以上である者。

②申請人以外に家事使用人を雇用していない「経営・管理」の在留資格をもって在留する事業所の長またはこれに準ずる地位にある者で、申請の時点において 13 歳未満の子または病気等により日常の家事に従事することのできない配偶者を有する者。

上記①か②に該当する外国人が使用する言語により日常生活を行うことができる個人的使用人として雇用された 18 歳以上の者が月額 20 万円以上の報酬を受けて当該雇用した外国人の家事に従事する活動。

☑ 2 号の 2 （高度専門職の家事使用人：帯同型）

申請人以外に家事使用人を雇用していない高度専門職の在留資格をもって在留する外国人のうち、世帯年収が 1,000 万円以上の者に高度専門職外国人が使用する言語により日常生活を行うことができる個人的使用人として雇用された 18 歳以上の者が月額 20 万円以上の報酬を受けて家事に従事する活動（ただし、高度専門職外国人と共に日本に転居する場合にあっては継続して 1 年以上その者に個人的使用人として雇用されている者、当該高度専門職外国人と共に日本に転居しない場合にあっては、家事使用人として申請人が日本に転居するまで継続して 1 年以上高度専門職外国人に個人的使用人として雇用されかつその者の転居後引き続きその者またはその者か日本に転居する前に同居していた親族に個人的使用人として雇用されている者であって、雇用主である高度専門職外国人の負担においてその家事使用人と共に日本から出国することが予定されている者に限られます）。

☑ 3 号 （台湾日本関係協会の事務所の家族）

台湾日本関係協会の日本の事務所の職員またはその職員と同一の世帯に属する家族の構成員としての活動。

☑ 4 号 （駐日パレスチナ総代表部の職員の家族）

駐日パレスチナ総代表部の職員またはその職員と同一の世帯に属する家族の構成員としての活動。

☑ 5号（ワーキング・ホリデー）

　日本国政府のオーストラリア政府、ニュージーランド政府、カナダ政府、ドイツ連邦共和国政府、グレートブリテン及び北部アイルランド連合王国政府、アイルランド政府、デンマーク王国政府、中華人民共和国、香港特別行政区政府、ノルウェー王国政府、スロバキア共和国政府、オーストリア共和国政府、アイスランド共和国政府若しくはリトアニア共和国政府に対するワーキング・ホリデーに関する口上書、ワーキング・ホリデーに関する日本国政府と大韓民国政府、フランス共和国政府、ポーランド共和国政府、ハンガリー共和国政府、スペイン王国政府若しくはチェコ共和国政府との間の協定又はワーキング・ホリデーに関する日本国政府とポルトガル共和国政府、アルゼンチン共和国政府若しくはチリ共和国政府との間の協力覚書の規定の適用を受ける者が日本文化及び日本国における一般的な生活様式を理解するため、日本において一定期間の休暇を過ごす活動並びにワーキング・ホリデーの活動を行うために必要な範囲内の報酬を受ける活動（ただし、風俗営業活動に従事することはできません。）

☑ 5号の2（台湾からのワーキング・ホリデー）

①ワーキング・ホリデー査証の申請時に台湾の居住者であること。

②ワーキング・ホリデー査証の申請時の年齢が18歳以上30歳以下であること。

③1年を超えない期間、日本において主として休暇を過ごす意図を有すること。

④以前にワーキング・ホリデー査証の発給を受けていないこと。

⑤被扶養者を同伴しないこと（申請人の被扶養者に査証が発給されている場合を除きます。

⑥台湾の権限のある機関が発行した旅券を所持していること。

⑦台湾に戻るための旅行切符または切符を購入するための十分な資金を所持していること。

⑧日本における滞在の当初の期間に生計を維持するための十分な資金を所持していること。

⑨健康であり、健全な経歴を有し、かつ犯罪歴を有しないこと。

⑩日本における滞在中に死亡し、負傷しまたは疾病に罹患した場合における保険に加入していること。

①～⑩までのいずれにも該当するものとして日本国領事館等からワーキング・ホリデー査証の発給を受けた者が日本文化及び日本国における一般的な生活様式を理解するため、日本において1年を超えない期間、休暇を補うため必要な範囲内の報酬を受ける活動（風俗営業活動に従事することはできません）。

☑6号（世界的なアマチュアスポーツ選手の活動）

オリンピック大会、世界選手権大会その他の国際的な協議会に出場したことがある者で、日本アマチュアスポーツの振興及び水準の向上のために月25万円以上の報酬を受けることを目的として日本の公私の機関に雇用された者がその契約した機関のために行うアマチュアスポーツの選手としての活動。

☑7号（世界的なアマチュアスポーツ選手の配偶者）

6号に該当することとなったアマチュアスポーツ選手の扶養を受ける配偶者又は子として行う日常的な活動。

☑8号（外国人弁護士）

外国人弁護士による法律事務所の取り扱いに関する特別措置法（昭和61年法律第66号）第58条の2に規定する国際仲裁事件の手続きについての代理に係る業務に報酬を受けて従事する活動。

☑9号（インターンシップ）

外国の大学の学生（卒業または修了をした者に対して学位の授与される教育課程に在籍する者で通信教育課程の対象以外の者）が当該教育課程の一部として申請人が所属する大学と日本の公私の機関との間の契約に基づきその機関から報酬（最低賃金以上）を受けて1年を超えない期間でかつ通算してその大学の修業年限の2分の1を超えない期間内で業務に従事する活動）。

☑10号（イギリスからのボランティア）

日本国政府のグレートブリテン及び北部アイルランド連合王国政府に対するボランティア査証に関する口上書の適用を受ける者が、日本において1年を超えない期間、国若しくは地方公共団体の機関、日本赤十字社、公益社団法人もしくは公益財団法人、社会福祉法（昭和26年法律第45号）第22条に規定する社会福祉法人、特定非営利活動促進法（平成10年法律第7号）第2条第2

項に規定する特定非営利活動法人または独立行政法人通則法（平成 11 年法律
第 103 号）第 2 条第 1 項に１規定する独立行政法人に受け入れられて行う福祉
に係るボランティア活動。

☑ 11 号

現在廃止

☑ 12 号（サマージョブ）

外国の大学の学生のうち卒業または修了した者に対して学位の授与される
教育課程に在籍する者（通信教育課程に在籍する者を除く）がその学業の遂
行及び将来の就業に資するものとして所属大学と日本の公私の機関との間の
契約に基づきその機関から報酬を受けて大学において授業が行われていない
期間で 3 カ月を超えない期間内、大学が指定した日本国内の契約機関の業務
に従事する活動。

☑ 13 号及び 14 号

削除

☑ 15 号（国際文化交流の活動）

外国の大学の学生（卒業または修了した者に対して学位の授与される教育課
程に在籍する者（通信教育課程に在籍する者を除く）が、下記①〜③のいずれ
にも該当する地方公共団体が実施する国際文化交流を目的とした事業に参加し、
日本国内の公私の機関との契約に基づき当該機関から報酬を受けて、当該大学
における当該者に対する授業が行われない期間で、かつ、3 月を超えない期間内、
日本国内の小学校、中学校、高等学校、中等教育学校、特別支援学校、専修学
校又は各種学校において、国際文化交流に係る講義を行う活動。

①対象となる学生に対し、その在留期間中の住居の提供その他必要な支援を
　行う体制を整備していること。
②出入国及び在留に係る十分な管理を行う体制を整備していること。
③事業の実施において講義を行う場所、期間及び報酬を明確に定めていること。

☑ 16 号（インドネシアから EPA で来日する看護師）

経済上の連携（EPA）に関する日本とインドネシアとの間の協定により選ば
れた人材が看護師の免許を受けることを目的として、インドネシア協定研修機

関において行う知識の修得をする活動またはインドネシア協定書面で指定された日本の公私の機関との間の雇用契約に基づき当該インドネシア協定書面において指定された施設内で、日本人の監督の下で看護師として必要な知識及び技能に係る研修としてその機関の業務に従事する活動。

☑ 17号（インドネシアから EPA で来日する介護福祉士候補）

インドネシア協定書面によって選ばれた人材が介護福祉士となる資格を取得することを目的として、インドネシア協定研修機関（介護施設等）により受け入れられて行う知識の修得をする活動またはインドネシア協定書面において指定された施設内において介護福祉士の監督の下で介護福祉士になるため必要な知識及び技能に係る研修としてその機関の業務に従事する活動。

☑ 18号（インドネシアから EPA で来日する看護師の配偶者等）

経済上の連携に関する日本とインドネシアとの間の協定（インドネシアとの EPA 協定）に基づき看護師としての業務に従事する活動を指定されて在留する者と同居し、その扶養を受ける配偶者または子として行う日常的な活動。

☑ 19号（インドネシアから EPA で来日する介護福祉士候補生の配偶者等）

インドネシアとの EPA 協定に基づき介護福祉士候補生として働く業務に従事する活動を指定されて在留する者と同居しその扶養を受ける配偶者又は子として行う日常的な活動。

☑ 20号（フィリピンから EPA で来日する看護師候補）

経済上の連携に関する日本とフィリピンとの協定に基づき選ばれた者が看護師免許を受けることを目的として、フィリピン協定研修機関（病院等）において行う知識の修得をする活動または指定された日本の公私の機関との間の雇用契約に基づき指定された病院等の施設内において看護師の監督の下で看護師として必要な知識及び技能に係る研修としてその病院業務に従事する活動。

☑ 21号（フィリピンから EPA で来日する介護福祉士候補）

フィリピンとの EPA 協定により選ばれた者が、介護福祉士資格を取得することを目的としフィリピン協定研修機関により受入れられて行う知識の修得をする活動またはフィリピン協定においてその者について指定された施設において

介護福祉士の監督の下で介護福祉士として必要な知識及び技能に係る研修としてその機関の業務に従事する活動。

☑ 22 号（フィリピンから EPA で来日する介護福祉士候補）

　フィリピンとの EPA 協定により選ばれた者が介護福祉士資格を取得することを目的としてフィリピン協定研修機関（介護施設等）により受け入れられて行う知識の修得をする活動またはフィリピン協定において指定された学校並びに都道府県知事の指定した養成施設（介護福祉士養成施設）において介護福祉士として必要な知識及び技能に係る研修としてその機関の業務に従事する活動。

☑ 23 号（フィリピンから EPA で来日する看護師）

　経済上の連携（EPA）に関する日本とフィリピンの協定に基づいて看護師としての業務に従事する活動を指定されて在留する者と同居し、かつその扶養を受ける配偶者又は子として行う日常的な活動。

☑ 24 号（フィリピンから EPA で来日する介護福祉士としての配偶者等）

　フィリピンとの協定（EPA）に基づき、介護福祉士として介護等の業務に従事する活動を指定されて在留する者と同居し、かつその扶養を受ける配偶者または子として行う日常的な活動。

☑ 25 号（病院等に入院して医療を受ける活動）

　日本に相当期間滞在して、病院または診療所に入院し、疾病または傷害について医療を受ける活動及び入院の前後にその疾病または傷害について医療を受ける活動及びその入院の前後に疾病または傷害について継続して医療を受ける活動。

☑ 26 号（病院等に入院して医療を受ける外国人の付添人）

　医療滞在の活動を指定されて在留する者の日常生活上の世話をする活動。（収入を伴う事業を運営する活動または報酬を受ける活動を除く）

☑ 27 号（ベトナムからの看護師候補）

　ベトナムとの交換公文書面で選ばれた者が看護師免許を受けることを目的として、ベトナム交換公文研修機関（病院等）により受け入れられて行う知識の修得をする活動またはベトナム交換公文書面において指定された日本国内の機

関（病院等）においてその者について指定された施設内において雇用契約に基づき看護師の監督の下で看護師として必要な知識及び技能に係る研修としてその機関の業務に従事する活動。

☑ 28号（ベトナムからの介護福祉士候補）

ベトナム交換公文書面で選ばれた者が介護福祉士資格を取得することを目的として、ベトナム交換公文研修機関により受け入れられて行う知識の修得をする活動または指定された日本の公私の機関（介護施設等）との間の雇用契約に基づき指定された施設内において、介護福祉士の監督の下で介護福祉士として必要な知識及び技能に係る研修としてその機関の業務に従事する活動。

☑ 29号（ベトナムからの介護福祉士候補）

ベトナム交換公文書面により選ばれた者が介護福祉士資格を取得することを目的としてベトナム交換公文研修機関により受け入れられて行う知識の修得をする活動またはベトナム交換公文書面においてその者について指定された介護福祉士養成施設において介護福祉士として必要な知識及び技能を習得する活動。

☑ 30号（ベトナムからの看護師の配偶者等）

ベトナム交換公文に基づき看護師としての業務に従事する活動を指定されて在留する者と同居し、かつその扶養を受ける配偶者又は子として行う日常的な行動。

☑ 31号（ベトナムからの介護福祉士の配偶者等）

ベトナム交換公文に基づき介護福祉士として介護等の業務に従事する活動を指定されて在留する者と同居しかつその扶養を受ける配偶者または子として行う日常的な活動。

☑ 32号（建設労働者）

日本の公私の機関（企業等）が策定し、国土交通大臣が認定した適正管理計画（外国人建設就労受入事業に関する告示にいう適正管理計画）に基づき、その機関（企業等）との雇用契約に基づいて建設業務に従事する活動。

☑ 33 号（高度専門職外国人の就労）

　高度専門職外国人の配偶者（当該高度専門職外国人と同居する者に限る）が、日本の公私の機関との契約に基づいて日本人が従事する場合に受ける報酬と同等額以上の報酬を受けて行う下記の①〜④のいずれかの活動。

①研究を行う業務に従事する活動

②日本国内の小学校、中学校、高等学校、中等教育学校、特別支援学校、専修学校又は各種学校もしくは設備及び編成に関してこれに準ずる教育機関において語学教育その他の教育をする活動

③自然科学もしくは人文科学の分野に属する技術もしくは知識を必要とする業務または外国の文化に基盤を有する思考もしくは感受性を必要とする業務に従事する活動。

④興行に係る活動以外の芸能活動で次に掲げる者のいずれかに該当するもの。

　　イ　商品または事業の宣伝に係る活動。

　　ロ　放送番組（有線放送番組を含む）または映画の製作に係る活動。

　　ハ　商業用写真の撮影にかかる活動。

　　ニ　商業用のレコード、ビデオテープその他の記録媒体に録音または録画を行う活動。

☑ 34 号（高度専門職外国人とその配偶者の親）

　高度専門職外国人（申請の時点において世帯年収が 800 万円以上の者に限る）と同居し、かつ当該高度専門職外国人もしくはその配偶者の 7 歳未満の子を養育し、またはその高度専門職外国人の妊娠中の配偶者もしくは妊娠中の高度専門職外国人に対し介助、家事その他の必要な支援をする高度専門職外国人の父もしくは母またはその高度専門職外国人の配偶者の父または母（その高度専門職外国人およびその配偶者のうちいずれかの父または母に限る）として行う日常的な活動。

☑ 35 号（造船就労者）

　日本の公私の機関が策定し国土交通大臣が認定した適正管理計画（外国人造船就労者受入事業に関する告示にいう適正管理計画）または企業単独型適正管理計画（外国人造船就労者受入事業に関する告示にいう企業単独型適正管理計画）に基づき機関（企業等）との雇用契約に基づいて造船業務に従事する活動。

☑ 36 号（高度な専門的知識を要する研究職）

　日本国内の公私の機関（下記①〜④の要件のいずれにも該当する事業活動を行う機関であって、法務大臣が指定する者に限る。）との契約に基づいてその機関の施設において高度の専門的知識を必要とする特定の分野に関する研究、研究の指導もしくは教育をする活動（教育については、大学もしくはこれに準ずる機関又は高等専門学校においてするものに限る）または、当該活動と併せて当該特定の分野に関する研究、研究の指導もしくは教育と関連する事業を自ら経営する活動。

①高度な専門的知識を必要とする特定の分野に関する研究（特定研究）を目的とするものであること。

②特定研究を行う日本の公私の機関（特定研究機関）が、その特定研究に必要な施設、設備その他の研究体制を整備して行うものであること。

③特定研究の成果が、その特定研究機関もしくはこれと連携する他の機関の行う特定研究もしくはこれに関連する産業に係る事業活動に現に利用され、または当該利用が相当程度見込まれるものであること。

④申請人の在留に係る十分な管理体制を整備して行うものであること。

☑ 37 号（高度な技術的知識を要する情報処理技術者）

　従事する業務について①〜③のいずれかに該当し、これに必要な技術または知識を習得していること。ただし、入管法の「技術・人文知識・国際業務」の在留資格に係る基準の特例（平成 25 年法務省告示第 437 号）に定める試験に合格しまたは資格を有している場合も含む。

①該当する技術もしくは知識に関連する科目を専攻して大学を卒業しまたはこれと同等以上の教育を受けたこと。

②該当する技術または知識に関連する科目を専攻して日本国内の専門課程を修了したこと。

③ 10 年以上の実務経験（大学、高校等の専門課程において該当する技術または知識に関連する科目を専攻した期間を含む）

　①〜③のいずれの場合も日本人が従事する場合に受ける報酬と同等額以上の報酬を受ける必要。

　上記の要件のいずれにも該当する者が日本の公私の機関（a 〜 c の要件のい

ずれにも該当する事業活動を行う機関であって法務大臣が指定する者に限る）
との契約に基づいてその機関の事業所（労働者派遣法第2条2号に規定する派
遣労働者として他の機関に派遣される場合にあってはその他の機関の事業所）
において自然科学または人文科学の分野に属する技術または知識を要する情報
処理（情報処理の促進に関する法律第2第1項に規定する情報処理）に係る業
務に従事する活動。

  a 情報処理に関する産業に属するもの（情報処理に係る業務について行う労
   働者派遣法第2条第3号に規定する労働者派遣事業に係るものを含む「情
   報処理事業活動等」）であること。

  b 情報処理事業活動等を行う日本の公私の機関（情報処理事業等機関）が情
   報処理に関する外国人の技術または知識を活用するために必要な施設、設
   備その他の事業体制を整備して行うもの（当該情報処理事業等機関が労働
   者派遣法第23条第1項に規定する派遣元事業主である場合にあっては、
   労働者派遣法第30条の2第1項に規定する派遣先が当該事業体制を整備
   するように必要な措置を講じて行うもの）であること。

  c 申請人の在留に係る十分な管理体制を整備して行うものであること。

☑ 38号（情報処理の高度人材の配偶者等）

第36号または第37号の特定活動を指定されて在留する者の扶養を受ける配
偶者または子として行う日常的な活動。

☑ 39号（高度な技術的知識を要する高度人材の親）

第36号または第37号の特定活動を指定されて在留する者と同居しかつその
者の扶養を受けるその者の父もしくは母または配偶者の父もしくは母（外国に
おいて在留する外国人の者と同居しかつ、その者の扶養を受けていたものであっ
て、その在留する者と共に日本に転居をするものに限る）として行う日常的な
活動。

☑ 40号（富裕層の観光客）

①～③に該当する18歳以上の者が日本において1年を超えない期間滞在し
て行う観光、保養その他これらに類似する活動。

  ①日本が法令、国際約束または日本国政府が外国政府に対して行った通告に
  より、旅行形態を限定することなく、その国または地域の国籍者であって、

その国または地域が発行する一般旅券を所持し観光その他の目的で日本に短期間滞在しようとするものについて、日本国領事館等の査証を必要としないこととしている国または地域（その国または地域の一般旅券を所持する者のすべてについての査証の取得を推奨する措置をとっている場合を除く）のうち下記のリストにある国籍者等であること。

アイスランド共和国	コスタリカ共和国	ブルネイ・ダルサラーム国
アイルランド	サンマリノ共和国	ベルギー大国
アメリカ合衆国	シンガポール共和国	ポーランド共和国
アラブ首長国連邦	スイス連邦	ポルトガル共和国
アルゼンチン共和国	スウェーデン王国	ホンジュラス共和国
アンドラ公国	スペイン	マケドニア旧ユーゴスラヴィア共和国
イスラエル国	スリナム共和国	
イタリア共和国	スロバキア共和国	マルタ共和国
インドネシア共和国	スロベニア共和国	マレーシア
ウルグアイ東方共和国	セルビア共和国	メキシコ合衆国
エストニア共和国	タイ王国	モーリシャス共和国
エルサルバドル共和国	大韓民国	モナコ公国
オーストリア共和国	チェコ共和国	ラトビア共和国
オーストラリア連邦	ニュージーランド	リトアニア共和国
オランダ王国	ノルウェー王国	リヒテンシュタイン公国
カナダ	バハマ国	ルーマニア
キプロス共和国	バルバドス	ルクセンブルク大公国
ギリシャ共和国	ハンガリー	レソト王国
グアテマラ共和国	フィンランド共和国	台湾
グレートブリテンおよび北アイルランド連合王国	フランス共和国	香港
	ブルガリア共和国	マカオ
クロアチア共和国		

②申請の時点において、申請人及びその配偶者の預貯金の額が日本円に換算して 3,000 万円以上（その配偶者が活動を指定されて在留または在留しようとしている場合にあっては 6,000 万円以上であること）。

③日本における滞在中に死亡・負傷または疾病に罹患した場合をカバーする民間保険に加入していること。

☑ 41 号（富裕層の観光客の配偶者）

第 40 号に掲げる特定活動を指定されて在留する配偶者でリストに入っている国籍者で民間医療保険に入っている者が日本において 1 年を超えない期間滞在して行う観光、保養その他これらに類似する活動。

☑ 42 号（製造業務従事者）

日本国内の公私の機関（企業等）が策定し経済産業大臣が認定した製造特定活動計画（製造業外国従業員受入事業に関する告示にいう製造特定活動計画をいう）に基づき、その機関（企業等）の外国にある事業所の職員がその機関が自分の国に設ける生産施設において中心的な役割を果たすための技術及び知識を身に付けるためその機関の日本における生産拠点において製造業務に従事する活動。

☑ 43 号（日系四世の者）

以下の要件のいずれにも該当する者が、日本国内において通算して 5 年を超えない期間、特定の個人または団体から規定する活動の円滑な遂行に必要な支援を無償で受けることができる環境の下で行う日本文化及び日本国における一般的な生活様式の理解を目的とする活動（日本語を習得する活動を含む）並びにこれらの活動を行うために必要な資金を補うため必要な範囲内の報酬を受ける活動（風俗営業活動を除く）。

①日本人の子として出生した者の実子の実子（日本人の子として出生した者でかつて日本国民として日本に本籍を有したことがある者の実子の実子を除く）。

②申請時の年齢が 18 歳以上 30 歳以下であること。

③帰国のための旅行切符または切符を購入するための十分な資金を所持していること。

④申請の時点において、日本における滞在中、独立の生計を営むことができること。

⑤健康であること。

⑥素行が善良であること。

⑦日本における滞在中に死亡し負傷し、または疾病に罹患した場合における保険に加入していること。

⑧基本的な日本語を理解することができる能力を有していることが試験により証明されていること、ただし申請人が第43号特定活動を指定され、通算して2年を超えて日本に在留しようとする場合は、日常的な場面で使われる日本語をある程度理解することができる能力を有していることが試験により証明されていること。

⑨認定証明書交付申請をした日が特定活動43号に掲げる活動を指定されて交付された在留資格認定証明書の総数（申請のあった日の属する年の1月1日から12月31日までの総数）が地域社会への影響等の観点から総務大臣が関係行政機関の長と協議して担当と認める数を超えたと認められる日の翌日までであること。

☑ 44号（外国人起業活動管理支援計画を受けた者）

経済産業大臣が認定した外国人起業活動管理支援計画（外国人起業活動促進事業に関する告示にいう起業準備活動計画を言う）の確認を受けた者が1年を超えない期間で日本国内においてその起業準備活動計画に係る貿易その他の事業の経営を開始するために必要な事業所の確保その他の準備行為を行う活動及び当該活動に付随して行う報酬を受ける活動または日本においてその起業準備活動計画に係る貿易その他の事業の経営を開始した後、引き続き当該事業の経営を行う活動（風俗営業活動を除く）。

☑ 45 号（外国人起業活動管理支援計画を受けた者の配偶者等）

　第 44 号の特定活動を指定されて在留する者の扶養を受ける配偶者または子として行う日常的な活動。

☑ 46 号（大学・大学院卒業生のための就労資格）

　次の①〜④に掲げる要件のいずれにも該当する者が、法務大臣が指定する日本の公私の機関（企業等）との契約に基づいて社員（職員）として行うその組織の業務に従事する活動（日本語を用いた円滑な意思疎通を要する業務に従事する者を含み、風俗営業活動及び法律上資格を有する者が行うこととされている業務に従事する者を除く）。

①日本の大学（短期大学を除く）を卒業しまたは大学院の課程を修了して学位を授与されたこと。

②日本人が従事する場合に受ける報酬と同等額以上の報酬を受けること。

③日常的な場面で使われる日本語に加え論理的にやや複雑な日本語を含む幅広い場面で使われる日本語を理解することができる能力を有していることを試験（日本語能力検定や BJT ビジネス日本語能力テスト等）その他の方法により証明されていること。

④日本の大学または大学院において修得した広い知識及び応用的能力等を活用するものと認められること。

☑ 47 号（大学・大学院卒業生のための就労資格を持つ者の配偶者等）

　特定活動 46 号の活動を指定されて在留する者の扶養を受ける配偶者又は子として行う日常的な活動。

☑ 48 号（東京オリンピック関係者）

　東京オリンピック競技大会及び東京パラリンピック競技大会の関係者であって、公益財団法人東京オリンピック・パラリンピック競技大会組織委員会が適当と認めるものがこれらの大会に係る事業に従事する活動。

☑ 49 号（東京オリンピック関係者の配偶者等）

特定活動 48 号に掲げる活動を指定されて在留する者の扶養を受ける配偶者又は子として行う日常的な活動。

その他のケース

特定活動は、法務省告示以外のケースで認められるケースがあります。

扶養義務のある連れ子

例えば、イギリスから就労のために日本の公的機関で働くビジネスマンが、再婚相手の妻とその連れ子と来日する場合、妻には「家族滞在」でその連れ子には「特定活動」が与えられるケースがあります。この場合、イギリスの家庭裁判所から出された証明書で、その男性ビジネスマンが妻の連れ子の扶養義務者であると証明されていることが必要です。

同性愛者のパートナー

現在世界で 27 カ国の国と地域で同性婚が認められています。

①オランダ	②ベルギー	③スペイン
④カナダ	⑤南アフリカ	⑥ノルウェー
⑦スウェーデン	⑧ポルトガル	⑨アイルランド
⑩アルゼンチン	⑪デンマーク	⑫ブラジル
⑬フランス	⑭ウルグアイ	⑮ニュージーランド
⑯イギリス	⑰ルクセンブルク	⑱アメリカ
⑲アイルランド	⑳コロンビア	㉑フィンランド
㉒マルタ	㉓ドイツ	㉔オーストラリア
㉕オーストリア	㉖台　湾	㉗エクアドル

これらの国ですでに結婚が正式に成立している同性愛者（パートナーが日本人である場合を除く）は、出入国在留管理庁の裁量で「特定活動」が与えられるケースがあります。

在留特別許可としてのケース

日本に不法滞在していた外国人の子供が日本に在留しており、日本の言葉でしかコミュニケーションできないようなケースで「日本で教育を受けることを目的」に「特定活動」が認められるケースがあります。

「特定技能1号」の在留資格への変更が認められた場合の配偶者

留学生でも結婚していて日本で生活をしているケースがあります。この場合の配偶者は、「家族滞在」の在留資格です。もし、留学生が「特定技能1号」の在留資格変更が認められると配偶者は「家族滞在」から「特定活動」への在留資格変更が認められます。

子の扶養を受ける活動としての「特定活動」

人道的配慮から、一定ケースにおいては、高齢の外国人の親を日本に呼び寄せて一緒に生活することを認めることがあります。明確な許可基準は公表されていませんが、下記の内容をクリアしているケースは認められることがあります。

①70歳以上であり、体が弱い。
②本国に面倒を看る者（兄弟等）がいない。
③働くことを予定していない。
④親と同居するスペースが子の住む家にある。
⑤子が親の生活を全面的に支える経済力を有する。なお、この扶養を受ける活動としての「特定活動」は、「在留資格認定証明書」の交付対象外、「短期滞在」からの変更許可申請で行うことになります。

就職内定者とその家族

大学卒業や大学院を修了し、入社の内定を得た場合（10月内定で入社が翌年4月などのケース）では、「特定活動」が付与されます。

出国準備のための活動

①在留資格変更許可申請が不許可となってしまった場合で変更前の在留資格の在留期限が超過しているケースでは出国準備のための活動を行うための「特定活動」への変更で処理されます。

②在留資格更新申請をしたものの、業務内容に在留資格の該当性がない場合
　においては、在留期限が超過する対応策として出国準備の活動を行うため
　「特定活動」への変更で処理されます。

　「特定活動」は、出入国在留管理局の裁量権の中で新たにある一定の条件で日
本に在留することを認めるもので、今後も新しいパターンの活動が認められる
可能性があります。
　「特定活動」の在留カードを持っている外国人の場合、パスポートに具体的に
行ってもいい活動を示す用紙がホチキスで止められて内容が明記されています
ので確認するようにしましょう。

One POINT ADVICE：人事担当者のチェックポイント

- 何を目的とした特定活動なのか
- 就労が可能な特定活動か
- 就労する本人以外に家族も招へいできる特定活動か
- 他の就労資格に変更できる特定活動か
- 該当する特定活動を取得するためには、どのような書類を集める必要があ
　るのか
- 対象となる特定活動で招へいできる企業の条件は何か
- 対象となる特定活動で家族を招へいできるか

帰　化

その他の在留資格・帰化

現在イギリスより来日して5年間「技術・人文知識・国際業務」の在留資格を持っています。日本にずっと住み続けたいので帰化や永住権の申請はできますか？

　日本における帰化と永住権の要件については現在持っている在留資格の種類によって変わってきます。

　「技術・人文知識・国際業務」の在留資格で日本国内で5年以上働いた実績がある場合、帰化申請をすることはできます。

　永住権申請は、「高度専門職」に該当するポイント数（70ポイントは3年以上、80ポイント以上なら1年以上）に達している場合ならば「技術・人文知識・国際業務」の在留資格のままでも申請可能ですが、そうでない場合は10年経過してからでないと永住権申請の許可を得ることは難しいです。

　なお、帰化申請において必要とされる資料は以下のとおりです。

帰化申請で提出する書類一覧表

書類の順序	書類の種類		必要書類	確認	備考
1	親族の概要				
2	履歴書	その1			
		その2			
3	帰化許可申請書（写真貼付）				
4	帰化の動機書（自筆）				
5	国籍証明・身分関係証明書 *1				
		国籍証明書			
		パスポートの写し（本人・配偶者）*2			
		出生証明書			
		結婚・婚姻証明書（本人・父母）			
		家族関係・親族関係証明書 *3			

		死亡証明書			
		出生届（日本での戸籍届書記載事項証明書）			
		死亡届（日本での戸籍届書記載事項証明書）			
		婚姻届書（日本での戸籍届書記載事項証明書）			
		離婚届書（日本での戸籍届書記載事項証明書）			
		その他（養子縁組・認知届・親権を証する書類・裁判所）			
6	日本の戸籍謄本・除籍謄本 　・本人（日本国籍を喪失した者） 　・父母、子、兄弟姉妹、配偶者（内縁・前配偶者） 　・婚約者（元日本人を含む） 　・帰化した者（帰化事項の記載があるもの）				
7	出入国記録				法務省
8	住所証明書（申請者・同居者・配偶者（元配偶者を含む））	住民票の写し *4			
		閉鎖外国人登録原票の写し			
9	在留カードの写し				
10	生計の概要	その1			
		その2			
11	事業の概要				
12	在勤・給与証明書（会社・勤務先で証明したもの）				
13	在学証明書				
14	営業許可証・免許書類（写し）				
15	会社登記事項全部証明書（登記簿謄本）				
16	課税証明書・納税証明書				
	源泉徴収票（1年分）				勤務先
	確定申告書（控え・決算書報告書含む）（1年分）				

		所得税の納税証明書（3年分）	その1（納税額の記載のあるもの）			税務署
			その2（申告所得額の記載のあるもの）			
		事業税の納税証明書（3年分）				県税事務所
		消費税の納税証明書（3年分）				税務署
		市・県民税の納税証明書（1年分）				市役所
		市・県民税の課税証明書（1年分）				市役所
		納付書の写し				
	法人	確定申告書（控え・写し）（1年分）				
		決算報告書（1年分）				
		法人税の納税証明書（3年分）	その1（納税額の記載のあるもの）			税務署
			その2（申告所得額の記載のあるもの）			
		法人事業税の納税証明書（3年分）				県税事務所
		消費税の納税証明書（3年分）				税務署
		法人市・県民税の納税証明書（1年分）				市役所
		源泉徴収簿の写し（申請者に関する部分）（1年分）				
		納付書の写し				
17	年金記録（ねんきん定期便・年金保険料等の領収書等）の写し（1年分）					
18	運転記録証明書（過去5年分）					
19	自動車運転免許証の写し（裏面も）					
20	最終学校の卒業証明書・中退証明書・在籍証明書及び成績証明書					

21	土地・家屋登記事項証明書、賃貸借契約書の写し			
22	預貯金通帳の写し又は残高証明書			
23	家族と撮影したスナップ写真			
24	居宅付近の略図			
25	勤務先付近の略図			
26	その他			

留意事項
書類は各2部必要です。ただし、うち1通はコピー（A4）でも問題ありません。ただし、申請書に添付する写真はコピーでは対応できません。また、上記書類は必要最小限のものであり、ほかにも関係書類の提出が必要となる場合があります。

*1 外国語で記載された証明書には別にA4判の日本語の翻訳文が必要です。

　翻訳はどなたがなさっても結構ですが、翻訳者の住所・氏名及び翻訳年月日は必ず記載してください。また、要約ではなく、書類全部の翻訳が必要となります。

*2 A4の用紙の中央にコピーを取る（表紙も）ようにしてください。

　現に所持している全ての旅券（失効したものを含む）について必要です。

*3 証明書が発行されない場合は、父又は母からの申述書が必要になります。

*4 次の住民票の写し等が必要です。

　(1)申請者は氏名（通称名含む）、生年月日、性別、国籍、在留資格、在留期間、在留期間の満了日、在留カード番号（特別永住者証明番号を含む）及び法定の居住期間の居住歴が記載された住民票の写しが必要です。

　(2)申請者の同居者（(3)に該当する人を除く）は、住民票の写しが必要です。なお、申請人の同居者が外国人であるときは、氏名（通称名含む）、生年月日、性別、国籍、在留資格、在留期間、在留期間の満了日及び在留カード番号（特別永住者証明番号を含む。）が記載された住民票の写しが必要です。

　(3)申請者の配偶者（元配偶者を含む）は、婚姻期間中の居住歴が記載された住民票の写し（又は越せ金お附票の写し）が必要です。なお、申請人の同居者が外国人であるときは、氏名（通称名含む）、生年月日、性別、国籍、在留資格、在留期間、在留期間の満了日及び在留カード番号（特別永住者証明番号を含む）が記載された住民票の写しが必要です。

☑プラスアルファの書類

　リストに書かれてあるのはあくまで基本的な書類です。状況に応じて担当官の裁量で提出しなければならない書類が増えます。

Chapter1
Q15

Q&A for hiring
foreign workers

外国人社員が帰化したいと言っているのですが、「技術・人文知識・国際業務」の在留資格でも簡単に帰化できるものなのですか？

　もしその外国人が5年以上「技術・人文知識・国際業務」の在留資格をもって日本に在留しているのであれば、帰化の条件を満たす可能性があります。

　帰化の一般的な条件には次のようなものがあります。

①住所条件

　帰化の申請をする時まで、引き続き5年以上日本に住んでいることが必要です。住所については適法なものでなければならず、正当な在留資格を有していなければなりません。

②能力条件

　年齢が20歳以上であって、自分の国籍を有する国においても成人の年齢に達していることが必要です。

③素行条件

　申請する外国人の素行が善良であることが求められます。素行が善良であるかどうかは犯罪歴の有無や態様に加え、納税状況、社会保険の納付状況など総合的に判断されます。通常の日本人と比較して社会通念によって判断されます。

④生計条件

　生活に困るようなことがなく、日本で暮らしていけることが必要です。この条件は生計を一つにする親族単位で判断されるので、申請者自身に収入がなくても、配偶者やその他の親族の資産または技能によって安定した生活を送ることができればこの条件を満たすことになります。ただし、家計の収入がアルバイト収入のみという場合は、この条件を満たしていないとみなされます。

⑤重国籍防止条件

　帰化しようとする外国人は、原則として帰化によってそれまでの国籍を喪失することが必要です。

⑥憲法遵守条件

日本の政府を暴力で破壊することを企てたり、主張するような者、あるいはそのような団体を結成したり加入しているような者は帰化が許可されません。

☑ 日本語能力について

外国人で日本の帰化申請の大きな壁になるのが日本語能力です。基本的に小学校2年生の国語の教科書を完全に理解し、その中で使用する漢字の読み書きと作文能力まで求められます。

コミュニケーションについては、法務局の担当官とスムーズに日本語で会話をする能力が求められます。日本語で会話し、書類の内容等についての説明が理解できなかったり、質問に対する回答が不明確であったりすると、日本語の能力が不十分だと評価されます。

ほとんどのケースでは、申請後4～5カ月後に日本語の試験が実施され、この試験で満足な結果が得られない場合、帰化申請は不許可となってしまいます。

外国人の場合、日本語が話せても書くのが苦手という方も多いようです。特に帰化申請の場合、日本語で帰化したい（日本人になりたい）理由を自筆で書かなければなりません。当然書いた内容についても正確に理解していないと、後日設定される面談において作文の中身について担当官から質問されても答えられませんので注意が必要です。作文については書く能力だけでなく書いた内容を理解し質問に回答できる能力も求められるのです。

小学校2年生向けの漢字のドリルが完全に理解できるレベルでないと日本語試験に合格することは難しいです。マークシート方式ではなく実際に鉛筆で文字を書くという試験なので、日本語能力の基準は必ずクリアした上で申請すべきです。

☑ 80%ルール　—365日のうち292日以上の日本在留

帰化の場合、過去5年間（日本人と結婚のケースは3年間）、日本国内で生活した実績がないと許可がおりません。会社の命令で海外出張した場合、多少この割合が緩和されることもありますが、あくまで限定的です。

7章

外国人の労務管理

1. 採用について
2. 処遇について
3. 労働時間、時間外労働、休日・休暇等について
4. 社会保険の加入義務について
5. その他の労務管理について

採用について

Chapter1
Q1

Q&A for hiring
foreign workers

外国人の労務管理

外国人の労務管理と採用時の説明ポイントは何ですか？

　社会保険は、病気、失業、死亡などの事故が発生したとき、被保険者や被扶養者に対して医療保障や所得保障にかかる保険給付を行うものです。保険給付を行うために必要となる費用については、会社と被保険者から保険料として徴収することになります。これは、外国人の場合であっても変わることはありません。

　外国人を1人でも雇用した場合は、原則として社会保険と労働保険に強制加入することになります。会社が、実際に加入手続きを行うのは、労働保険では、雇用保険と労働者災害補償保険です。社会保険では、健康保険と厚生年金保険です。それぞれの社会保障の意味を外国人社員にわかってもらう必要があります。特に年金については、保険料を支払うことを嫌う外国人が多いので、法律で決まっていることを説明するようにします。脱退一時金の制度や社会保障協定について案内しておくことがポイントです。（第7章 Q18 ～ Q22 参照）

　以降は外国人を使用する際に大切な労務管理のポイントを挙げます。

☑ ポイント１：均等な待遇の必要性

　外国人社員を雇用したときに、労務管理の基本原則は、日本人社員と均等な扱いをするということです。労働基準法第3条に規定があるように、使用する企業は、外国人労働者の国籍、信条または社会的身分を理由として、賃金、労働時間その他の労働条件について差別することは禁止されています。もし、企業がこの内容に触れる違反をした場合には、6カ月以下の懲役または30万円以下の罰金という刑罰を受けることになります。

　特に、就業規則を外国人向けにわかりやすい方法で説明をすることが重要です。例えば、日本語を読むことができない外国人には、パソコンの自動翻訳機

能等を使い、概要を理解してもらうことが重要です。これにより、外国人社員も日本の企業のルールをわかるようになります。特に新しい在留資格の「特定技能」については説明すべき内容が非常に多くなっています。

☑ポイント２：外国人労働者名簿の作成

外国人労働者を雇用した場合、本人のパスポートの記載事項や在留カードの記載事項をもとに労働者名簿を作成することが重要です。労働基準法では、事業所ごとに労働者名簿の作成義務がありますが、外国人社員を雇用する場合は、より多くの情報を管理しておく必要があります。出入国在留管理局向けの在留資格更新許可申請にも必要となるので、外国人社員のデータは、的確に管理することが求められます。特に、人事異動等で担当者が代わり、外国人の労務管理、在留資格管理に混乱が起きないようにするのがポイントです。

　①国籍

　②出身地および家族の連絡先

　③パスポートの番号、有効期限

　④在留カードの番号、有効期限、在留資格

　⑤日本国内の住所、電話番号

　⑥外国人社員の母国語、日本語の能力

　⑦宗教および食べられないもの等のリスト

　⑧家族の状況と構成、在留資格、もしくは本国における所在地

　⑨外国人社員の持つ資格、技能

　⑩外国人社員の顔写真

　⑪外国人社員の健康状態を証明する資料

　⑫外国人社員の年金にかかる関連資料

☑ポイント３：外国人とは文書で雇用契約を結ぶ

外国人と文書で雇用契約を結ばなくてはいけないことは、雇用対策法に明記されているので必ず守る必要があります。

外国人と雇用契約を結ぶにあたっては以下の５点を明示する必要があります。有期契約の場合は、高度人材を除き、３年以内の契約となります。

雇用契約は文書で保存する必要があります。在留期間更新申請の際にはそのコピーを出入国在留管理局に提出しますが、出入国在留管理局は、労働基準法

第15条1項および同法施行規則第5条に基づき労働者に交付される労働条件を明示する文書を求めてきます。この契約書の内容に不備にある場合、労働基準法の定めに達していないと判断されると在留資格の取得は厳しくなります。

①労働契約の期間

②就業の場所、従事すべき業務

③始業、終業の時刻、所定労働時間を超える労働の有無、休憩時間、休日、休暇

④賃金、賃金の計算及び支払い方法、賃金の締切日、支払いの時期、昇給に関する事項

⑤退職に関する事項

☑ ポイント4：賃金に関する説明

外国人社員を雇用した後に、説明不足のためにトラブルとなるのは、社会保険料や労働保険料の控除についてです。契約上、日本人と同じに扱う必要があるわけですから、当然、これらの保険料も控除されるのが筋なのですが、外国人の口からは、契約の金額よりも手取りが低い、このような保険は契約した覚えがないので、払いたくないというクレームをよく聞きます。企業の労務担当者は、これらの保険料が、法律で決められ、会社側に加え、従業員側にも負担が生じるものであるという知識を入社時の研修等で、教えていくことが重要です。特に「特定技能」の在留資格で来日した外国人については、日本語能力が低いので、わかる言語で説明する必要があります。

もし、企業内で賃金控除に関する労使協定書が結ばれている場合、その内容を、外国人社員が理解できるように説明しなければなりません。

特に重要なのは、日本人社員と同様に「通貨払い」、「直接払い」、「全額払い」、「毎月1回以上払い」、「一定期日払い」の5原則を守ることです。

☑ ポイント5：外国人社員の非常時払いの対応

外国人社員の場合には、単身赴任の形で日本で働いているケースもあります。そのため、外国人社員の収入により生計を維持している家族の出産、疾病、災害、結婚、死亡などの事由で、帰郷の費用が必要になったため請求があった場合には、賃金の支払い期日の前でも、すでに働いた分の賃金について支払う義務があります。労働基準法25条の規定はそのまま外国人の賃金の非常時払いにも該当します。

☑ ポイント６：休日に関する説明

　６カ月継続して勤務した場合、外国人社員が全労働日の８割以上の割合で勤務した実態がある場合、その後１年間に10労働日の有給休暇を与えなければならないのは、日本人社員と同様です。契約の更新により、継続して６カ月を超えた場合にも、この条件は該当しますので注意が必要です。

　外国人を委任契約や業務請負のような契約形態で雇っている場合でも、実際には、使用者との間に指揮命令関係が認められ、仕事が外国人の裁量で決められない場合は、法的には労働契約と評価されます。

　クリスマス休暇や旧正月など、文化の違いから日本人社員と違う時期に休みを希望する場合もありますので、会社としてどこまで柔軟にそのリクエストに応えられるのかを説明しておくことも重要です。

　2019年４月より義務化された有給休暇５日間の取得義務化ですが、外国人の場合は母国の行事などを優先し与えた方が喜ばれます。

☑ ポイント７：法定労働時間に関する説明

　外国人を雇用する際に、労働契約の中で、法定労働時間の１日あたり、８時間、１週間あたり40時間というラインを厳守しなくてはなりません。ところが、日本の企業には、サービス残業的な要素の労働時間が多く存在するために外国人とトラブルが起きることがあります。フレックスタイムを採用している場合なども、コアタイムを含め、制度を説明しておかないと不信感を招くことになります。

　外国人社員の場合は、権利と義務に敏感なケースが非常に多いので、給与と直結する労働時間の管理に関しては、労務管理上トラブルを避けるような配慮が必要です。わかりやすい言葉、あるいは母国語での説明対応が求められます。

☑ ポイント８：税金にかかる説明

　通常、企業で採用する外国人は、１年以上の雇用が予定されるケースが多いので、所得税法上居住者となります。在留カードを所持して、企業で勤務をしているのであれば、居住者と判定されます。外国人社員で居住者に該当する場合は、日本人社員と同じにすべく給与から源泉徴収することが必要になります。

　一方、日本に年間183日未満しか滞在しないで、大半が本国にいるような場合は、非居住者として扱われます。この非居住者として扱われる外国人労働者

の場合は、日本において勤務したことによる給与が、国内源泉所得に該当し、企業側は支払いのときに20％強の税率により源泉徴収することになります。

　また、日本国内に住所があり、1年以上の在留が予定されているものは、前年の所得に対して、その翌年、道府県税、市町村民税（または都民税および特別区民税）が課税されることになります。

　外国人は、入社前に契約した額から20％強も受取り額が減ってしまうことに困惑します。日本の場合、税金（所得税と住民税）、社会保険料（雇用保険、健康保険、厚生年金保険）の合計で引かれてしまうので、かなりの負担になります。この点、外国人であっても負担義務が生じてしまい、免れることができないことを伝える必要があるでしょう。

　出入国在留管理局の審査においては、特に住民税の納税証明が、前年1年間の所得証明となる重要な証明書類の位置づけですから、必ず支払う必要があるものであることを外国人社員に理解してもらうことが重要です。

☑ポイント9：在留カードの更新

　外国人が、企業で働いている中で、労務管理上忘れてはいけないのは、在留カードの更新です。在留カードには、有効期限があり、その満了日の3カ月前から更新を行うことが可能です。

　企業等の人事担当者は、必ず、雇用した外国人の在留カードの期限を把握し、適切な時期に在留カードの切り替えを行う手助けをしなくてはなりません。更新にあたっては、カテゴリーにより提出資料は異なりますが、会社側の証明資料も提出を求められますので、雇用契約書や財務諸表の写し等、更新に必要な資料を用意するとともに、外国人の納税証明書の取得等も手伝っていくことが重要です。提出書類の中で重要なのは、カテゴリーを証明するために使用される前年分の給与所得の源泉徴収票等の法定調書合計表の写しです。原則として、この写しがないと更新申請手続きはできません。

　特に、複数の外国人を雇っている企業の場合は、更新のタイミングを確実に把握していないと、在留期限を忘れてオーバーステイの状態になってしまう危険性があるので注意が必要です。

☑ ポイント１０：外国人にも労災保険が適用される

　労災保険は、その性格上、会社に雇用されるすべての労働者を対象としています。当然、外国人労働者も労災の対象となります。労災保険の保険料は、会社の全額負担であり、社員には負担がありません。この点も外国人を雇用する際には説明を要するポイントです。外国人の場合は、言葉の問題もあり、労災に係る事故を起こしやすいので、労働者を保護するためにこのような制度があるということを教えるようにしてあげてください。特に新しい在留資格「特定技能」は労災リスクの高い業種が多いので、労働災害予防のマニュアルを母国語等で準備することが重要なポイントです。

One POINT ADVICE：外国人でも保険料を負担しなければならない公的保険があることを教える

☑ 外国人労働者でも保険料の本人負担が発生する公的保険が４つあります

　労災保険の場合は、本人負担はありませんが、会社負担だけではなく、本人も保険料を負担しなければならない保険が４つあることを外国人社員に教えることが必要です。

　正直、日本の公的保険の保険料の本人負担に対して拒絶反応を示す外国人も多いのが実情です。しかし、日本の企業で働くからには、労働保険の「雇用保険」、社会保険の「健康保険」、「介護保険」、「厚生年金保険」の合計４つの保険について、外国人労働者であっても本人に保険料の負担が発生します。ただし、介護保険料は、40歳以上の外国人社員の場合だけです。

　日本人の入社時と同様に、雇用保険の被保険者資格取得の届出、健康保険、厚生年金の取得の手続き、健康保険被保険者証の交付の手続きをしなければなりません。ただし、外国人の在留資格が『企業内転勤』の場合は、雇用保険については適用されません。

　一般に、業績悪化など企業の都合で外国人社員を解雇した場合などは、外国人であっても、失業等給付をもらうことができます。日本で、働き続けたいという意思と能力があれば、在留資格の期限内、就職活動を続けることができます。また、失業等給付を受給している期間が続いているのであれば、在留期限が来たときに、『短期滞在』もしくは『特定活動』への在留資格変更が認められ、求職活動を日本で続けることを許される場合があります。

外国人の労務管理

外国人と採用面接する際の注意点は何ですか？

☑ 立場は対等な気持ちで行います

面接は、実際に会って話をするので、業務適正や能力、人となりなど総合評価を行う機会です。仮に苦情対応能力や耐性を判断したくても、圧迫的な態度では未来の姿を見失ったり、人権侵害やパワーハラスメントと取られる可能性もあるため、注意が必要です。人権や差別に対する見識と配慮、観察力や客観的な判断力をもとに採用するようにしましょう。

☑ 身元調査は避けるようにします

身元調査は、応募者の居住地、家庭環境、思想・信条などの項目を調査することであり、公正な選考とはいえません。応募書類の記載事項以外について知りたいことがある場合は、面接時に外国人本人に直接聞きましょう。

☑ 質問の内容は慎重に選びます

外国人に次のような項目を質問すると、人権侵害につながるおそれがあるため避けましょう。

1. 人種、民族、社会的身分、門地、本籍、出生地
2. 人生観、社会観、生活信条、支持政党や宗教等、思想・信条
3. 労働運動や学生運動、消費者運動などの社会運動歴
4. 家族の職業や収入、住宅事情、資産などの家族環境や家庭構成

☑ 話しやすい雰囲気をつくります

まずは、面接に出向いてくれた外国人応募者へのお礼、担当者自身の自己紹介からスタートします。応募者は緊張状態にありますので、「今朝の行動」や「交通経路」など、外国人が話しやすい環境で面接を進めます。

欧米系の企業では、オファーレター（第7章Q4参照）を採用予定の社員に対して提示することが一般的です。日本語の労働条件通知書に該当するものです。実際、出入国在留管理局への申請資料の一つとして使われる書類となりますので、その作成パターンを覚えておく必要があります。

Chapter1
Q3

Q&A for hiring
foreign workers

外国人の労務管理

初めて外国人を採用する予定の企業です。外国人の場合日本人社員との違いでどのような点に注意すべきでしょうか？

　初めて外国人の採用をする場合、外国人の出身国の文化的背景を知ることが重要です。

　文化の意味は、人間の生活様式の全体のことをいい、文化人類学的にはモノの考え方、処理の仕方をいいます。外国人の場合、日本の教育を受けている場合を除き、日本的な考え方や習慣を理解するのに苦労します。

　日本の会社ごとに固有の文化があるとされ、組織の成員になるということは、その企業の文化を身につけることです。ただし、つまらないことでトラブルになることがあります。以下がその事例です。

　日本人社員と外国人社員の文化の違いに注意しましょう。

事例／ 風邪とマスクの一例

　日本では風邪予防や花粉症対策で日常的にマスクをつけている人が多いです。新型コロナウイルスの感染拡大により海外でもマスクをつけることが当たり前となっていますが、それまでは、海外ではマスクは医療従事者が身につける物というイメージが強く、新型コロナウイルス感染症が拡がるまで、外でマスクをつけることは滅多にありませんでした。

　日本では風邪を引いた場合でもマスクをしてでも仕事に行くことが多いのが実情です。海外では風邪を引いた場合は治るまで自宅療養するのが一般的です。これは無理して職場に行き、菌をまきちらすのはよくないという考え方です。

　もし職場の上司が、日本では多少の風邪程度で会社を休んだりしない、外国人だから甘えるなと、日本の企業の文化を強要したらどうなるでしょうか？

　A　人権無視だと思う

　B　非人間的だと思う

　C　日本の会社は異常だと思う

D　自分に対するハラスメントだと思う

E　日本の会社だから仕方ないと指示に従う

　Eのリアクションをしてくれると希望するのが日本の一般的管理職でしょうが、外国人はAからDのリアクションをして最悪の場合転職を考えるかもしれません。

事例　文化の違いと就労環境

　外国人が日本企業の文化・風習にあわせて働くというのは非常に難しい面があります。実際外国人は疎外感を覚えて働いているケースが多いです。

　そのため、メンタルヘルスの問題が生じることもあります。

　日本では、YES、NOをはっきりと言わず、オブラートに包むようなものの言い方をする文化があります。海外ではビジネス社会において、YES、NOをはっきりと発言するのが当たり前とされています。このあいまいな対応がミスコミュニケーションを生み、YESだと思ってプロジェクトを進めたら実は社内の財務上問題があるからNOで止まれの意味だったりする。

　このようなことを経験した外国人社員は「日本企業の常識は世界の非常識」と思い、日本企業を辞めていくというケースがあります。

☑結　論

　外国人を雇用するということは、異文化を受け入れることになるので従来のままではコミュニケーションギャップが起きてしまいます。外国人が理解するようにYESかNOかの結論を初めに言い、その後その理由を説明するようにします。外国人社員を対象としたあるアンケート調査では、日本独自の空気を読んで仕事をする文化が最も理解しにくく嫌われています。これから外国人を雇用する企業の場合事前に研修会を開催し、コミュニケーションを円滑化するための環境づくりが重要です。

　1. 企業の担当者向け研修

　2. 管理職研修

　3. 外国人社員向けの日本の企業文化を理解するための研修

　もちろん国別によって文化の背景が違うので、研修の内容はケースバイケースで異なってきます。

Chapter
Q4

Q&A for hiring
foreign workers

外国人の労務管理

外国人を採用する場合オファーレターを出すのが一般的だそうですが、どのようなものですか？

　下記の事例は、XYZ　Corporation がプロダクトマネージャーとして Mark　T さんに送ると仮定して作成したものです。

example

> We are delighted to offer you the position of "Product Manager" for XYZ Corporation K.K. (the "Company") subject to the following terms and conditions:
>
> ### 1. Date of Commencement and Term
> You shall be employed as a member of the Engineering team in the Head office of the Company, situated in Tokyo, Japan. Your continued employment shall be under the conditions contained herein, which shall take effect from May 8th, 20xx and shall continue until terminated in accordance with the terms stated in Clause 6 hereof.
>
> ### 2. Duties
> (a) During the course of employment with the Company, you will be responsible for such duties as this offered position may generally require, and include inter alia the followings and for such other duties that may be assigned to you by the Company as it sees fit:
> (i) Work closely with engineering teams to solve complex, multi-dimensional problems that result in innovative and disruptive products.
> (ii) Manage product development leads to make sure that product requirements are understood.
> (iii) Interface with development leads to make sure that product requirements are understood.
> (iv) Coordinate product releases with the marketing, sales, development and service teams.

(v) Provide product training and the necessary technical expertise to sales team to enable them sell the product.

(vi) Produce product documentation, including detailed user-stories.

(b) Your place of work shall be such place within Japan as the Company may from time to time determine.

(c) You shall devote the whole of your time and attention to the duties assigned to you and to the business of the Company and shall well and faithfully serve the Company and use your best endeavors and exercise the best of your skill and ability to develop, manage and expand the business of the Company, promote the interests of the Company and carry out your duties in a proper, loyal and efficient manner.

(d) You shall not be engaged in any other trade, business or employment during the course of the employment without the prior written approval of the Company.

(e) The above duties are part of the general and major duties that you are required to comply with and you shall at all times conform to the reasonable and lawful directions of the Company and management.

(f) All intellectual property and materials created during the course of your employment, including but not limited to business processes, designs, web pages, are the sole property of the Company.

3. Remuneration

(a) Your basic salary will be Japanese Yen 9.0 million per year. The payment of your basic salary and allowances (if any) will be made on the 15th of the following calendar month. If such day falls on a holiday, the salary will be paid on the preceding business day.

(b) You are not entitled to any overtime work pay unless with the prior approval of the Company.

(c) Your basic salary will be reviewed each year and such review will be based on the business results of the Company as well as on an assessment of your skills, contributions and performance. The adjustment of the basic salary, either upwards or downwards, will be at the Company's sole discretion and shall be effective from May of relevant year.

4. Working Horus

(a) Your normal working hours will be determined by the Company's business hours with one hour for lunch each day and not more than eight hours per day.

(b) You may be required to work irregular hours according to business needs. You shall attain a total working hours of not more than 40 full hours in one week.

(c) You shall be entitled to annual leave and national holidays as stipulated under the employment law and regulations in Japan.

5. Benefits

You shall be entitled to the following benefits:

(a) Transportation allowance: true cost up to Japanese Yen 20,000 per month.

(b) Annual leave: 20 days per year.

(c) Participation in the Company's programs for Unemployment Insurance, Pension, Medical and other benefits at such time that these programs are established.

(d) Options Pool: You will be entitled to participate in the Employee Share Options ("ESO") program, subject to approval by the Board of Directors.

(e) Housing Benefit: A reasonable portion of your base salary may be converted into a direct housing benefit, in-line with the company's Housing Program.

6. Termination

(a) The Company may at any time terminate your employment without notice or payment in lieu if you:

(i) Commit a breach of any terms on this employment letter, or any Rules and Regulations (if any) of the Company on employees or Code of Conduct (if any);

(ii) Willfully disobey a lawful and reasonable order of the Company or are habitually neglectful in your duties or are habitually insolent;

(iii) Act in serious, willful or persistent breach of your responsibilities or duties of your employment;

(iv) Misconduct yourself, such conduct being inconsistent with the due and faithful discharge of your duties or likely to affect prejudicially the interests of the Company;

(b) Either party may terminate this agreement by giving at least 1 months advanced written notice or 1 month's basic salary in lieu of such notice.

(c) The termination of your employment under this employment or thereafter except in the proper course of fulfilling your employment duties, divulge to any person or party whatsoever and shall use your best endeavors to prevent the unauthorized publication or disclosure of any confidential information whatsoever concerning the business of the Company or any of its dealings, transactions or affairs that may come to your knowledge during your employment.

7. Governing Law

This letter agreement shall be governed by and construed in accordance with Japanese law.

8. Review of Terms and Conditions of Employment

The Company has the right to review, amend and otherwise alter, if necessary, and of the terms and conditions as stated in this employment letter on an annual basis.

Please sign and return the enclosed copy of this letter in order to accept our offer of employment upon the above terms and conditions.

Yours faithfully,
For and on behalf of
XYZ Corporation K.K.　　　Agreed and accepted by:-　　　Mark. T

欧米系の企業では、上記のようなオファーレターを採用予定の社員に対して提示することが一般的です。日本語の労働条件通知書に該当するものです。実際、出入国在留管理局への申請資料の一つとして使われる書類となりますので、その作成パターンを覚えておく必要があります。

処遇について

Chapter1
Q5

Q&A for hiring
foreign workers

外国人の労務管理

外国人の賃金の支払いについて特に決められたルールはありますか？

☑ 外国人労働者も最低賃金を下回る雇用はできない

　労働基準法は、「労働条件は、労働者が人たるに値する生活を営むための必要を充たすものでなければならない。」という理念を第1条でかかげ、さまざまな条件を定めています。賃金については「これだけの額以上の賃金を支払わなければならない」ということを別に定めた「最低賃金法」があります。雇用主は原則として、この賃金を下回って人を雇うことはできません。金額は都道府県ごとに地域別最低賃金として下記表の金額が定められています。また、業種によっては特定（産業別）最低賃金も別途定められており、いずれか高い方が適用されます。なお、派遣労働者にも、派遣先に適用される地域別最低賃金または特定（産業別）最低賃金が適用されます。

2019年度地域別最低賃金

都道府県名	最低賃金時間額【円】		都道府県名	最低賃金時間額【円】	
北海道	861	(835)	埼　玉	926	(898)
青　森	790	(762)	千　葉	923	(895)
岩　手	790	(762)	東　京	1,013	(985)
宮　城	824	(798)	神奈川	1,011	(983)
秋　田	790	(762)	新　潟	830	(803)
山　形	790	(763)	富　山	848	(821)
福　島	798	(772)	石　川	832	(806)
茨　城	849	(822)	福　井	829	(803)
栃　木	853	(826)	山　梨	837	(810)
群　馬	835	(809)	長　野	848	(821)

都道府県名	最低賃金時間額【円】		都道府県名	最低賃金時間額【円】	
岐　阜	851	(825)	徳　島	793	(766)
静　岡	885	(858)	香　川	818	(792)
愛　知	926	(898)	愛　媛	790	(764)
三　重	873	(846)	高　知	790	(762)
滋　賀	866	(839)	福　岡	841	(814)
京　都	909	(882)	佐　賀	790	(762)
大　阪	964	(936)	長　崎	790	(762)
兵　庫	899	(871)	熊　本	790	(762)
奈　良	837	(811)	大　分	790	(762)
和歌山	830	(803)	宮　崎	790	(762)
鳥　取	790	(762)	鹿児島	790	(761)
島　根	790	(764)	沖　縄	790	(762)
岡　山	833	(807)	全国加重平均額	901	(874)
広　島	871	(844)			
山　口	829	(802)			

※括弧書きは、2018 年度地域別最低賃金

☑賃金に関する法律

　日本国憲法は「賃金、就業時間、休息その他の勤労条件に関する基準は、法律でこれを定める。（第 27 条 2 項）としており、労働基準法第 11 条で「賃金とは、賃金、給料、手当、賞与その他の名称にかかわらず、労働の対償として使用者が労働者に支払うすべてのもの」と定めています。

☑外国人にも賃金の支払いの 5 原則が適用されます

①通貨払いの原則

　賃金は通貨で支払わなければなりませんが、労働者の同意があり、労働者が指定する口座に振り込ませること、賃金支払日に引き出せることを要件に、本人名義の口座に振り込むことは可能です（現物支給は許されませんが、住宅供与や通勤定期券の支給など、労働協約に定めがある場合は認められます）。

②直接払いの原則

賃金は直接労働者に支払わなければなりません。労働者から委任を受けた代理人や、未成年者の親権者・後見人に賃金を払うことは「直接払い」の原則に触れることになります。ただし、本人がケガなどで受け取れない場合、使者（妻など）に支払うことは可能です。

③全額払いの原則

賃金はその全額を支払わなければなりません。ただし、法令（所得税、社会保険料等の公租公課）の定めがある場合、労使協定がある場合（財形貯蓄等）には、賃金の一部を控除して支払うことができます。

④毎月1回以上払いの原則

賃金は、毎月1回以上支払わなければなりません。

⑤一定期日払いの原則

賃金は一定の期日を定めて、その日に支払わなければなりません。「第4金曜日」のような定め方は「一定期日」とはいえないとされています（月の末日払いと定めるのは可）。臨時に支給される賃金、賞与、算定期間が1カ月を超える場合の精勤手当などは一定の期日払いの例外とされています。

☑支払い明細書の交付義務

通貨払いか振込かにかかわらず、給与支払明細書（基本給・手当その他賃金の種類ごとの金額、源泉徴収額、社会保険料等）を労働者に交付しなければなりません（所得税法第231条）。

☑賃金台帳の保存

雇用主は、賃金台帳などを作成して3年間保存する義務があります（労働基準法第108条、109条）。

☑その他

労働法とは別に出入国在留管理局に出すべき書類として、労働条件通知書や雇用契約書の写しを保管し、外国人の賃金がいつ、どれくらい支払うのかを明らかにしておく必要があります。この契約内容と賃金台帳の内容に大きな違いがあると問題になります。特に賃金について最低賃金法を下回る額が記載されている場合、法令違反として在留資格が与えられないことになります。

外国人の労務管理

外国人を有期雇用という形で採用し、働いてもらっています。2020年4月から施行された「パートタイム・有期雇用労働法」において関係がありますか？

　同一企業内における通常の労働者とパートタイム労働者・有期雇用労働者の間の不合理な待遇の差をなくし、どのような雇用形態を選択しても待遇に納得して働き続けることができるよう働き方改革関連法が2018年7月に公布されました。この流れを受けてパートタイム労働法が改正され、2020年4月にパートタイム・有期雇用労働法として施行されました。（中小企業におけるパートタイム・有期雇用労働法の適用は2021年4月）

　この法律については外国人の有期雇用労働者にも適用されます。

① 同一企業内において通常の労働者と外国人の有期雇用労働者との間で基本給や賞与などあらゆる待遇について不合理な待遇差を設けることが禁止されます。

② 外国人有期雇用労働者は「通常の労働者との待遇差の内容や理由」などについて、事業主に説明を求めることができるようになります。事業主は外国人労働者から求めがあった場合は説明をしなければなりません。

③ 外国人有期雇用労働者が「均等待遇」や「待遇差の内容・理由に関する説明」に不満を持つとき、行政による事業主への助言、指導等や裁判外紛争解決手続（行政ADR）の対象となります。

　外国人だから日本人と違って当然というような不平等意識を持たないようご注意ください。

　例えば、以下の内容であると不合理な待遇者になります。

　正社員Aと有期雇用労働者の外国人Bが同じ仕事をしているにもかかわらず待遇（給与・賞与）が違っている。同じ仕事内容で、日本人正社員Aには交通費が支払われるがパートタイム外国人のBには交通費が出ていない。

外国人の労務管理

外国人労働者を有期契約で雇い入れたときは労働条件に関する文書の交付等で注意しなければいけない点はどこですか？

Q&A for hiring
foreign workers

2020年4月1日以降、パートタイム・有期雇用労働者法が施行された後、外国人の有期雇用労働者に文書で明示しなければならない点は、「昇給の有無」「退職手当の有無」「賞与の有無」「相談窓口」の4つのポイントです。

従来より外国人労働者については在留資格の申請における必要書類となるため「労働条件通知書」もしくは「雇用契約書」を文章としてまとめておくことが一般的でした。

「契約期間」「有期労働契約を更新する場合の基準」「仕事をする場所と仕事の内容」「始業・終業の時刻や所定外労働の有無」「休憩・休日・休暇」「賃金」「退職に関する事項」などについては書面で交付することが義務づけられています。外国人で日本語が得意でない場合は、理解できる言語での書面交付が必要です。

さらに2020年4月1日以降（中小企業については2021年4月1日以降）、上記の4つのポイントも加えた形で書面交付をする必要があります。

外国人は契約内容の文書を重視しますので、もし支給要件を満たさない場合、支給されない可能性があるときは、制度「有」として、「業績により不支給の場合あり」、「継続〇年未満は不支給」などを説明しておかないとトラブルになります。

外国人労働者が日本企業の対応で疑問を持つのは、職務内容の不明瞭さやあいまいな点です。日本企業の場合、「何でも手伝うのが当たり前」という認識が多くみられますが外国人労働者は、契約書の内容に書かれていないことはやる必要がないと考えます。そのため事務職員の外国人にトイレの掃除などを命ずるとトラブルの原因になります。

実際、毎日就業後の2時間トイレ掃除を無給で命じられた外国人が、東京労働局に残業代未払いの違法性を訴えたケースもあります。

外国人の労務管理

「パートタイム・有期雇用労働者法」施行後の 2020 年 4 月 1 日から正社員との比較で「同一労働同一賃金」のガイドラインが設定されましたが、外国人労働者の場合どう考えればよいですか？

　外国人労働者が有期雇用やパートタイマーとして採用された場合、正社員との間で発生する賃金の決定基準、ルールの違いについて、職務内容や配置の変更される範囲、その他の事情の客観的・具体的な実態に照らして不合理なものであってはならないとされています。

　プロジェクトマネージャーなど労働者の役職の内容に対して支給するものについては、正社員と同一の役職に就くパートタイム労働者にも同一の支給をすることが求められています。

　通勤手当は、外国人のパートタイム労働者、有期雇用労働者には正社員と同一の支給をしなければなりません。また、会社の業績への労働者の貢献に応じて支給するもの（賞与）については、正社員と同一の貢献であるパートタイム労働者、有期雇用労働者には、貢献に応じた同一の支給をしなければなりません。

　外国人の有期労働者が正社員と同一の時間外・休日・深夜労働を行った場合、正社員と同一の割増率で時間外手当を支給することがあります。

One POINT ADVICE：健康診断の必要性

　企業は、一般健康診断の場合、無期契約もしくは契約期間が 1 年以上の有期契約で正社員の週所定労働時間の 4 分の 3 以上働くパートタイム労働者に対しては外国人の場合であっても健康診断を実施する義務があります。

　日本の場合、労働安全衛生法第 66 条に基づいて、企業は雇用する労働者の健康確保のために同法で定められた健康診断を受けなければなりません。このような習慣がない国も多いので外国人にはわかりやすく説明する必要があります。

　日本における診断項目の基本は以下のとおりです。

①既往症及び業務歴の調査

②自覚症状及び他覚症状の有無の検査

③身長、体重、腹囲、視力及び聴力の検査

④胸部エックス線検査及び喀痰検査

⑤血圧の測定

⑥貧血検査（血色素量及び赤血球数）

⑦肝機能検査（GOT、GPT、γ-GTP）

⑧血中脂質検査（LDL コレステロール、HDL コレステロール、血清トリグリセライド）

⑨血糖検査

⑩尿検査

⑪心電図検査

新型コロナウイルス感染症とリスクマネジメント

　2020 年 6 月中旬までに世界中で 800 万人を超える感染者を出した新型コロナウイルス感染症ですが、グローバル人材の交流にも暗い影を落としました。

　海外から新しく人材を雇用する場合、日本政府の方針に従い PCR 検査等により新型コロナウイルス感染症で陰性であるということを証明する必要が出てきます。

　今後も形を変えて感染症が日本に上陸する可能性があります。そのため、企業のリスクマネジメントの観点から、外国人人材を採用するときは、感染症にかかっていないことを含め健康診断をあらかじめ行っておくことが重要です。

外国人の労務管理

当社は、今後、外国人社員を国際業務拡充のため定期的に採用することにしました。この場合、日本人と同様の就業規則を訳してそのまま渡せば問題ありませんか？

　外国人の場合は、入管法で定められている在留資格の範囲内で法律を守り働かなくてはならないという大前提があります。

　そのため日本人社員向けの就業規則の文章がそのまま使えないケースが出てきます。外国人労働者を継続して雇用するのであれば入管法の規制を前提にその内容を考えていく必要があります。

☑ アルバイト

　最近、働き方改革の流れの中で社員の副業を認める企業も増えてきました。実際日本人社員の場合、就業時間外にコンビニエンスストアなどで働くケースもあります。

　ところが、外国人社員の場合は「資格外活動許可」がないと在留資格に該当しない内容のアルバイトはできません。特に「技術・人文知識・国際業務」の在留資格を持つ外国人の場合、バーテンダーや配送、道路工事など、単純労働系のアルバイトについて「資格外活動許可」は出せませんので注意が必要です。

☑ 配置転換・人事異動

　外国人の場合、在留資格の該当性を無視して人事異動をすると在留期限の更新のときに大きなトラブルになります。そのため、ただ単純に配置転換することがあると就業規則に書くと危険です。

　実際にあった事例は、宝石の輸出入を手掛ける商社が外国人を採用し貿易業務を担当させました。ところが、その後直営店に人が足りなくなりその外国人を配置転換させ店舗の販売職の仕事をさせました。このケースで、出入国在留管理局の審査官は「技術・人文知識・国際業務」に該当しない業務とみなしこの外国人の在留期限更新を認めませんでした。この場合、元の業務内容に戻さなければ再申請しても不許可になります。また、許可が下りるまで会社側が休

業手当を支払わなければいけません。

　このようなケースを防ぐためにも、外国人社員の場合は入管法で許可された在留資格の範囲内で人事異動、配置転換をするという内容を明記する必要があります。

☑懲戒処分

　外国人社員が、会社内あるいは通勤中にトラブルを起こすことがあります。

　会社の懲戒処分については、軽いものから戒告・譴責^{けんせき}・減給・出勤停止・降格・諭旨退職・懲戒解雇となっています。

　例えば、通勤電車でケンカになり、外国人社員がある日本人を傷つけてしまったとします。このようなケースで、警察に身柄を拘束され、前科がついてしまうこともあります。

　その社員が優秀であったとしても、警察で犯罪歴が確認されると在留資格の期間更新や在留資格の変更が認められないことがあります。

　会社側が就業規則に定める懲戒処分では、解雇まで該当するようなケースでないとしても本人の過失により在留資格の更新が不許可であると雇用関係の継続が事実上不可能になります。

　このようなケースを想定し、素行不良等自己の責任で在留資格の更新が不可能になった場合、懲戒処分として解雇することを就業規則に明記する必要があります。

　日本の場合、特に違法ドラッグの所持等を行う外国人には厳しい対応をしますので入管法の規制を受ける外国人にはこの点を入社時に十分説明しておくことをお勧めします。

☑インフォメーション

　外国人社員が会社とトラブルになるきっかけは、企業側が就業規則を外国人にわかる言語で示していないということにあります。実際、厚生労働省もこの実態を問題にしており、就業規則の多言語化のための助成金を用意しています。

Chapter1 Q10

Q&A for hiring foreign workers

当社は、ゲームソフトの開発会社ですが、今後、国際的にソフトウェアを海外に販売していきたいと考えています。アメリカ人のソフトウェアエンジニアの採用を考えていますが、どのような給与制度であれば受け入れられますか？

　日本の企業がアメリカ人のエンジニアを雇用しようと考えるとき、社内の給与制度そのものを見直さなければならないこともあります。実際日本企業の場合、職種や職務そのものではなく人間の勤続年数に値段をつけて仕事をつける傾向が強い職能給制度のケースが多いです。職務遂行能力によって評価が決まるという名目ですが、勤続年数によって給与が上がることが多いのも事実です。

　勤続年数が長いほど給与が高くなるということは、「同一労働同一賃金」には該当しないということになります。

　これに対しアメリカでは、業務内容そのものに値段をつけるという職務給制度が一般的です。そのため「職務記述書」が重要で具体的な仕事の内容、役割、困難度によって給与の水準が決められます。日本式の職能給と大きな違いは、年齢に関係なく、能力レベルが同一で業務内容も同じであれば「同一労働同一賃金」になるということです。特にITエンジニアの場合、国際的にスキルに合った給与相場で転職の流れができるといわれています。

　これから海外のエンジニアを採用しようと考えるのであれば、ゲーム開発ソフトエンジニアの国際的相場を参考に職務給を設定していくことをお勧めします。

職務給と外国人社員

　今まで日本の企業文化の中に「新卒一括採用」、「長期雇用」、「年功序列」という慣行が存在し、長期的に企業に在籍していないと賃金が上がらない傾向がありました。

　これから外国人社員が増え、「職務給」を採用する企業が増えると予想されます。「職務給」は、業務の種類によって社員の給与が決まる制度で、欧米の企業では一般的です。今後優秀な外国人社員を確保するため、勤続年数によらず仕事の内容で給与を決める「職務給」にシフトすることが重要です。現状、企業にもよりますが、同じ職務内容のITエンジニアの場合、アメリカのシリコンバレーで働く人と比べると、日本の相場が年収で200万円から300万円安いという調査結果が出ています。1,000万円強の年収を保証しないと国際的なソフトウェアエンジニアの採用は厳しいです。

労働時間、時間外労働、休日・休暇等について

外国人の労務管理

外国人を残業させる場合の注意点は何ですか？

☑ 残業時間の上限

　2019 年 4 月より、法律で残業時間の上限が決められ、原則として月 45 時間・年 360 時間（1 日当たり 2 時間程度の残業に相当します）とし、臨時的な特別の事情がなければこれを超えることはできません。それまでは、労働基準法上、残業時間の上限を法律で規制することはありませんでした。行政指導にとどまっていた内容を法律で定めることにより、残業時間の上限が明示されることになりました。臨時的な特別の事情があって、労使が合意する場合でも、年 720 時間以内、複数月平均 80 時間以内（休日労働を含む）、月 100 時間未満（休日労働を含む）を超えることはできません。（月 80 時間は、1 日当たり 4 時間程度の残業に相当します）。また、原則である月 45 時間を超えることができるのは、年間 6 カ月までです。当然外国人労働者にもこれらの規制は適用となりますので、内容が理解されるように説明しなければなりません。

☑ 労働時間の把握は義務

　雇用主は、労働者を雇用したらその労働時間を把握する義務があります。働き方改革の一環として労働時間関連法規が見直され、これまで労働時間を把握する対象外となっていた裁量労働制が適用される人や管理監督者も含め、2018 年 4 月 1 日からは、全ての人の労働時間の状況が客観的な方法、その他適切な方法で把握されるよう法律で義務付けられることになりました。

　法定労働時間を超えて労働させた場合は時間外労働の割増賃金を支払わなければなりません。営業職など社外業務に従事する者も例外ではありません。名称が「営業手当」でも実際は「時間外手当」であれば、就業規則などで明確にしておくべきでしょう。しかし、外回りの営業など社外業務の労働時間を把握するのが難しい場合もあります。そこで、社外労働については一定の時間を労働したとみなす「みなし労働時間制」の導入などが考えられます。

Chapter1
Q12
Q&A for hiring
foreign workers

外国人の労務管理

外国人労働者に適用する残業手当と変形労働時間については何かルールがありますか？

☑ 法定労働時間の原則

労働基準法では、法定労働時間として「労働時間は1日8時間、1週40時間」（特例措置対象事業場である商業、映画・演劇業、保健衛生業、接客娯楽業のうち10人未満の事業所は1週44時間）と定めています。いわゆる残業手当（時間外割増賃金）は、下表①～③のどれかに当てはまれば、支払わなくてはなりません。また、労働時間が週40時間内であっても、1日8時間を超える日については割増賃金を支払わなくてはなりません（労働基準法37条）。なお、8時間（週40時間）を超えての労働を命じることができるのは、その事業場の従業員の過半数が加入している労働組合、または従業員の過半数を代表する者と労使協定（36（さぶろく）協定）を結び、所轄の労働基準監督署に届け出た場合のみです（労働基準法36条）。この36協定の内容を外国人にわかる言葉で説明する必要があります。

割増賃金率	①時間外労働 (1日8時間超または週40時間超) ＊	25％以上 (時間外労働＋深夜労働＝50％以上)
	②休日労働 (法定休日に勤務した場合)	35％以上 (休日労働＋深夜労働＝60％以上)
	③深夜労働 (午後10時～午前5時)	25％以上

＊1カ月60時間を超えて時間外に労働させた場合には、超えた部分については50％（中小企業については2023年3月31日まで適用猶予中）

☑ 割増賃金の計算方法

1 時間当たりの賃金額　×　時間外労働などの労働時間数　×　割増率

　基礎となるのは、原則として「通常の労働時間または労働日の賃金」ですが、①家族手当。②通勤手当、③別居手当、④子女教育手当、⑤住宅手当、⑥臨時に支払われた賃金（結婚手当、見舞金など突発的理由によるもの）、⑦1 カ月を超える期間ごとに支払われる賃金（賞与またはそれに類似するもの）は、割増賃金の基礎に参入しなくてもよいとされています。ただし、①②⑤は一律に支給される場合は参入します（労働基準法 37 条第 2 項、則第 21 条）。

☑ 割増賃金率の猶予

　月 60 時間超の時間外労働については、割増率が 50％に引き上げられました。ただし、中小企業（資本金 3 億円以下（小売業とサービス業は 5,000 万円以下、卸売業は 1 億円以下）または労働者数 300 人以下（小売業は 50 人以下、サービス業と卸売業と卸売業は 100 人以下））についての引き上げは猶予されており現在は 25％のままです。2023 年 4 月からはこの猶予が廃止され、中小企業でも月 60 時間を超える時間外労働について法定割増賃金率が 50％以上となります。

☑ 変則的な労働時間に対応する制度

　法定労働時間（1 日 8 時間、1 週 40 時間）の原則になじまない業種や業務の場合、労働基準法では、変形労働時間制として一定の条件のもといろいろな労働時間制度を認めています。また、妊産婦が請求した場合は、1 カ月単位の変形労働時間制、1 年単位の変形労働時間制、1 週間単位の変形労働時間制の規定に関わらず、法定労働時間を超えて労働させてはなりませんのでご留意ください。この変形労働時間制には次の 4 つがあります。

1. 1 カ月単位の変形労働時間制

　1 日 8 時間、1 週 40 時間の原則を超えても、1 カ月で平均して 1 週間当たり40 時間以内になっていればよいという労働時間です（労働基準法 32 条の 2）。この労働時間制では、1 日、1 週間当たりの所定労働時間の上限はありません。

第4週が忙しい場合、月初めに労働時間を6時間あるいは7時間と短くし、第4週目を10時間と定めたとしても、平均して1週40時間を超えていなければ時間外労働とはなりません。この制度を採用するにあたっては、労使協定または就業規則に定め、労働基準監督署に届け出ることが必要です。このような制度は外国人にはわかりにくいので、文書でわかりやすく説明する必要があります。

2. フレックスタイム制

　働き方改革の一環として法改正が行われ、2019年4月から、フレックスタイムの清算期間の上限が1カ月から3カ月に延長されました。育児や介護をする労働者にとって便利といえる制度で、あらかじめ3カ月以内の総労働時間を定めておき、その上で1週間当たりの労働時間が40時間（特例措置対象事業場※は44時間）を超えなければ、労働者が始業・終業時間を選択して働くことができる制度です（労働基準法32条の3）。

　この制度を採用する場合は、労使協定を締結し就業規則などで、「始業・終業の時刻を労働者の決定に委ねること、労働者の範囲、清算期間（3カ月以内）、総労働時間（法定労働時間内）、基準となる1日の労働時間」などを定める必要があります。

　特に外国の企業相手の商談など時差を調整し労働時間を効率的に配分することが可能となりますので、労働生産性の向上が期待できます。

※（商業、映画・演劇業、保健衛生業及び接客娯楽業であってパートタイマーなどを含めて、常時使用する労働者の数が9人以下の事業所（「特例措置対象事業場」といいます）

3. 1年単位の変形労働時間制

　一定の季節が忙しいというような事業場において、忙しい時期に労働時間を長くし、閑散期は短くして、1年間の労働時間を効率的に使用できるという制度です（労働基準法32条の4）。

　1年以内の一定の期間を平均し、1週間当たりの労働時間が40時間以下の範囲内とすれば、特定の週または特定の日に法定時間（1日8時間または1週間40時間）を超えて労働させることができます。

　この制度を採用するには、労使協定を締結し、労働基準監督署に届け出ることが必要です。10人以上の労働者を使用している事業場については、就業規則に記載し、これも労働基準監督署に届け出なければなりません。

4. 1週間単位の非定型的変形労働時間制

　旅館や飲食店などで、団体客の予約が入るなど、急に忙しくなる場合があります。このように、日ごとの業務量の予測がつきにくいような事業（小売業、旅館業、料理・飲食業で常時使用する労働者が30人未満）においては、労使協定を結び、前週末までに翌週の各日の労働時間を週40時間の範囲内で1週間10時間まで労働させることができる制度です（労働基準法第32条の5）。ただし、この通知は必ず書面で行わなければなりません。

One POINT ADVICE：裁量労働制について

　外国人のITエンジニアについては、高度な専門的知識を要することから、裁量労働制が用いられることがあります。裁量労働制は、労働時間を実労働時間ではなく、一定の時間とみなす制度です。ただし、みなし労働時間が1日8時間の法定労働時間を超える場合には、36協定を結ぶ必要があります。

フレックスタイム制の必要性

　2020年は新型コロナウイルス感染症の影響で、テレワークを導入する企業が増えました。しかし、同時に子供の学校が休みになったり、半休になったりしたため、子供の世話をしなければならない社員も多くなるという状況が発生しました。このような状況は、今後も起こりうるので、働き方改革の一つとしてフレックスタイム制を導入すると、柔軟に対応できると思われます。外国人もフレックスタイム制を好む人が多く、現代にマッチした勤務制度といえます。

外国人の労務管理

外国人のアルバイトに有給休暇を与える必要はありますか？

☑要件を満たせば付与する義務があります

　労働者の心身の疲労を回復させ、ゆとりある生活の実現にも資するという位置づけから、労働基準法では、休日の他に毎年一定日数の有給休暇を与えることを規定しています（第39条）。正社員、アルバイト、パートタイマーなど雇用形態や勤務形態にかかわらず、所定労働日数の8割以上を出勤したときは、その所定労働日数に比例した日数が与えられます。たとえば、外国人が週に3日のアルバイトで週所定労働時間が30時間未満ならば6カ月経過後に5日の有給休暇を与えなければなりません。たとえば、雇用期間が10カ月で終了する場合でも付与する必要があります。なお、パートタイマーやアルバイトで、週の所定労働日数が決まっていない場合は、6カ月働いた時点で実際に勤務した日数を所定労働日数とみなして計算すればよいことになっています。

☑最初は6カ月後に付与します

　最初の付与は、「6カ月間の継続勤務後」、つまり6カ月間継続勤務し、その8割以上を出勤したときです。2回目以降は、1年間継続勤務（8割以上出勤したとき）するごとに1日ずつ増加し、3年6カ月目からは1年継続勤務するごとに2日ずつ増加されます。なお別表の有給休暇の日数は、最低の日数ですから、これを上回る日数を付与することは企業の自由です。

☑会社は有給休暇の取得を拒めない

　有給休暇は、労働者が取得を申し出たときは無条件で与えなくてはなりません。労働者からの請求権は2年間有効ですから、与えられた年に取らなかった有給休暇は、翌年に取ることができます。ただし、その労働者が休暇を取得することによって、事業の正常な運営を妨げる場合には「別の日の取得（時季の

変更）」を求めることができます。これは「人が足りない」「忙しい」という理由では変更できません。

☑ 有給休暇取得の申し出時期

有給休暇の申請時期について法律上の定めはありませんが、雇用主が時季の変更を求める時間的余裕を考慮し、前日までに申し出れば問題ないと考えられています。

☑ 有給休暇の計画的付与

有給休暇取得の促進を目的として、会社単位や各部署などで計画的に休暇を取得する制度です。労働基準法が改正され、2019年4月から全ての企業において、10日以上の年次有給休暇が付与される労働者に対して、うち5日については、使用者が時季を指定し取得させることが必要になりました。この制度を導入するには労使協定（書面）が必要です。また、労働者が自由に指定できる日数として最低5日は残しておかなければなりません。このルールについては外国人労働者に対してもわかりやすい形で伝えなければいけません。

☑ 有給休暇の賃金

有給休暇の賃金は、月給者の場合は①平均賃金　②所定労働時間に労働した場合に支払われる賃金　③健康保険法に定める標準報酬日額に相当する金額（労使協定が必要）のいずれかの方法により支払わなければなりません。

☑ 有給休暇は時間単位での取得も

年次有給休暇は日単位で取得することが原則ですが、労使協定を締結すれば、1年に5日分を限度として時間単位で取得できるようになっています。

One POINT ADVICE：有給休暇消化率

日本では、有給休暇の消化率が約50%と低いままです。これに対し、フランス・スペイン・オーストラリア・ブラジル・香港などは、有給休暇消化率100%です。これらの国から来た労働者は、当然権利として有給休暇の申し出をしてきます。この意識の差がコミュニケーションギャップにならないようご注意ください。

別表1：週の所定労働日数が5日以上または週の所定労働時間が30時間以上の者の有給休暇

勤務年数	0.5 年	1.5 年	2.5 年	3.5 年	4.5 年	5.5 年	6.5 年以上
付与日数	10 日	11 日	12 日	14 日	16 日	18 日	20 日

別表2：所定労働日数（時間）が短い者の有給休暇比例付与日数

週の所定労働日数	年間の所定労働日数	勤続年数						
		0.5 年	1.5 年	2.5 年	3.5 年	4.5 年	5.5 年	6.5 年以上
4 日	169 ～ 216 日	7 日	8 日	9 日	10 日	12 日	13 日	15 日
3 日	121 ～ 168 日	5 日	6 日	6 日	8 日	9 日	10 日	11 日
2 日	73 ～ 120 日	3 日	4 日	4 日	5 日	6 日	6 日	7 日
1 日	48 ～ 72 日	1 日	2 日	2 日	2 日	3 日	3 日	3 日

☑パートタイムの外国人と厚生年金

　外国人のパートタイマーで、身分系の在留資格（永住者、日本人の配偶者等、永住者の配偶者等、定住者）などは、社会保険の加入対象（厚生年金を含む）となります。

① 勤務時間及び日数が正社員の4分の3以上であること、または
② 以下の5つの条件を満たしていること
　1　週の所定労働時間が20時間以上であること
　2　賃金月額が月8.8万円以上（年約106万円以上）であること
　3　1年以上使用されることが見込まれること
　4　従業員501名以上（厚生年金の被保険者数）の勤務先で働いていること、あるいは、従業員500名以下（厚生年金の被保険者数）の勤務先で働いていて、社会保険に加入することについて労使合意があること
　5　学生でないこと

　4については、厚生年金法の改正により、101人～500人以上の従業員規模の企業は2022年10月1日から、51人～100人規模の企業については、2024年10月に加入対象となります。なお、従業員数50人以下の企業については、従来どおり労使合意があった場合に適用対象となります。

Chapter1
Q14

Q&A for hiring
foreign workers

外国人の労務管理

労働基準法改正で年5日の年次有給休暇の取得が企業に義務づけられますが、外国人労働者にはどのように適用しますか？

今までの労働基準法では、労働者が自ら申し出なければ年次有給休暇を取得できませんでした。この希望申し出がしにくいということから、日本における年次有給休暇率が5割程度にとどまっているという事実がありました。

2019年4月以降は、使用者側で労働者の希望を聴いて希望を踏まえて時季を指定することにより年5日は最低でも有給休暇取得が義務となりました。

まず、使用者が外国人に取得時季の希望を聴取します。そして、労働者の希望を踏まえ、使用者が取得時季を指定します。例えば、1月5日は休んでください、と時季を指定し、労働者が了解してその日の年休が成立することになります。

外国人社員の場合は、クリスマスなど日本人とは違う時季に有給休暇の取得を希望するケースも多いので十分な配慮が必要です。

なお、外国人社員のための一時休暇制度を創設した場合、助成金制度も活用できます。

グローバル社会における年次有給休暇の位置づけ

年次有給休暇は、労働者の休暇日のうち、使用者から賃金が支払われる有給の休暇日のことをいいます。労働者が権利として取得できる休日であり、企業に勤める外国人社員の多くは好きな時季に取りたいと考えています。日本は、労働基準法上有給休暇の計画付与が日本的慣行として認められています。

この制度は、企業側が労働者に対して付与された有給休暇のうち、5日以上の日を労働者が自由に使える日として残せばあとは企業側が有給日を指定できるというものです。

この特殊な制度は、残念ながらグローバルスタンダードではありませんので、外国人社員との摩擦の原因になりかねません。

外国人の労務管理

外国人社員にリモートワークをさせる際の注意すべきポイントとは何ですか？

　リモートワークとは、在籍する会社のオフィスに出社せず、自宅やレンタルオフィスなど、会社から離れた場所で業務を遂行する勤務形態のことをいいます。インターネット環境が普及したことで、自宅で働くことが容易になりました。

　2020年の世界的なコロナウイルスの感染拡大の影響で、在宅でリモートワークする機会が増えました。しかし、規定等を整備していないために問題が起きることがあります。

　外国人社員に企業がリモートワークを命じるときには、少なくとも下記の6つのポイントについて定めをする必要があります。

☑1．リモートワークの対象者の条件

　①対象となる外国人が在宅勤務を希望する者であること

　②社員の担当する業務が自宅においてできる内容のものであること

　③コロナウイルスの感染予防の目的など会社が外国人社員の在宅勤務を行う
　　必要性を認めていること

☑2．在宅勤務の期間

　①在宅勤務の期間をいつからいつまでにするのか

　②在宅勤務の延長を社員側から求めることのできる制度とするか

　③コロナウイルス等の感染病が収束したときの対応をどうするか

☑3．勤務場所の限定

　セキュリティの問題から勤務場所をあくまでも外国人社員の自宅に限るかどうか。サテライトオフィスやビジネスホテル利用の場合も含めるかどうかは、企業の判断となります。

☑ 4．労働時間

　在宅勤務の場合、労働基準法で定める各パターンの労働時間制の適用が可能です。リモートワークの形でも、フレックスタイム制、みなし労働時間制、裁量労働制など業務内容に合った労働時間制の採用を定める必要があります。

☑ 5．報告

　日々の報告業務として必要となるのは、勤務の開始と終了を電子メール等で行うことや、業務内容と進行状況の報告です。報告すべき内容とコミュニケーションを定めておくことが一般的です。

☑ 6．費用負担

　外国人社員の自宅のインターネットを使用する場合、その接続費用をどうするのか日々の業務に必要となる郵送費、事務用品のコストをどうするのか、業務に必要となるパソコン等を会社が貸与するかどうか。

　企業が就労系の在留資格をもつ外国人社員との契約をしている場合には、在留資格の手続き上、契約の内容を出入国在留管理局に提出する必要がありますので、新型コロナウイルスの感染を回避するなどの理由でリモートワークを命じる可能性がある場合は、その旨を契約内容に明記しておくべきです。

COLUMN
Let's take a break.

外国人社員とのコミュニケーションの重要性

　日本で生活して働く外国人に対してよく調査されることがあります。この際に日本企業に対して出てくる不満の上位は以下の３点です。

①男女が平等に扱われていないのがおかしい
②「あうんの呼吸」といった直接的でないコミュニケーションが理解できない
③日本人の遠回しな言い方がわかりにくい

　グローバルな職場環境を目指すにあたり、日本独特の習慣を改める必要がありそうです。

社会保険の加入義務について

Chapter1
Q16

Q&A for hiring
foreign workers

外国人の生活、税務

国民健康保険または健康保険が適用される外国人とは？

　2012年7月9日より住民基本台帳法の改正に伴い、在留期間が3カ月を超える外国人については、国民健康保険または健康保険の加入対象となります。外国人労働者として企業で働く場合は、原則として協会けんぽか健康保険組合に加入することになります。ただし、下記に該当する方々はその例外となります。

- **在留期間が3カ月以下の方（注）**
  注：在留期間が3カ月以下でも、在留資格が「興行」、「技能実習」、「特定技能1号」、「特定技能2号」、「家族滞在」、「公用」、「特定活動（医療を受ける活動またはその方の日常の世話をする活動を指定されている場合を除く。）の場合で、資料により3カ月を超えて滞在すると認められる方は、加入できます。

- **在留資格が「短期滞在」の方**

- **在留資格が「特定活動」の方のうち、"医療を受ける活動"または"その方の日常の世話をする活動"の方**

- **在留資格が「特定活動」の方のうち、"観光、保養その他これらに類似する活動を行う18歳以上の方"または"その方と同行する外国人配偶者の方"**

- **在留資格が「外交」の方**

- **不法滞在など、在留資格のない方**

- **日本と医療保険を含む社会保障協定を結んでいる国（注）の方で、本国政府からの社会保険加入証明書（適用証明書）の交付を受けている方**
  注：2020年3月現在、ドイツ、イギリス、韓国、アメリカ、ベルギー、フランス、カナダ、オーストラリア、オランダ、チェコ、スペイン、アイルランド、ブラジル、スイ

ス、ハンガリー、インド、ルクセンブルク、フィリピン、スロバキア、中国、イタリア、スウェーデン、フィンランドの23カ国と締結しています。そのうち、イギリス、韓国、イタリア及び中国については保険料の二重負担防止のみです。

「健康保険の被扶養者」の認定要件の厳格化

　外国人が母国を離れ、日本で働く場合、これまで海外に居住する家族も要件を満たせば「健康保険の被扶養者」とすることが可能でした。しかし、2020年4月1日からは「健康保険の被扶養者」の認定要件に新たに国内居住要件が追加されることになりました。このため、海外に残された家族については、健康保険の被扶養者から外されることになりました。

日本の公的医療保険の特徴

日本は世界でもトップクラスの公的医療保険の充実した国です。

①国民全員を公的医療保険で保障している
②医療機関を自由に選べるフリーアクセス制を採用している
③安い医療費で高度な医療を受けられる
④社会保障方式を基本とするが皆保険を維持するため公費を投入している

　住民票を日本に持つ外国人についても公的医療保険に加入できます。企業の場合は、健康保険の対象となります。外国人に評判がいいのは家計に対する医療費の自己負担が過重なものとならないよう、月ごとの自己負担の限度額を超えた場合、その超えた金額を支給する高額療養費制度です。

☑インフォメーション

　海外からやって来た外国人労働者にとって人気の制度は高額療養制度です。自己負担が少なくて済むということから、評判が良く、日本で働くモチベーションの一つとなっているようです。

外国人の労務管理

外国人社員でも労働保険や社会保険に入る必要があるのですか?

☑社会保険の適用は強制

　外国人社員でも、労災保険、雇用保険、健康保険、厚生年金保険の適用は強制的なもので、雇用主の判断や労働者個人の意思によって適用の有無を決めることはできません。試用期間中の者といえども適用除外に該当しませんので、採用したら雇用主は速やかに被保険者の届出をしなければなりません。

☑労災保険(労働者災害補償保険)

　たとえアルバイトでも労働者を雇っている事業所すべてが、必ず加入しなければなりません。保険料は会社が全額を負担し労働者が業務災害(仕事が原因となって生じた負傷、病気、障害または死亡)や通勤災害(通勤が原因となって生じた負傷、病気、障害または死亡)を被ったときに必要な保険給付が行われます。

☑雇用保険

　労働者を雇う事業所すべてに適用され、原則として労働者全員が被保険者となります。また、外国人のパートタイマーについても、次の要件のいずれにも該当する人は被保険者となります。

　①1週間当たりの所定内労働時間が20時間以上
　②31日以上雇用される見込みがある

　これまで65歳以上で新たに雇用された人は一般被保険者にはなりませんでしたが、2017年1月より、継続雇用・新規雇用に関わらず適用の対象となりました。なお、掛けもちパートなど2ヵ所で働いている場合は主として生計を維持する給与をもらっている方の会社で加入します。

　離職の日以前2年間に賃金支払基礎日数11日以上の月が12カ月以上あれば失業時に保険給付が受けられます。保険料は労働者の賃金の額に応じた一定の額を会社と労働者が負担します。

一般の事業の場合　9/1000（使 6/1000　　労 3/1000）＊令和2年度版

☑ 健康保険（全国健康保険協会の場合）

　常時1人以上の従業員を雇用する法人事業と常時5人以上の従業員を雇用する適用業種の個人事業所は、必ず加入しなければなりません。保険料は、労働者の賃金の額に応じた一定の額を、会社と労働者が半分ずつ負担します（介護保険料は40歳以上65歳未満）。

健康保険料 … 標準報酬月額×都道府県支部ごとの保険料率
　　　　　　　(東京都の場合 98.7)/1000 × 1/2

介護保険料 … 標準報酬月額× 17.9（全国一律）/1000 × 1/2
　　　　　　　＊いずれも賞与も同率

☑ 厚生年金保険

　適用範囲は、健康保険と同じです。臨時に雇用されている場合などを除き、全員が被保険者となります。保険料は、労働者の賃金の額に応じた一定の金額を会社と労働者が半分ずつ負担します。

一般の被保険者の場合：標準報酬月額×183.0/1000×1/2＊賞与も同率

　健康保険・厚生年金は、通常の労働者と比較して、労働時間・労働日数が4分の3以上であれば、下記の①〜⑧を除いてアルバイト・パートタイマーなどについても適用されます。

①2カ月以内の期間を定められた臨時雇用者
②日日雇い入れられる者で使用される期間が1カ月以内の者
③4カ月以内の季節的業務に使用される者
④6カ月以内の臨時的事業の事業所に使用される者
⑤所在地の一定しない事業に使用される者
⑥船員保険の被保険者
⑦国保組合の事業所に使用される者
⑧後期高齢者医療の被保険者

また、2016 年 10 月より、常時 501 人以上の企業（特定適用事業所）では、週 20 時間以上で、賃金月額 88,000 円以上、勤務期間 1 年以上が見込まれ、学生でない労働者も被保険者となりました。さらに、2017 年 4 月からは、従業員 500 人以下の企業においても労使の合意がある場合は、企業単位で社会保険に加入できるようになりました。今後、2022 年 10 月に 101 人以上 500 人以下の従業員数の企業へ、2024 年 10 月からは 51 人以上 100 人以下の従業員数の企業へ、特定適用事業所のラインが引き下げられます。なお、社員数 50 名以下の企業については 2024 年 10 月 1 日以降も労使合意があった場合に適用対象となります。

手続きには期限があるため、外国人の場合も速やかに行う必要があります。

健康保険・厚生年金保険は 5 日以内に年金事務所で、雇用保険は翌月 10 日までにハローワークで、それぞれ加入の手続きを行わなければなりません（介護保険への加入は、40 歳の時点で自動加入となります）。入社したら、なるべく早く手続きをお済ませください。）

One POINT ADVICE：社会保障協定発効状況のチェック

外国人を雇用した場合、日本とその外国人の母国と社会保障協定が結ばれているかどうかをチェックする必要があります。日本はすでに 23 カ国と協定を署名済みでそのうち 20 カ国とは発行しています。「年金加入期間の通算」「保険料の二重負担防止」がメインですが、イギリス、韓国、イタリア及び中国については、「保険料の二重防止」のみです。詳しい内容は日本年金機構のホームページでチェックすることができます。

☑インフォメーション　公的年金の改正点

2021年4月施行

・国民年金保険料の申請全額免除基準に未婚のひとり親や寡婦を追加する。
・外国人に対する脱退一時金について支給上限年数を3年から5年に引き上げる。

外国人の労務管理

年金の社会保障協定とはどのようなものですか？

　日本人が海外で働くことや、外国人が日本で働くことが年々増加しています。海外で働く場合、働いている国の社会保障制度に加入をする必要があり、日本の社会保障制度の保険料と二重に負担しなければならない場合が生じています。また、日本や海外の年金を受けとるためには、一定の期間その国の年金に加入しなければならない場合があるため、その国で負担した年金保険料が年金受給につながらないことがあります。つまり社会保障協定は、

- ・保険料の二重負担を防止
- ・両国の年金制度への加入期間を通算することで、年金受給のために必要とされる加入期間の要件を満たしやすくするために締結しています。

　なお、各国との社会保障協定発効状況は、巻末の資料編に掲載してあります。

☑社会保障協定と脱退一時金

　外国人にも、人事担当者には理解が難しいのは、社会保障協定です。日本は、ドイツ、イギリス、ハンガリー、インド、ルクセンブルクなど現在まで23の国と社会保障協定を結んでいます。その数は少しずつ増えています。現在、社会保障協定発効準備中の国はイタリア、スウェーデンとフィンランドです。この制度の場合、日本での年金加入期間が外国人本国の年金加入期間と合算されることになります。ただし、この協定は、国によって内容が異なるので、日本年金機構(年金事務所)での確認を行ってから手続きをするようにしてください。

　また、社会保障協定を結んでいない国から来た外国人のためには、脱退一時金という制度もあります。この制度は、日本の企業において6カ月以上働き、厚生年金保険料を払っていた場合に対象となります。外国人が日本出国後、2年以内に日本年金機構に請求をすることにより、日本で働いた期間で、給与や賞与から天引きされた厚生年金保険料が、3年分を上限として払い戻しされる制度です。なお、厚生年金法の改正により、2021年4月1日からは5年分を

上限として払い戻されることになります。

　外国人の間では、年金リファンドというような呼び名を使っている人もいます。実際、アジアの国との社会保障協定の締結に関しては、これから本格化しますので、当面は、脱退一時金を利用するケースも多く存在することになります。残念ながら上限が３年ということで、拒絶反応を示す外国人も多く、説明しても納得してもらえないこともあるかもしれません。

　ただし、この制度の利用は、１回に限定されていないので、３年働き、脱退一時金を請求し、その後、日本に再来日し、また３年働いて脱退一時金を再度請求するということは可能です。さらに、脱退一時金の上限は2021年4月から５年に引き上げられることになりました。

　脱退一時金請求書に添付しなければならないのは、次の３点です。

①パスポートの写し
②請求者本人の銀行口座名義を確認できる書類
③年金手帳

　なお、パスポートの写しには日本を出国した年月日、氏名、生年月日、国籍、署名が確認できるページを含むものとします。これに加え、在留カードの写し（あるいは以前の在留資格を証明する資料）を求められます。

☑ 23 の国と結ばれている社会保障協定

　協定の対象となる社会保障制度は次の表のように協定相手国により異なります。脱退一時金を受取ると、社会保障協定を結んでいる場合でも、その期間を通算することができなくなるので注意しましょう。対象となっていない制度については、二重加入となり、それぞれ加入手続きが必要です。

「日本年金機構ホームページ（2020年3月25日現在）」より

相手国	協定発効日	期間通算	二重防止の対象となる社会保障制度	
			日本	相手国
ド　イ　ツ	2000年2月	○	公的年金制度	公的年金制度
イ　ギ　リ　ス	2001月2月	-	公的年金制度	公的年金制度
韓　　　国	2005月4月	-	公的年金制度	公的年金制度
ア　メ　リ　カ	2005月10月	○	公的年金制度 公的医療保険制度	社会保障制度 （公的年金制度） 公的医療保険制度 （メディケア）
ベ　ル　ギ　ー	2007月1月	○	公的年金制度 公的医療保険制度	公的年金制度 公的医療保険制度 公的労災保険制度 公的雇用保険制度
フ　ラ　ン　ス	2007月6月	○	公的年金制度 公的医療保険制度	公的年金制度 公的医療保険制度 公的労災保険制度
カ　ナ　ダ	2008月3月	○	公的年金制度	公的年金制度 ※ケベック州年金制度を除く
オ　ー　ス　ト ラ　リ　ア	2009月1月	○	公的年金制度	退職年金保障制度
オ　ラ　ン　ダ	2009月3月	○	公的年金制度 公的医療保険制度	公的年金制度 公的医療保険制度 雇用保険制度
チ　ェ　コ	2009月6月 （※）	○	公的年金制度 公的医療保険制度	公的年金制度 公的医療保険制度 雇用保険制度
ス　ペ　イ　ン	2010月12月	○	公的年金制度	公的年金制度

アイルランド	2010 月 12 月	○	公的年金制度	公的年金制度
ブ ラ ジ ル	2012 月 3 月	○	公的年金制度	公的年金制度
ス イ ス	2012 月 3 月	○	公的年金制度 公的医療保険制度	公的年金制度 公的医療保険制度 雇用保険制度
ハンガリー	2014 月 1 月	○	公的年金制度 公的医療保険制度	公的年金制度 公的医療保険制度 雇用保険制度
イ ン ド	2016 月 10 月	○	公的年金制度	公的年金制度
ルクセンブルク	2017 月 8 月	○	公的年金制度 公的医療保険制度	公的年金制度 公的医療保険制度 公的労災保険制度 公的雇用保険制度
フィリピン	2018 月 8 月	○	公的年金制度	公的年金制度
スロバキア	2019 年 7 月	○	公的年金制度	公的医療保険制度 公的労災保険制度 公的雇用保険制度
中　　　国	2019 年 9 月	-	公的年金制度	公的年金制度
イ タ リ ア	発効準備中	-	公的年金制度 公的医療保険制度	公的年金制度 公的雇用保険制度
スウェーデン	発効準備中	○	公的年金制度	公的医療保険制度
フィンランド	発効準備中	○	公的年金制度 公的雇用保険制度	公的年金制度 公的雇用保険制度

※ 2018 年 8 月 1 日に協定の一部を改正する議定書が発効しました。

　今後、日本と人的交流が増える国も多くなりますので、社会保障協定を発効する国の数も増加していくことは確実です。人事労務担当者は、これから入って来る外国人の国籍から、どのような社会保障協定の内容になっているのか、事前にチェックしておくことが重要です。

外国人の労務管理

外国人が自分の国の年金に入っていれば日本で働くときには年金制度に入らなくてもいいのですか？

Q&A for hiring
foreign workers

　社会保障協定を結んでいる国の場合、原則として就労する国の社会保障制度のみに加入することになります。つまり、自分の国の社会保障制度加入は免除され、日本の社会保障制度のみに加入することになります。例外として、一時派遣（5 年以内）の場合には、協定の例外規定が適用され、自分の社会保障制度のみに加入し、日本の社会保障制度の加入が免除されます。

　2020 年 3 月 25 日時点における、社会保障協定の発効状況は以下のとおりです。（注）イギリス、韓国、イタリア及び中国については、「保険料の二重負担防止」のみ。

> ドイツ／アメリカ／ベルギー／フランス／カナダ／オーストラリア／オランダ／チェコ／スペイン／アイルランド／ブラジル／スイス／ハンガリー／インド／ルクセンブルク／フィリピン／スロバキア／中国／スウェーデン／フィンランド／イギリス／韓国／イタリア

One POINT ADVICE ： 永住権の絶対必要条件

　外国人が日本で永住許可申請を行う場合、日本の年金制度に加入し、年金保険料を納めていない場合、不許可になります。

　実際、近年の永住権申請の不許可理由でも年金制度への未加入や年金保険料の未払いが原因となることが非常に多く注意が必要です。

　2019 年 7 月より、永住権許可を得るための要件が厳格化され、年金保険料の納入実績を提出することが求められています。

　永住権を得ることだけを目的に慌てて国民年金の保険料を 2 年分だけ支払う外国人のケースも問題視され、不許可とされる事例も発生しています。

外国人の労務管理

公的医療保険でも社会保障協定の対象になっている場合があるそうですが、これはどのようなものですか？

　社会保障協定を結んでいる国の場合、原則として就労する国の公的医療保険のみに加入することになります。つまり、自分の国の公的医療保険は免除され、日本の公的医療保険（健康保険や国民健康保険）のみに加入することになります。例外として、一時派遣（5年以内）の場合には、協定の例外規定が適用され、自分の社会保障制度のみに加入し、日本の社会保障制度の加入が免除されます。

☑ 特殊な請負契約を結んでいる外国人の場合の例外

　Aさんはイギリス人ですが、日本のB社のシンガポールの子会社Cとの雇用契約があります。日本では「技術・人文知識・国際業務」の在留資格で3年間B社のプロジェクトのために働いています。このような場合、シンガポールの子会社CからAさんに報酬が支払われているので、Aさんは、自分で住む市区町村の国民健康保険に入ることになります。

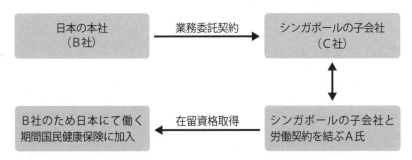

　今後様々な雇用形態で働く外国人が増えることが予想されます。日本の社会保障制度について、そのポイントをわかりやすく説明する資料を用意しておくとよいでしょう。

外国人の労務管理

外国人が民間の医療保険に加入している場合、日本の公的医療保険には入らなくてもよいのですか？

　勤務先が法人（株式会社、有限会社など）の場合は、日本の厚生年金と健康保険に入らなければいけません。個人事業主の場合でも、日本の国民年金と国民健康保険に入らなければいけません。

　日本の公的医療保険に入らなくてもいいケースは、外国人が「企業内転勤」でアメリカなどからやって来た外国人社員のケースです。

　給与がアメリカから支払われていて親会社が契約している民間医療保険にてカバーされています。

☑ 「企業内転勤」の在留資格とは？

　「企業内転勤」の在留資格は、外資系企業などが海外拠点の外国人社員を日本支店に期間を定めて転勤させるときに使われる在留資格です。

- ・資本関係のない企業からは転勤できません。
- ・仕事内容は「技術・人文知識・国際業務」と同じ内容であること。
- ・海外の親会社等で1年以上の勤務経験があり転勤期間が有期であること。
- ・日本人と同等以上の報酬の支払いがあること。

COLUMN
Let's take a break.

アルバイト外国人の雇用状況届出書

　英会話学校で働いてきた外国人講師の場合、日本で年金制度や公的医療保険制度に入っていないケースが多くみられます。

　一社だけの仕事をしているのではなく複数の英会話学校で講師をして生計を維持しているケースで、すべてパートと同じような扱いになっているため、厚生年金や健康保険の対象となりません。自分で本来加入すべき国民年金や国民健康保険にも入っていないという事例が未だに多くみられます。

外国人の労務管理

外国人には年金の「脱退一時金」という制度があるそうですが、これはどのような制度ですか？

　日本の企業・団体で6カ月以上働いたことのある外国人は、本国へ帰国後2年以内に日本年金機構に申請すれば、脱退一時金を受け取ることができます。ただし、脱退一時金を受け取った場合、脱退一時金の計算の基礎となった期間は年金加入期間ではなくなりますので社会保障協定が結ばれている国の人は注意してください。脱退一時金は国民年金と厚生年金の2種類あります。請求先は日本年金機構本部で、本人または代理人が脱退一時金請求書を提出します。電子申請か郵送の方法が選べ、本人が就労以外の目的（短期滞在等）で再来日したときは、窓口でも受け付けが可能です。

☑ 国民年金の支給要件

　支給要件は以下のとおりです。
①以下の第1号被保険者期間が、6月以上あること
- ・保険料納付済期間の月数
- ・保険料4分の1免除期間の月数×4分の3
- ・保険料半額免除期間×2分の1
- ・保険料4分の3免除期間×4分の1

②日本国籍を有しない方であること
③老齢基礎年金の受給資格期間を満たしていないこと
④国民年金の被保険者でないこと
ただし、次のいずれかに該当した場合は脱退一時金を請求することができません。
- ・国民年金の被保険者となっているとき
- ・日本国内に住所を有するとき
- ・障害基礎年金などの年金を受けたことがあるとき
- ・最後に国民年金の資格を喪失した日から2年以上経過しているとき（ただし、資格を喪失した日に日本国内に住所を有していた人は、同日後に初めて、日本国内に住所を有しなくなった日から2年を起算します）

支給額は、令和2年4月から令和3年3月までの間に保険料納付済期間を有

する場合、加入月数に応じて次のとおりとなります。

加入期間	6カ月以上 〜 12カ月未満	49,620 円
加入期間	12カ月以上 〜 18カ月未満	99,240 円
加入期間	18カ月以上 〜 24カ月未満	148,860 円
加入期間	24カ月以上 〜 30カ月未満	198,480 円
加入期間	30カ月以上 〜 36カ月未満	248,100 円
加入期間	36カ月以上 〜	297,720 円

☑厚生年金の支給要件

①厚生年金保険・共済組合等の加入期間の合計が6月以上あること

②日本国籍を有しない方であること

③老齢厚生年金などの年金の受給権を満たしていないこと

ただし、次のいずれかに該当した場合は脱退一時金を請求することができません。

・ 国民年金の被保険者となっているとき

・ 日本国内に住所を有するとき

・ 障害厚生年金などの年金を受けたことがあるとき

・ 最後に国民年金の資格を喪失した日から2年以上経過しているとき（ただし、資格を喪失した日に日本国内に住所を有していた人は、同日後に初めて、日本国内に住所を有しなくなった日から2年を起算します）

支給額は、厚生年金に加入していた期間の平均標準報酬月額×支給率です。支給率は次のとおりです。

加入期間	6カ月 〜 12カ月未満	6 月分
加入期間	12カ月 〜 18カ月未満	12 月分
加入期間	18カ月 〜 24カ月未満	18 月分
加入期間	24カ月 〜 30カ月未満	24 月分
加入期間	30カ月 〜 36カ月未満	30 月分
加入期間	36カ月以上	36 月分

脱退一時金は申請すると問題がなければ通常3〜4カ月で支給されます。申請する際には年金手帳や基礎年金番号が必要となりますので、本国に帰国する際も大切に保管しておいてください。なお、脱退一時金は20.42%の税金が源泉徴収されます。（2013年から2037年まで、所得税20%の他に0.42%の復興特別所得税がプラスして源泉徴収されます。）

会社都合で在留期限内に解雇された外国人は「失業保険」が もらえますか？

就労の在留資格を持つ外国人が会社の都合で失業した場合、現在の在留期間の期限が来るまで失業保険（雇用保険の基本手当）がもらえます。この期間内に次の就職先が決まり、在留資格の該当性を満たす職務内容であれば在留資格の延長（更新）を行うことができます。

なお、基本手当は「会社を辞めた日（離職日）以前1年間に雇用保険に入っていた期間が6カ月以上ある人について、失業したときに支払われます。

外国人労働者であっても雇用保険の被保険者期間が6カ月以上あれば離職日の年齢・勤続年数（算定基礎期間）、解雇や倒産による特定受給資格者に該当するのであればより多くの基本手当をもらえる日数（所定給付日数）が決まることになります。

実際、2020年は新型コロナウイルス感染症の休業要請の影響で、飲食店やホテルなどで事業継続が困難となる企業が相次ぎ、外国人の特定受給資格者も増えました。

☑ 雇用保険の基本手当の所定給付日数

①倒産・解雇等による離職者（③を除く）

区　分 \ 被保険者であった期間	6カ月以上 1年未満	1年以上 5年未満	5年以上 10年未満	10年以上 20年未満	20年以上
30歳未満	90日	90日	120日	180日	－
30歳以上45歳未満		90日	180日	210日	240日
35歳以上45歳未満				240日	270日
45歳以上60歳未満		180日	240日	270日	330日
60歳以上65歳未満		150日	180日	210日	240日

②倒産・解雇等以外の事由による離職者（③を除く）

被保険者であった期間／区分	6カ月以上 1年未満	1年以上 5年未満	5年以上 10年未満	10年以上 20年未満	20年以上
30歳未満	90日	90日	120日	180日	-
30歳以上45歳未満	90日	90日	180日	210日	240日
35歳以上45歳未満	90日	90日	180日	240日	270日
45歳以上60歳未満	90日	180日	240日	270日	330日
60歳以上65歳未満	90日	150日	180日	210日	240日

③就職困難者

被保険者であった期間／区分	6カ月以上 1年未満	1年以上 5年未満	5年以上 10年未満	10年以上 20年未満	20年以上
45歳未満	150日	300日			
45歳以上65歳未満	150日	360日			

☑基本手当を受ける要件

　原則として離職の日以前2年間に、被保険者期間が12カ月以上（倒産・解雇等により離職された方は、離職の日以前1年間に被保険者期間が6カ月以上でも可）あり、再就職に対して積極的な意思と能力があることです。

☑基本手当の日額

　原則として離職の日以前6カ月に支払われた賃金の日額の50％〜80％に相当する額です（ただし、離職の日において60〜64歳の方については45％〜80％に相当する額です）。

☑事業主の方には

　雇用保険では失業等給付以外にも、景気の変動などにより事業活動の縮小を余儀なくされた場合に、労働者を休業させ、または教育訓練を受けされる事業主等に対して支給される雇用調整助成金など、事業主に対して支給される各種助成金があります。

その他の労務管理について

外国人の労務管理

不法就労の外国人を雇用した場合、雇用主に罰則はありますか？

入管法上、不法就労の外国人を雇用した場合、罰則があります。これは「不法就労助長罪」というもので、処罰の対象となるのは下記のケースです。

① 事業活動に関し、外国人を雇用するなどして不法就労活動をさせる行為。

② 外国人に不法就労活動をさせるために自己の支配下に置く行為。

③ 業として、外国人に不法就労活動をさせる行為。または外国人に不法就労活動をさせることを斡旋する行為。

①から③に該当する者については、3年以下の懲役若しくは300万円以下の罰金に処し、またはこれらを併科すると定められています。

また、不法就労外国人であることを知らないで雇用した場合、不法就労であるとはっきりと認識していなくとも、状況から見てその可能性があるのにもかかわらず、確認をすることもなく雇用してしまったケースは処罰を免れません。

「アルバイト」が週28時間までに制限されている「家族滞在」や「留学」の在留資格の外国人を故意に使用する場合も「不法就労助長罪」の対象となりますので注意は必要です。

実際、毎年400件近く「不法就労助長罪」で検挙されています。

近年検挙された事例には以下のようなものがあります。

・「短期滞在」の在留資格で入国したタイ人の男女らを解体工事現場で働かせていた。

・「技能」や「家族滞在」の在留資格で入国したネパール人の男女らを日本人が務める人材派遣会社を通じて食品加工工場にあっせんし、フルタイムで働かせていた。

・「技術・人文知識・国際業務」の在留資格で入国させたベトナム人の男性を建設会社に派遣し、土木作業員として単純労働に従事させていた。

Chapter1
Q25

Q&A for hiring
foreign workers

外国人の労務管理

外国人にも男女雇用機会均等法について適用されますか？

外国人にも男女雇用機会均等法は適用されます。

☑ 女性活躍のためのヒント

妊娠・出産する女性労働者にも良好な環境を整えたいという企業が増えています。職場で働く男女が性別による差別を受けたり、妊娠等を理由に不利益な取扱いをされたりすることを禁止し、その能力を十分発揮することができる雇用環境を整備するための法律が「男女雇用機会均等法」です。

☑ 性別を理由とする差別の禁止

募集・採用、配置・昇進・降格・教育訓練、福利厚生、職種・雇用形態の変更、退職・勧奨・定年・解雇・労働契約の更新について、性別を理由とする差別を禁止しています。これは、外国人の場合も同様です。下の図のような募集はできません。

表記してはいけない表現	改善例
営業マン、ウェイター、カメラマンなど男性名称が職種に含まれている	営業マン（男女）、ウェイター・ウェイトレス、カメラマン（男女）・撮影スタッフ
ウェイトレス、生保レディ、保母など女性名称が職種に含まれている	ウェイター・ウェイトレス、生保営業職、保育士
大卒男性10名、女性5名など男女別の採用予定人数を明示	大卒男女15名
男性幹部職員、女性秘書、トイレ清掃員（女性）など、男性のみ・女性のみを対象	幹部職員、秘書、トイレ清掃員

※その他、男女で応募できる年齢上限を変えたり、女性のみ「未婚」や「子供がいないこと」な

ど異なる条件を設けたり、別の採用試験を課すことも禁止されています。ただし、「俳優など
の芸術・芸能分野（男女）」、「守衛・警備員など防犯上の要請によるもの（男性）」、「その他宗
教上、スポーツにおける競技上の理由によるもの（男女）」、「エステシャンなどの風紀上のも
の（男女）」、「ホスト・ホステス」などの業務については、性質上、どちらか一方のみの募集・
採用ができます。

☑ 不利益取扱いの禁止

　婚姻・妊娠・出産、産前産後休業の取得、育児時間の取得、軽易作業への転
換請求や時間外労働をしないことを請求するなどした女性労働者に対し、解雇
や雇止め、降格・減給・不利益な評価や労働契約内容の変更などを強要するこ
とは禁じられています。

☑ ポジティブ・アクションの推進

　男女間に事実上生じている格差を解消するため、雇用主が自主的かつ積極的
な取組みをポジティブ・アクションといいます。女性比率が4割を回っている
など一定の条件を満たせば国の援助を受けることもできます。

☑ 母性健康管理措置

　雇用主は、妊産婦が保健指導または健康診査を受けるために必要な時間を確
保するとともに、妊産婦が保健指導または健康診査に基づく指導事項を守るこ
とができるようにするための措置（時差通勤、休憩回数の増加、勤務時間の短縮、
休業等）を講ずることが義務となっています。雇用主が措置を講じず是正勧告
にも応じない場合には、企業名公表の対象となる（均等法第30条）とともに、
紛争が生じた場合、調停など個別紛争解決援助の申し出を行うことができるよ
うになりました。この内容について、外国人に説明する必要があります。

☑ セクシャルハラスメント対策

　職場におけるセクシャルハラスメント（同性に対するものも含む）は、性的
な行動や言葉によって、労働者が傷つき、職場環境が害されてしまいます。外
国人の場合、よりデリケートな問題なので注意が必要です。

　男性から女性だけでなく、女性上司が男性部下にセクハラ行為に該当するこ
とも問題視されます。特に外国人男性のプライバシー（交友関係）を聞くのは
避けるべきです。

☑ 女性労働者の就業制限

坑内労働の禁止 （労働基準法第64条の2）	妊娠中や産後1年を経過しておらず坑内業務に従事しない旨を申し出た人は労働させることができません。また、満18歳以上の女性は全て人力による掘削や厚生労働省令で定める女性に有害な業務に就かせることができません。
危険有害業務の禁止 （労働基準法第64条の3）	妊娠中や産後1年を経過していない女性を、重量物を取扱う業務、有毒ガスを発散する業務などで労働させてはいけません。
産前産後休業 （労働基準法第65条1項・2項）	原則として、産前6週間以内に出産予定の女性が休業を請求した場合および産後8週間（医師が支障なしと認めた場合で本人が就業を希望する場合は6週間）は、就業させてはいけません。※労働基準法では、出産は妊娠4カ月以上の分娩とし、死産も含むとしています。
労働時間の制限 （労働基準法第66条）	妊産婦から請求があったときは、時間外労働、休日労働、深夜労働をさせることはできません。また、妊産婦から請求があったときは、フレックスタイム制以外の変形労働時間制を適用することはできません。
育児時間 （労働基準法第67条）	生後満1年未満の子を育てている女性労働者は、1日2回、少なくともそれぞれ30分の育児時間を請求することができます。雇用主は、育児時間中はその女性を使用することはできません。
生理休暇 （労働基準法第68条）	生理日の就業が著しく困難な女性労働者が休暇を申請した場合、就業させることはできません。また、生理休暇の日数は必要な日数を与えなければなりません。

外国人の労務管理

外国人社員を採用しました。メンタルヘルス面において気をつけなくてはいけないことは何ですか？

外国人労働者の場合、一部の留学生を除き日本で教育をうけた経験がなく、異なる文化からきています。そのため、労働環境や仕事を理解する場面においても、誤解や不理解が生じやすくこれらの要因がストレスとなる可能性があります。

労働環境の面では、労働時間、仕事の内容、今まで自国で行ってきた仕事と日本で仕事のギャップがストレス要因となりうるものです。

特に日本企業の残業の多さから精神衛生上問題が起こるケースが多いのが実情です。

ある商社では、外国人労働者のみ昇進の機会がなく、いくら仕事をしても達成感がないことに起因するストレスから離職した外国人社員がいます。

あるアンケート調査では、外国人がストレスを感じる要因が「職場の対人関係」とされており、日本語という言葉の問題だけでなく日本の企業文化として存在する根回しや長い会議を終えての決定など非言語的なコミュニケーションに対する理解も必要だとされています。企業の人事担当者も、このポイントを理解した上で外国人社員のメンタルヘルス対策を行う必要があります。

ストレスチェックと外国人社員

ストレスチェック制度は50人以上の労働者がいる会社に1年1回の実施が義務付けられています。（50人未満の場合は努力義務）主な目的は、「メンタルヘルス不調の未然防止」である一次予防です。

「ストレスチェック」は、ストレスに関する質問票に労働者が記入し、それを集計・分析することで自分のストレスがどのような状態にあるのかを調べる簡単な検査です。外国人社員の場合はわかる言語に訳して実施する必要があります。

外国人の労務管理

Chapter1
Q27

Q&A for hiring foreign workers

有期契約で働いている外国人の女性社員が育児休業や介護休業を取得することはできますか？

　日本の育児・介護休業法では、有期契約労働者（パート・派遣・契約社員など雇用機関の定めのある労働者）のうち、一定の範囲の方は、育児休業や介護休業を取得することができます。

　育児休業をすることができる外国人有期契約労働者の範囲は、申し出の時点で次の①、②の両方を満たす方です。

① 同一の事業主に引き続き1年以上雇用されていること。
② 子が1歳6カ月に達する日までに労働契約（更新される場合には更新後の契約）の期間が満了することが明らかでないこと。

　介護休業をすることができる外国人有期契約労働者の範囲は、申し出の時点で次の①、②の両方を満たす方です。

① 同一の事業主に引き続き1年以上雇用されていること。
② 介護休業開始予定日から93日経過する日から6カ月を経過する日までに労働契約（更新される場合には更新後の契約）の期間が満了することが明らかでないこと。

　なお、希望どおりの日から休業するためには、原則として育児休業の申し出は休業開始の1月前まで、介護休業の申し出は休業開始の2週間前までにすることとされています。

　また、会社が育児休業の取得を理由として契約を更新しなかったり、休業を終了する日を超えて休業することを強要することは、法律で禁止されています。

　実際、日本の企業で外国人女性が育児休業を取得することを原因として契約の更新を拒否する事例が多くみられます。外国人で就労系の在留資格を持つ女性の場合、契約が解除されると日本に在留することができなくなり、大きなトラブルにつながりますので、注意が必要です。

外国人の労務管理

外国人労働者が育児休業や介護休業を取得した場合、国から何かしらの経済的支援を受けることができますか？

　現在、外国人労働者が育児休業や介護休業を取得した場合、下記のような内容の経済的支援を受けることができます。

産前産後休業

名称	内容	問合せ先
出産育児一時金	健康保険の被保険者（本人）が、出産したとき、1児につき42万円（産科医療補償制度加算対象出産でない場合は40万4千円）が出産育児一時金として、支給されます。	詳しくは ・協会けんぽ ・健康保険組合 ・市区町村等へ
出産手当金	産前産後休業の期間中、給与が支払われない場合、健康保険から1日につき、賃金の3分の2相当額が支給されます。ただし、休業している間にも会社から給与が支払われ、出産手当金より多い額が支給されている場合には、出産手当金は支給されません。	詳しくは ・協会けんぽ ・健康保険組合等へ
育児休業給付金	1歳未満の子を養育するために育児休業を取得した等一定条件を満たした方で、原則として休業開始時の賃金月額の67％を支給されます。なお、育児休業の開始から6カ月経過後は50％になります。	詳しくは最寄のハローワークへ
介護休業給付金	要介護状態にある家族を介護するために、介護休業を取得した一定要件を満たした方で、原則として休業開始時の賃金月額の67％を支給されます。	

※いずれも非課税のため所得税の控除はなく、次年度の住民税の算定基礎にもなりません。

☑社会保険料

　産前産後休業中、育児休業中の健康保険・厚生年金保険の保険料は、会社から年金事務所または健康保険組合に申し出をすることによって、本人負担分、会社負担分ともに免除されます。

　社会保険料の免除を受けても、健康保険の給付は通常どおり受けられます。また、免除された期間分も将来受取年金額に反映されます。詳しくは、年金事務所、健康保険組合等へ。

※厚生年金基金に関するお問合せは、企業年金連合会へ。

☑雇用保険料

　産前産後休業中、育児休業中に会社から給与が支払われていなければ、雇用保険料の負担はありません。詳しくは最寄のハローワークへ。

COLUMN　Let's take a break

母子家庭が受けられる児童扶養手当

　日本では、日本人と結婚していたものの離婚し、日本人の子供を育てる外国籍のシングルマザーがいます。そのような状況にある外国籍のシングルマザーであっても日本の国から手当てを受けることができます。

　なお、支給対象は18歳に達する日以後の最初の3月31日までの間にある児童を監護する母、監護かつ生計を同じくする父または祖父母など養育する者になります。児童扶養手当は年6回奇数月に支払われます。

　なお、児童扶養手当の金額は、監護する児童の人数と所得（収入）ベースから得られる所得制限限度額による全部支給、あるいは一部支給で異なります。パートタイマーなどで働いている外国籍のシングルマザーの場合、ほとんどが支給対象になります。

☑特別定額給付金と外国人

　日本では、新型コロナウイルス感染症の影響から2020年5月以降、特別定額給付金が住民基本台帳に登録されている世帯全員に一律10万円支給されることになりました。外国人労働者の家庭も住民基本台帳に登録されていますので、この給付金を受ける対象となりました。

外国人の労務管理

外国人社員Cが私用で一時帰国している間に新型コロナウイルスに感染してしまいました。この場合、健康保険法の傷病手当金の対象になりますか？

　2020年に日本でも流行した新型コロナウイルス感染症ですが、厚生労働省の決定で被保険者が業務災害以外の理由により新型コロナウイルスに感染していることが判明した場合、他の疾病に罹患している場合と同じく療養のための労務に服することができなくなった日から起算して3日を経過した日から労務に服することができない期間、傷病手当金が支給されます。

　なお、傷病手当金は、直近12カ月の標準報酬額を平均した額の30分の1に相当する額の3分の2に相当する額となります。

　今回、新型コロナウイルス感染症の扱いで特徴的なのは、自覚症状がないものの、検査結果で「陽性」と判断され療養のため労務に服することができない場合でも傷病手当金の対象となります。

　ただし、本人に自覚症状がなく家族が感染し濃厚接触者になったという理由で本人が休暇を取得した場合は、被保険者自身（本人）が労務不能と認められない限り、傷病手当金は支給されません。

　一方、法律に基づかない会社側の独自の疾病予防として一律に労働者に休ませる場合、「使用者側の責めに帰すべき事由による休業」になり、労働基準法に基づき使用者は休業期間中の休業手当（平均賃金の100分の60以上）を支払わなければなりません。

　ではもし、外国人社員Cが感染したことから会社が事業所全体を休業にするという意思決定をした場合はどうでしょう。

　この場合も休業手当を支払わなければなりません。

　今後、各企業としても感染症予防のため、社員の健康管理をしっかり行っていくことが重要な時代です。外国人社員にも例外なく健康管理の目標を伝えていくことが望まれます。

外国人の労務管理

外国人社員の退職手続きについて注意すべきポイントは何ですか？

Q&A for hiring foreign workers

　外国人が、退職した場合の手続きはどうなるのでしょうか？自己都合退職という形で辞めていく場合でも、会社は、一定の手続きをしなければなりません。出入国在留管理局への届けも必要になります。ただし、現在では、出入国在留管理局への届けは、労働施策総合推進法で定められているハローワークへの届けで代用することができます。ハローワークのコンピューターネットワークと出入国管理局のコンピューターネットワークがつながっているので、情報の共有化がされているからです。

　外国人が転職をする際に退職証明書が必要になることもあります。退職証明書は、外国人社員から求められた場合、労働基準法上定められているとおりに発行する必要があります。

　外国人労働者の意思に反する形で、会社都合で一方的に労働者との雇用契約を解約する解雇の場合は、注意が必要です。例えば、3年間の契約でIT技術者として外国人を雇用したけれども、2年後に業績の悪化により、解雇したケースなどが該当します。会社都合で一方的に解雇された場合、外国人も在留期限内は、日本において就職活動を行う権利があるので、その手助けをすることが求められます。このような事例では、ハローワークで、外国人も失業者として給付を受けることができます。その手続きについて案内することまでしなければ、外国人社員への責務を果たしたことにはなりません。

　リーマンショックの後に、一部の外資系金融機関が、多くの外国人を解雇して、その後その人間と、個人事業主として請負契約を結び、解雇する前に担当させていた業務を以前より4割も安い報酬で行わせるといった労働基準法違反とされるような事例もありました。

このような事例を踏襲するようなことは、避けなければなりません。外国人のための相談センター等の所在地も案内し、何らかの形でサポートをしていくことが重要です。

　2020年にも新型コロナウイルス感染症の拡大による不況で外国人社員の解雇が増え大きな社会問題となりました。

☑インフォメーション　外国人労働者に対する安全教育の必要性

　日本では毎年のように外国人労働者が増えていますが、外国人の労働災害も増加傾向にあり、2015年以降は毎年2,000件を超えています。2019年には休業4日以上の外国人の死傷者数については約3,000人まで増えました。外国人労働者の場合、日本国内で教育を受けていないケースが多いので日本の労働慣例や日本語に習熟していません。

　外国人労働者に対して安全衛生教育を行うときは、日本語の理解度を確認した上で適切に工夫して、作業手順や安全のためのルールをしっかりと理解してもらう必要があります。実際、ある建設関連の企業では、日本人の労働者が手順を携帯の動画で撮影し、繰り返し外国人労働者に見せることで、作業のやり方を理解してもらう方法を採り、労災の防止に役立っています。今後、外国人を採用する予定の企業の場合、あらかじめ視聴覚教材を作成し、外国人労働者が理解できる安全衛生教育を実施することが必要です。

8章

外国人の生活関連手続き

・高額医療費・住民登録・住民税・確定申告・遺族年金
・義務教育・日本語学習

外国人の生活・税務

Chapter1 Q1

外国人がガンなど大きな病気で医療費が高額になり、一定限度を支払った場合には高額療養費の対象となりますか？

Q&A for hiring foreign workers

　日本で働いている外国人労働者の場合でも、一定限度額（1月あたり80,100円を超える自己負担額）を支払った場合、日本人と同様に申請することで自己負担額を超えた金額が高額療養費として保険者から支給されることになっています。

　医療費が高額になることが事前にわかっているときは、限度額適用認定証を提示する方法が便利です。世帯合算の制度も使えます。

　外国人の世帯でも日本国内に住む被保険者とその被扶養者については、複数の人が同じ月に病気やけがをして医療機関で受診した場合や一人が複数の医療機関で受診したり一つの医療機関で入院と外来を受診した場合、自己負担額は世帯で合算することができます。その合算した額が自己負担額を超えた場合、超えた額が払い戻されます。ただし、70歳未満の外国人の場合、受診者別にそれぞれ算出された自己負担額（1カ月）21,000円以上のものを合算できます。

　高額医療費は、原則全部の一部負担金を病院の窓口で支払った場合、後日、高額療養費の名称で払戻しがされることになっています。

　病院で支払う自己負担額が1カ月に80,100円を超えてしまった場合（なお、上位所得者は167,400円）は、その額にその医療費の額を上回った医療費の1%を加算した額を超えた分が、後日外国人労働者が所属する健康保険組合や全国健康保険協会から支給されます。

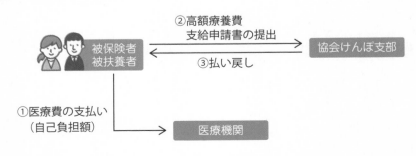

外国人の生活・税務

外国人も住民登録をする必要があるのですか？

Q&A for hiring
foreign workers

　日本に3カ月を超えて在留する外国人については、住民登録をすることが義務付けられています。2012年7月以降、在留カードが登場したため、このカードを持っている外国人は住民登録の義務が生じます。外国人の住民登録は、居住地の市区町村で行います。住民登録が済むと、在留カードには住民登録の情報も記載されます。外国人にも『住民票』が発行されます。企業等の担当者も記載内容を確認しておく必要があります。『在留カード』を所有している外国人は、常時携帯しなければなりません。

　『在留カード』は、出入国在留管理庁が情報の一元管理をするので、市区町村は役割が変わります。ただし、住所変更の手続きについては、住民基本台帳法の定めで市区町村経由となり、専用のオンラインで出入国在留管理庁と情報のキャッチボールが行われます。

☑外国人の住所地への届出について

　3カ月を超えて在留する外国人の住所地の届出手続きは、次の3つに分類されます。なお、いずれの手続きにおいても、届出は出入国在留管理局ではなく、居住地の市区町村で行います。

①新規上陸後の住居地の届出手続き

　出入国港で新規の上陸許可に伴い交付された在留カード、または「在留カードを後日交付する」旨の記載がなされた旅券（以下「在留カード等」といいます。）を所持する中長期在留者は、居住地を定めた日から14日以内に、在留カード等を持参の上、住居地の市区町村の窓口でその住居地を法務大臣に届け出なければなりません。

　なお、在留カード等を提出して住民基本台帳制度における転入届をしたとき

は、転入届が住居地の届出とみなされます。転入届をすることにより、外国人にもマイナンバーが発行されます。この有効期限は、在留カードの有効期限と同じです。

②在留資格変更等に伴う住居地の届出手続き

これまで中長期在留者ではなかった外国人で、在留資格変更、在留期間更新、在留資格取得等の在留資格に係る許可を受けて、新たに中長期在留者となった者は、住居地を定めた日（既に住居地を定めている者は、当該許可の日）から14日以内に、在留カードを持参の上、住居地の市区町村の窓口でその住居地を法務大臣に届け出なければなりません。

なお、在留カードを提出して住民基本台帳制度における転入届をしたときは、転入届が住居地の届出とみなされます。

③住居地変更の届出手続き

住居地の変更をした中長期在留者は、変更後の住居地に移転した日から14日以内に、在留カード等を持参の上、変更後の住居地の市区町村の窓口でその住居地を法務大臣に届け出なければなりません。

なお、在留カードを提出して住民基本台帳制度における転入届または転居届をしたときは、これらの届出が住居地の届出とみなされます。

☑外国人住民に係る住民票を作成する対象者について

基本的な考え方としては、観光などの短期滞在者等を除き、適法に3カ月を超えて在留する外国人であって住所を有する者について住民票を作成することとしており、次の4つに区分されます。

①中長期在留者（在留カード交付対象者）

わが国に在留資格をもって在留する外国人で、3カ月以下の在留期間が決定された者や短期滞在・外交・公用の在留資格が決定された者等以外の者。

②特別永住者

入管特例法により定められている特別永住者。

③一時庇護許可者または仮滞在許可者

　入管法の規定により、船舶等に乗っている外国人が難民の可能性がある場合などの要件を満たすときに一時庇護のための上陸の許可を受けた者（一時庇護許可者）や、不法滞在者が難民認定申請を行い、一定の要件を満たすときに仮に我が国に滞在することを許可された者（仮滞在許可者）。

④出生による経過滞在者または国籍喪失による経過滞在者

　出生または日本国籍の喪失により我が国に在留することとなった外国人。入管法の規定により、当該事由が生じた日から 60 日以内に限り、在留資格を有することなく在留することができます。

外国人共生センターについて

　2020 年に入り各地で外国人共生センターがスタートすることになりました。外国人を日本社会に円滑に受け入れていくことを目的に進められています。実際、大都市ばかりではなく地方も含め、外国人の雇用促進を効果的かつ効率的に支援することを目的としています。外国人雇用促進に関して、以下のテーマを中心に支援を行っています。

- 留学生の受け入れ促進・就職支援
- 高度外国人材の受入れ促進
- 外国人材・家族の人権擁護
- 法律トラブル
- 査証相談
- 労働基準法・労働安全衛生

外国人の生活・税務

外国人社員も住民税の支払い義務が生じますか？また、年度途中で退社してしまうような外国人の場合、住民税の納付はどうすればいいですか？

　外国人社員でも、住民登録されて在留カードが発行される場合、住民税の対象となります。

　住民税は、所得税とは違い前年の所得に対して課税されます。2020年の住民税は、2019年1月〜12月の所得に基づいて2020年6月から2021年5月支給の給与から天引きされることになります。

　日本では、前年の所得に対する住民税が本年の給与から毎月控除されます。この制度を正しく外国人社員に伝えておかないとトラブルになります。来日したばかりの外国人では住民税負担がないものの2年目からいきなり控除額が増えることになるので、その仕組みを本人が理解できる言語で説明しておく必要があります。

　もし外国人社員が退職し本国へ帰ってしまう場合、勤務先を通じて住民税の徴収ができません。このようなケースを想定し本人に支払い義務がある住民税をどのように支払うかを明らかにしておきます。

　あらかじめ住民税の支払い義務について外国人社員に説明をして、出国前に給与天引きや一括納付を行っていくのが一般的です。

　もし退職する時の給与で住民税が支払いきれない場合、普通徴収の方法を採ります。会社から市区町村に提出する「退職に伴う異動届出書」の中に何月まで特別徴収したかを明記し、退職した外国人の住所を記載しておくとその住所あてに未納分の住民税に関する納付書と銀行振込先が届きます。

☑ 例外的なケース

　会社が住民税の納付もれを防ぐため外国人の納税管理人をすることがあります。もしその外国人が住民税未納分のお金を会社に送金してこないと、会社が納税管理人として本人の未納分に対する責任を果たさなければなりません。

Chapter1
Q4

Q&A for hiring
foreign workers

外国人の生活、税務

確定申告が必要となる外国人とはどのような人ですか？

　外国人にとってわかりにくいのが、日本の確定申告の制度です。所得税法上の義務を果たしていないと永住権申請などで問題視されますので、注意が必要です。

- ・フリーランスとして企業と業務委託契約している。
- ・給与の収入金額が2,000万円を超える。
- ・給与を1ヵ所から受けていて、各種の所得金額（給与所得、退職所得を除く）の合計金額が20万円を超える。
- ・給与を2ヵ所以上から受けていて、年末調整をされなかった給与の収入金額と、各種の所得金額（給与所得、退職所得を除く）との合計額が20万円を超える。
- ・自ら不動産経営を行い、所得がある。
- ・公的年金の受給額が400万円を超えている、または公的年金以外の所得が年間20万円以上である。

　上記に該当する場合、日本に在留している外国人は、確定申告をする義務があります。注意しなければならないのは、「外国税額控除」です。日本では、所得に対する二重課税を防ぐために、一部の国と租税条約を結んでいます。すでに、日本国外において所得があるケースで、海外で納税をしたにも関わらず、日本でも課税対象となっているものについては、その納税済みの税額を日本で支払うべき税額から差し引くことが認められています。

　日本と租税条約を締結している国は、財務省のウェブサイトに載っています。

✅ **参考URL**

https://www.mof.go.jp/tax_policy/summary/international/h07.htm

外国人の生活・税務

外国人の妻は、日本人と結婚して永住権を取得している場合、遺族年金を受け取れるのですか？

　遺族年金は、国民年金法と厚生年金法を基に被保険者が死亡した際、残された遺族に対して支給される公的年金ですが、外国人でも要件を満たしていれば支給を受けることができます。国民年金の被保険者または老齢基礎年金の資格期間を満たした人が死亡したときに支給されるのが遺族基礎年金です。

　日本人の夫（加入者）に生活を維持されていた「18歳未満の年度末までの子（障害のある子は20歳未満）がいる配偶者又はその子」が遺族基礎年金の支給対象となります。

　外国人妻が遺族基礎年金を受給するためには亡くなった日本人の夫が以下の4項目のうちいずれかを満たしている必要があります。

1．国民年金に加入している
2．国民年金に加入していた人で、日本国内に住所があり年齢が60歳以上で65歳未満
3．老齢基礎年金を受給中
4．老齢基礎年金の受給資格期間を満たしていること

　1と2の要件を満たすためには、①と②の条件をいずれかをクリアしていなければなりません。

① 亡くなった日の2カ月前までの被保険者期間の中で保険料納付期間と保険料免除期間の合計が3分の2以上であること。
② 亡くなった日の2カ月前までの1年間に保険料の支払を滞納していないこと。

　なお、生計が維持されていたと証明するためには、原則として遺族の前年の収入が850万円未満であること、または所得が655万5,000円未満であることが収入の要件となります。

外国人の生活・税務

外国人労働者の子供が「家族滞在」で在留している場合、日本の公立小学校や中学校に入ることはできますか？

Q&A for hiring foreign workers

外国人労働者で子供も日本人と同様に無償で日本の公立の小中学校に入学（編入学）をすることができます。まず、外国人労働者が住むことになる市区町村に転入届を行うことが必要です。住民登録を家族でしたことにより日本の公立の小中学校に子供が通うことができます。その後、市区町村の教育委員会に公立の小中学校へ入学を希望することを申請します。これは就学申請というものですが、日本語能力が低い外国人の場合、会社で通訳をつけるか、専門家に依頼するなどしてサポートする必要があります。就学申請をすることで市区町村から「就学通知書」が発行されることになります。通知書を持って親である外国人と子供が住所地の校区にある指定の学校へ出向くことになります。この場合でも通訳等のサポートが必要です。指定される学校については市区町村により対応が分かれますが、地域において日本語指導の充実した学校への通学を通知されるケースもあります。

文部科学省のホームページの中に「帰国・外国人児童生徒教育情報」のサイトがあり、英語にも対応しています。また横浜教育委員会が、英語、中国語、スペイン語、タガログ語、韓国・朝鮮語、ポルトガル語、ベトナム語に対応している他、（公財）岐阜県国際交流センターが英語、中国語、ポルトガル語、タガログ語にも対応しています。

なお、子供の通学にあたり年齢に相当する学年に編入されるのが原則ですが、日本語能力に難がある場合は年齢より下の学年に入ることになる可能性もあります。

外国人労働者の子供は、必ずしも日本の公立小学校や中学校に入るとは限りません。実際インド人の多い東京都江戸川区や江東区周辺にはインターナショナルスクールがいくつもあり、国際的視野で勉強している子供たちもいます。

Q7

Q&A for hiring
foreign workers

外国人の生活・税務

外国人が日本で日本語を勉強するための手段にはどのようなものがありますか？

　外国人が、日本語能力をレベルアップさせることは業務上必要性があり、企業として最大限バックアップすべきです。例えば、公共放送の NHK では、NHK WORLD JAPAN のホームページ上で「やさしい日本語のニュース　NEWS WEB EASY」というコーナーで日本のニュースを外国人の方々にもわかりやすく伝えています。

✅ **参考URL**
https://www3.nhk.or.jp/news/easy/

　日本語学校でも、読む、聞く、話す、書く能力をバランスよく学べるコースを用意しており、オンラインで学べるコースもあります。中には、Skype でプロの日本語教師とのレッスンが受けられるオンラインスクールもあります。やはり、外国人社員が日本人社員と円滑に日本語でコミュニケーションするためには、N3 レベルの日本語能力は必要です。N3 のレベルとは、日本語を日常的な場面において理解することができるレベルです。地域によっては、ボランティアが日本語を教えているケースもあるので、インターネット等で調べ外国人社員とマッチングすることもよいでしょう。

読む	・日常的な話題について書かれた具体的な内容を表す文章を読んで理解することができる。 ・新聞の見出しなどから情報の概要をつかむことができる。 ・日常的な場面で目にする難易度が高い文章は、言い換え表現が与えられれば、要旨を理解することができる。
聞く	・日常的な場面で、やや自然に近いスピードのまとまりのある会話を聞いて、話の具体的な内容を登場人物の関係などとあわせてほぼ理解することができる。

9章

資料編

出入国在留管理局一覧

名　称		所　在　地	電話番号	管　轄
札幌出入国在留管理局	〒060-0042	北海道札幌市中央区大通り西12丁目　札幌第三合同庁舎	011-261-9658	北海道
函館出張所	〒040-0061	北海道函館市海岸町24-2　函館港湾合同庁舎	0138-41-6922	北海道
旭川出張所	〒078-8391	北海道旭川市宮前1条3-3-15　旭川合同庁舎	0166-38-6755	北海道
釧路出張所	〒085-0022	北海道釧路市南浜町5-9　釧路港湾合同庁舎	0154-22-2430	北海道
稚内出張所	〒097-0023	北海道稚内市開運2-2-1　稚内港湾合同庁舎	0162-23-3269	北海道
仙台出入国在留管理局	〒983-0842	宮城県仙台市宮城野区五輪1-3-20　仙台第二法務合同庁舎	022-256-6073	青森県、岩手県、宮城県、秋田県、山形県、福島県
青森出張所	〒030-0861	青森県青森市長島1-3-5　青森第二合同庁舎	014-777-2939	青森県、秋田県、岩手県
盛岡出張所	〒020-0045	岩手県盛岡市盛岡駅西通1-9-15　盛岡第2合同庁舎6階	019-621-1206	岩手県、青森県、秋田県
秋田出張所	〒010-0951	秋田県秋田市山王7-1-3　秋田第一地方合同庁舎5階	018-895-5221	秋田県、青森県、岩手県、山形県
酒田港出張所	〒998-0036	山形県酒田市船場町2-5-43　酒田港湾合同庁舎	0234-22-2746	山形県、秋田県
郡山出張所	〒963-8035	福島県郡山市希望が丘31-26　郡山第2法務総合庁舎1階	024-962-7221	福島県、山形県
東京出入国在留管理局	〒108-8255	東京都港区港南5-5-30	0570-034259	茨城県、栃木県、群馬県、埼玉県、千葉県、東京都、神奈川県、新潟県、山梨県、長野県
小笠原総合事務所	〒100-2101	東京都小笠原村父島字東町152	04998-2-2102	小笠原村
水戸出張所	〒310-0803	茨城県水戸市城南2-9-12　第3プリンスビル1階	029-300-3601	茨城県、栃木県
宇都宮出張所	〒320-0033	栃木県宇都宮市本町4-15　宇都宮NIビル1階	028-600-7750	栃木県、茨城県、群馬県
高崎出張所	〒370-0829	群馬県高崎市高松町26-5　高崎法務総合庁舎1階	024-328-1154	群馬県、栃木県、埼玉県、新潟県、長野県

さいたま出張所	〒338-0002	埼玉県さいたま市中央区下落合5-12-1　さいたま第2法務総合庁舎1階	048-851-9671	埼玉県
千葉出張所	〒260-0026	千葉県千葉市中央区千葉港2-1　千葉中央コミュニティーセンター内	043-242-6597	千葉県、茨城県
立川出張所	〒186-0001	東京都国立市北3-31-2　立川法務総合庁舎	042-528-7179	東京都、神奈川県相模原市、山梨県
新潟出張所	〒950-0001	新潟県新潟市東区松浜町3710　新潟空港ターミナルビル	025-275-4735	新潟県
甲府出張所	〒400-0031	山梨県甲府市丸の内1-1-18　甲府合同庁舎9階	055-255-3350	山梨県、長野県
長野出張所	〒380-0846	長野県長野市旭町1108　長野第一合同庁舎3階	026-232-3317	長野県、新潟県
横浜支局	〒236-0002	神奈川県横浜市金沢区鳥浜町10-7	045-769-1721	神奈川県
川崎出張所	〒215-0021	神奈川県川崎市麻生区上麻生1-3-14　川崎西合同庁舎	044-965-0012	神奈川県、東京都町田市、狛江市、多摩市、稲城市
名古屋出入国在留管理局	〒455-8601	愛知県名古屋市港区正保町5-18	052-559-2150	富山県、石川県、福井県、岐阜県、静岡県、愛知県、三重県
富山出張所	〒939-8252	富山県富山市秋ケ島30番地　富山空港国内線ターミナルビル1階	076-495-1580	富山県、岐阜県
金沢出張所	〒920-0024	石川県金沢市西念3-4-1　金沢駅西合同庁舎	076-222-2450	石川県、富山県
福井出張所	〒910-0019	福井県福井市春山1丁目1番54号　福井春山合同庁舎14階	0776-28-2101	福井県、石川県
岐阜出張所	〒500-8812	岐阜県岐阜市美江寺町2-7-2　岐阜法務総合庁舎別館4階	058-214-61468	岐阜県
静岡出張所	〒420-0858	静岡県静岡市葵区伝馬町9-4　一瀬センタービル6階	054-653-5571	静岡県
浜松出張所	〒430-0929	静岡県浜松市中区中央1丁目12-4　浜松合同庁舎1階	053-458-6496	静岡県
豊橋港出張所	〒441-8075	愛知県豊橋市神野ふ頭町3-11　豊橋港湾合同庁舎	0532-32-6567	愛知県
四日市港出張所	〒510-0051	三重県四日市市千歳町5-1　四日市港湾合同庁舎	059-352-5695	三重県

大阪出入国在留管理局	〒559-0034	大阪府大阪市住之江区南港北1丁目29番53号	06-4703-2101	滋賀県、京都府、大阪府、兵庫県、奈良県、和歌山県
大津出張所	〒520-0044	滋賀県大津市京町3-1-1 大津びわ湖合同庁舎6階	077-511-4231	滋賀県、京都府
京都出張所	〒606-8395	京都府京都市左京区丸田町川端東入ル東丸太町34-12 京都第二地方合同庁舎	075-752-5997	京都府、滋賀県
舞鶴出張所	〒624-0946	京都府舞鶴市字下福井901 舞鶴港湾合同庁舎	0773-75-1149	京都府、兵庫県
奈良出張所	〒630-8305	奈良県奈良市東紀寺町3-4-1 奈良第二法務総合庁舎	0742-23-6501	奈良県、和歌山県
和歌山出張所	〒640-8287	和歌山県和歌山市築港6-22-2 和歌山港湾合同庁舎	073-422-8778	和歌山県、奈良県
神戸支局	〒650-0024	兵庫県神戸市中央区海岸通り29 神戸地方合同庁舎	078-391-6378	兵庫県
姫路出張所	〒672-8063	兵庫県姫路市飾磨区須加294-1 姫路港湾合同庁舎	079-235-4688	兵庫県
広島出入国在留管理局	〒730-0012	広島県広島市中区上八丁堀2-31 広島法務総合庁舎内	082-221-4412	鳥取県、島根県、岡山県、広島県、山口県
境港出張所	〒684-0055	鳥取県境港市佐斐神町1634番地 米子空港ビル3階	0859-47-3600	鳥取県、島根県
松江出張所	〒690-0841	島根県松江市向島134番10 松江地方合同庁舎4階	0852-21-3834	島根県、鳥取県
岡山出張所	〒700-0907	岡山県岡山市北区下石井1-4-1 岡山第2合同庁舎11階	086-234-3531	岡山県、鳥取県
福山出張所	〒720-0065	広島県福山市東桜町1番21号 エストパルク8階	084-973-8090	広島、岡山県
下関出張所	〒750-0066	山口県下関市東大和町1-7-1 下関港湾合同庁舎3階	083-261-1211	山口県、島根県
周南出張所	〒745-0045	山口県周南市徳山港町6-35 徳山港湾合同庁舎2階	0834-21-1329	山口県、島根県、広島県
高松出入国在留管理局	〒760-0033	香川県高松市丸の内1-1 高松法務合同庁舎	087-822-5851	徳島県、香川県、愛媛県、高知県
小松島港出張所	〒773-0001	徳島県小松島市小松島町外開1-11 小松島みなと合同庁舎	08853-2-1530	徳島県、香川県、高知県

松山出張所	〒790-0066	愛媛県松山市宮田町188-6 松山地方合同庁舎1階	089-932-0895	愛媛県、高知県
高知出張所	〒780-0850	高知県高知市丸ノ内1-4-1 高知法務総合庁舎1階	088-871-7030	高知県、徳島県
福岡出入国在留管理局	〒810-0073	福岡県福岡市中央区舞鶴3-5-25　福岡第1法務総合庁舎	092-717-7596	福岡県、佐賀県、長崎県、熊本県、大分県、宮崎県、鹿児島県、沖縄県
北九州出張所	〒803-0813	福岡県北九州市小倉北区城内5-1　小倉合同庁舎	093-582-6915	福岡県、大分県
佐賀出張所	〒840-0801	佐賀県佐賀市駅前中央3-3-20　佐賀第2合同庁舎6階	0952-36-6262	佐賀県、福岡県、長崎県
長崎出張所	〒850-0921	長崎県長崎市松が枝町7-29　長崎港湾合同庁舎	095-822-5289	長崎県、佐賀県
対馬出張所	〒817-0016	長崎県対馬市厳原町東里341-42　厳原地方合同庁舎4階	0920-52-0432	長崎県
熊本出張所	〒862-0971	熊本県熊本市中央区大江3-1-53　熊本第二合同庁舎	096-362-1721	熊本県、福岡県、大分県、宮崎県
大分出張所	〒870-8521	大分県大分市荷場町7-5 大分法務総合庁舎1階	097-536-5006	大分県、熊本県、宮崎県
宮崎出張所	〒880-0802	宮崎県宮崎市別府町1番1号　宮崎法務総合庁舎2階	0985-31-3580	宮崎県、熊本県
鹿児島出張所	〒892-0812	鹿児島県鹿児島市浜町2番5-1号　鹿児島港湾合同庁舎3階	099-222-5658	鹿児島県、熊本県、宮崎県
沖縄支局	〒900-0022	沖縄県沖縄市樋川1-15-15 那覇第一地方合同庁舎	098-932-4186	沖縄県
宮古島出張所	〒906-0012	沖縄県宮古島市平良字西里7-21　平良港湾合同庁舎	0980-72-3440	沖縄県宮古島市、宮古郡
石垣港出張所	〒907-0013	沖縄県石垣市浜崎町1-1-8 石垣港湾合同庁舎	0980-82-2333	沖縄県石垣市、八重山郡
嘉手納出張所	〒904-0203	沖縄県柱中頭郡嘉手納町字嘉手納290-9　ロータリー1階	098-957-5252	沖縄県

✅ 参考URL

出入国在留管理庁ホームページ：www.immi-moj.go.jp/

高度人材ポイントで加点の対象となる大学一覧

Cardiff University	カーディフ大学	イギリス
Newcastle University	ニューカッスル大学	イギリス
Royal Holloway, University of London	ロンドン大学ロイヤル・ホロウェイ校	イギリス
The University of Glasgow	グラスゴー大学	イギリス
The University of Manchester	マンチェスター大学	イギリス
The University of Sheffield	シェフィールド大学	イギリス
University of Cambridge	ケンブリッジ大学	イギリス
University of Dundee	ダンディー大学	イギリス
University of East Anglia (HE A)	イースト・アングリア大学	イギリス
University of Exeter	エクセター大学	イギリス
University of Nottingham	ノッティンガム大学	イギリス
University of Oxford	オックスフォード大学	イギリス
University of Reading	レディング大学	イギリス
University of Southampton	サウサンプトン大学	イギリス
University of St. Andrews	セント・アンドルーズ大学	イギリス
University of Surrey	サリー大学	イギリス
University of Sussex	サセックス大学	イギリス
Durham University	ダラム大学	イギリス
King's College London	キングス・カレッジ・ロンドン	イギリス
Lancaster University	ランカスター大学	イギリス
London School of Economics and Political Science	ロンドン・スクール, オブ・エコノミクス	イギリス
Queen Mary University of London	ロンドン大学クイーンメアリー	イギリス
Queen's University Belfast	クイーンズ大学ベルファスト	イギリス
The Imperial College London	インペリアル・カレッジ・ロンドン	イギリス

The University of Edinburgh	エディンバラ大学	イギリス
University College London	ユニバーシティ・カレッジ・ロンドン (UCL)	イギリス
University of Aberdeen	アバディーン大学	イギリス
University of Bath	バース大学	イギリス
University of Birmingham	バーミンガム大学	イギリス
University of Bristol	ブリストル大学	イギリス
University of Leeds	リーズ大学	イギリス
University of Leicester	レスター大学	イギリス
University of Liverpool	リバプール大学	イギリス
University of Warwick	ウォーリック大学	イギリス
University of York	ヨーク大学	イギリス
Autonomous University of Barcelona	バルセロナ自治大学	スペイン
Complutense University of Madrid	マドリード・コンプルテンセ大学	スペイン
Pompeu Fabra University	ポンペウ・ファブラ大学	スペイン
University of Barcelona	バルセロナ大学	スペイン
University of Navarra	ナバーラ大学	スペイン
Sorbonne University	ソルボンヌ大学	フランス
University of Paris-Sud(Paris 11)	パリ第 11 大学	フランス
Ecole des Ponts ParisTech	国立土木学校	フランス
Ecole Normale Superieure-Lyon	リヨン高等師範学校	フランス
Ecole Polytechnique	エコール・ポリテクニーク	フランス
PSL Research University Paris	パリ PSL 研究大学	フランス
University Grunoble-alpes	グルノーブルアルプス大学	フランス
University Paris Diderot-Paris 7	パリ第 7 大学	フランス
Aalborg University	オールボー大学	デンマーク
Aarhus University	オーフス大学	デンマーク
University of Copenhagen	コペンハーゲン大学	デンマーク

Technical University of Denmark	デンマーク工科大学	デンマーク
University of Oslo	オスロ大学	ノルウェー
University of Bergen	ベルゲン大学	ノルウエー
Heidelberg University	ハイデルベルク大学	ドイツ
Humboldt University of Berlin	フンボルト大学ベルリン	ドイツ
Johannes Gutenberg University of Mainz	マインツ大学	ドイツ
Karlsruhe Institute of Technology	カールスルーエ工科大学	ドイツ
RWTH Aachen University	アーヘン工科大学	ドイツ
University of Cologne	ケルン大学	ドイツ
University of Erlangen-Nuremberg	エアランゲン・ニュルンベルグ大学	ドイツ
University of Freiburg	フライブルク大学	ドイツ
University of Goettingen	ゲッティンゲン大学	ドイツ
University of Stuttgart	シュトゥットガルト大学	ドイツ
Free University of Berlin	ベルリン自由大学	ドイツ
Goethe University Frankfurt	フランクフルト大学	ドイツ
Technical University Munich	ミュンヘン工科大学	ドイツ
Technical University of Berlin	ベルリン工科大学	ドイツ
Technical University of Darmstad	ダルムシュタット工科大学	ドイツ
Technische Universitat Dresden	ドレスデン工科大学	ドイツ
Ulm University	ウルム大学	ドイツ
University of Bonn	ボン大学	ドイツ
University of Hamburg	ハンブルク大学	ドイツ
Keele University	キール大学	ドイツ
University of Muenster	ミュンスター大学	ドイツ
University of Munich	ミュンヘン大学	ドイツ
University of Tuebingen	テュービンゲン大学	ドイツ
University of Wuerzburg	ヴュルツブルク大学	ドイツ

Catholic University of Louvain	ルーヴァン・カトリック大学	ベルギー
Ghent University	ゲント大学	ベルギー
KU Leuven	ルーベン・カトリック大学	ベルギー
Universite libre de Bruxelles(ULB)	ブリュッセル自由大学 (ULB)	ベルギー
University of Antwerp	アントワープ大学	ベルギー
Vrije Universiteit Brussel(VUB)	ブリュッセル自由大学 (VUB)	ベルギー
Sant' Anna School of Advanced Studies	聖アンナ高等師範学校	イタリア
Sapienza University of Rome	ローマ・ラ・サピエンツァ大学	イタリア
Scuola Normale Superiore di Pisa	ピサ高等師範学校	イタリア
University of Padua	パドヴァ大学	イタリア
Polytechnic University of Milan	ミラノ工科大学	イタリア
Maastricht University	マーストリヒト大学	オランダ
VU University Amsterdam	アムステルダム自由大学	オランダ
Wageningen University	ワーゲニンゲン大学	オランダ
Delft University of Technology	デルフト工科大学	オランダ
Eindhoven University of Technology	アイントホーフェン工科大学	オランダ
Erasmus University	エラスムス大学	オランダ
Leiden University	ライデン大学	オランダ
Radboud University Nijmegen	ラドバウド大学	オランダ
University of Amsterdam	アムステルダム大学	オランダ
University of Groningen	フローニンゲン大学	オランダ
University of Twente	トゥウェンテ大学	オランダ
Utrecht University	ユトレヒト大学	オランダ
Medical University of Vienna	ウィーン医科大学	オーストリア
University ofInnsbruck	インスブルック大学	オーストリア
University of Vienna	ウィーン大学	オーストリア
Vienna University of Technology	ウィーン工科大学	オーストリア
University of Geneva	ジュネーブ大学	スイス

Swiss FederalInstitute of Technology Zurich	スイス連邦チューリッヒ工科大学	スイス
Swiss FederalInstitute of Technology Lausanne(EPFL)	スイス連邦工科大学ローザンヌ校	スイス
University of Basel	バーゼル大学	スイス
University of Bern	ベルン大学	スイス
University of Lausanne	ローザンヌ大学	スイス
University of Zurich	チューリッヒ大学	スイス
Chalmers University of Technology	チャルマース工科大学	スウェーデン
Lund University	レンド大学	スウェーデン
Stockholm University	ストックフォルム大学	スウェーデン
Karolinska Institute	カロリンスカ研究所	スウェーデン
KTH Royal Institute of Technology	スウェーデン王立工科大学	スウェーデン
Swedish University of Agricultural Sciences	スウェーデン農業科学大学	スウェーデン
University of Gothenburg	ヨーテボリ大学	スウェーデン
Uppsala University	ウプサラ大学	スウェーデン
Aalto University	アールト大学	フィンランド
University of Helsinki	ヘルシンキ大学	フィンランド
Trinity College Dublin,The University of Dublin	ダブリン大学トリニティ・カレッジ	アイルランド
University College Dublin	ユニバーシティ・カレッジ・ダブリン	アイルランド
Lomonosov Moscow State University	モスクワ大学	ロシア
Beijing Normal University	北京師範大学	中　国
Harbin Institute of Technology	ハルビン工業大学	中　国
Nanjing University	南京大学	中　国
Shanghai Jiao Tong University	上海交通大学	中　国
Sun Yat-sen University	中山大学	中　国

University of Science and Technology of China	中国科学技術大学	中　国
Wuhan University	武漢大学	中　国
Zhejiang University	浙江大学	中　国
Fudan University	復旦大学	中　国
Peking University	北京大学	中　国
Tsinghua University	清華大学	中　国
City University of Hong Kong	香港城市大学	香　港
The University of Hong Kong	香港大学	香　港
The Chinese University of Hong Kong	香港中文大学	香　港
The Hong Kong Polytechnic University	香港理工大学	香　港
The Hong Kong University of Science and Technology	香港科技大学	香　港
Hanyang University	漢陽大学校	韓　国
Seoul National University	ソウル大学校	韓　国
Yonsei University	延世大学校	韓　国
Korea Advanced institute of Science & Technology	KAIST	韓　国
Korea university	高麗大学校	韓　国
Pohang University of Science and Technology	浦項工科大学校	韓　国
Sungkyunkwan University	成均館大学校	韓　国
National Taiwan University	国立台湾大学	台　湾
Nanyang Technological University	南洋理工大学	シンガポール
National University of Singapore	シンガポール国立大学	シンガポール
Indian Institute of Science (IISc) Bangalore	インド理科大学院	インド
James Cook University	ジェームズクック大学	オーストラリア

Macquarie University	マッコーリー大学	オーストラリア
The University of Melbourne	メルボルン大学	オーストラリア
Monash University	モナシュ大学	オーストラリア
The University of New South Wales	ニューサウスウェールズ大学	オーストラリア
The University of Queensland	クイーンズランド大学	オーストラリア
The University of Western Australia	西オーストラリア大学	オーストラリア
University of South Australia	南オーストラリア大学	オーストラリア
University of Sydney	シドニー大学	オーストラリア
University of Tasmania	タスマニア大学	オーストラリア
University of Technology Sydney	シドニー工科大学	オーストラリア
Curtin University	カーティン大学	オーストラリア
Queensland University of Technology (QUT)	クイーンズランド工科大学	オーストラリア
The Australian National University	オーストラリア国立大学	オーストラリア
The University of Adelaide	アデレード大学	オーストラリア
University of Wollongong	ウーロンゴン大学	オーストラリア
University of Otago	オタゴ大学	ニュージーランド
The University of Auckland	オークランド大学	ニュージーランド
Simon Fraser University	サイモンフレーザー大学	カナダ
University of Calgary	カルガリー大学	カナダ
University of Toronto	トロント大学	カナダ
University of Waterloo	ウォータールー大学	カナダ
McGill University	マギル大学	カナダ
McMaster University	マックマスター大学	カナダ
University of Ottawa	オタワ大学	カナダ
Western University(The University of Western Ontario)	ウェスタンオンタリオ大学	カナダ
Dalhousie University	ダルハウジー大学	カナダ

Laval University	ラヴァル大学	カナダ
Queen^s University at Kingston	クイーンズ大学	カナダ
University of Alberta	アルバータ大学	カナダ
University of British Columbia	ブリティッシュコロンビア大学	カナダ
University of Montreal	モントリオール大学	カナダ
Arizona State University	アリゾナ州立大学	米 国
Boston University	ボストン大学	米 国
Brandeis University	ブランダイス大学	米 国
Brown University	ブラウン大学	米 国
California Institute of Tec hnology	カリフォルニア工科大学	米 国
Carnegie Mellon University	カーネギーメロン大学	米 国
Case Western Reserve University	ケース，ウェスタン，リザーブ大学	米 国
Columbia University	コロンビア大学	米 国
Cornell University	コーネル大学	米 国
Harvard University	ハーバード大学	米 国
Indiana University Bloomington	インディアナ大学ブルーミントン校	米 国
Johns Hopkins University	ジョンズ・ホプキンス大学	米 国
Massachusetts Institute of Technology (MIT)	マサチューセッツ工科大学	米 国
Michigan State University	ミシガン州立大学	米 国
New York University	ニューヨーク大学	米 国
Rice University	ライス大学	米 国
Rutgers,The State University of New Jersey - New Brunswick	ラトガース大学	米 国
Stanford University	スタンフォード大学	米 国
The University of Texas at Austin	テキサス大学オースティン校	米 国
University of California, Berkeley	カリフォルニア大学バークレー校	米 国
University^of California, Davis	カリフォルニア大学デービス校	米 国

University of California,Irvine	カリフォルニア大学アーバイン校	米	国
University of California, Los Angeles	カリフォルニア大学ロサンゼルス校	米	国
University of California, Riverside	カリフォルニア大学リバーサイド校	米	国
University of California, San Diego	カリフォルニア大学サンディエゴ校	米	国
University of California, Santa Barbara	カリフォルニア大学サンタバーバラ校	米	国
University of California, Santa Cruz	カリフォルニア大学サンタクルーズ校	米	国
University of Chicago	シカゴ大学	米	国
University of Colorado at Boulder	コロラド大学ボルダー校	米	国
University of Delaware	デラウェア大学	米	国
University of Florida	フロリダ大学	米	国
University of Pennsylvania	ペンシルバニア大学	米	国
University of Pittsburgh, Pittsburgh Campus	ピッツバーグ大学	米	国
University of Rochester	ロチェスター大学	米	国
University of South Florida	サウスフロリダ大学	米	国
University of Southern California	南カリフォルニア大学	米	国
Washington University in St. Louis	ワシントン大学 (私立)	米	国
Yale University	イェール大学	米	国
Dartmouth College	ダートマス大学	米	国
Duke University	デューク大学	米	国
Emory University	エモリー大学	米	国
Florida State University	フロリダ州立大学	米	国
George Washington University	ジョージ・ワシントン大学	米	国
Georgetown University	ジョージタウン大学	米	国
Georgia Institute of Technology	ジョージア工科大学	米	国

North Carolina State University - Raleigh	ノースカロライナ州立大学	米	国
Northeastern University	ノースイースタン大学	米	国
Northwestern University	ノースウェスタン大学	米	国
Oregon Health and Science University	オレゴン健康科学大学	米	国
Pennsylvania State University - University Park	ペンシルバニア州立大学	米	国
Princeton University	プリンストン大学	米	国
Purdue University - West Lafayette	パデュー大学	米	国
Texas A&M University	テキサス A&M 大学	米	国
The Ohio State University - Columbus	オハイオ州立大学	米	国
Tufts University	タフツ大学	米	国
University of Alabama at Birmingham	アラバマ大学	米	国
University of Arizona	アリゾナ大学	米	国
University of Hawaii at Manoa	ハワイ大学マノア校	米	国
University of Illinois at Chicago	イリノイ大学シカゴ校	米	国
University ofIllinois at Urbana-Champaign	イリノイ大学アーバナ・シャンペーン校	米	国
University of Iowa	アイオワ大学	米	国
University of Maryland, College Park	メリーランド大学カレッジパーク校	米	国
University of Massachusetts Amherst	マサチューセッツ大学アマースト校	米	国
University of Miami	マイアミ大学	米	国
University of Michigan-Ann Arbor	ミシガン大学	米	国
University of Minnesota, Twin Cities	ミネソタ大学ツインシティ校	米	国

University of North Carolina at Chapel Hill	ノースカロライナ大学チャペルヒル校	米	国
University of Notre Dame	ノートルダム大学	米	国
University of Utah	ユタ大学	米	国
University of Virginia	バージニア大学	米	国
University of Washington	ワシントン大学 (州立)	米	国
University of Wisconsin - Madison	ウィスコンシン大学マディソン校	米	国
Vanderbilt University	ヴァンダービルト大学	米	国
Virginia Polytechnic Institute and State University	バージニア工科大学	米	国
National Autonomous University of Mexico	メキシコ国立自治大学	メキシコ	
University of Buenos Aires	ブエノスアイレス大学	アルゼンチン	
University of Sao Paulo	サンパウロ大学	ブラジル	
King Abdulaziz University	キング・アブドゥルアズィーズ大学	サウジアラビア	
King Saud University	キングサウード大学	サウジアラビア	
Technion-IsraelInstitute of Technology	イスラエル工科大学	イスラエル	
Tel Aviv University	テルアビブ大学	イスラエル	
The Hebrew University of Jerusalem	ヘブライ大学	イスラエル	
University of Cape Town	ケープタウン大学	南アフリカ	
University of the Witwatersrand	ウィットウォータース大学	南アフリカ	
Aichi Medical University	愛知医科大学	日	本
Akita University	秋田大学	日	本
Aoyama Gakuin University	青山学院大学	日	本
Chiba Institute of Technology	千葉工業大学	日	本
Chiba University	千葉大学	日	本
Chubu University	中部大学	日	本
Chuo University	中央大学	日	本

Hiroshima University	広島大学	日	本
Hitotsubashi University	一橋大学	日	本
Hokkaido University	北海道大学	日	本
Hosei University	法政大学	日	本
Hyogo University	兵庫大学	日	本
Ibaraki University	茨城大学	日	本
Iwate University	岩手大学	日	本
Juntendo University	順天堂大学	日	本
Kagawa University	香川大学	日	本
Kagoshima University	鹿児島大学	日	本
Kanagawa University	神奈川大学	日	本
Kanazawa University	金沢大学	日	本
Kansai Medical University	関西医科大学	日	本
Kansai University	関西大学	日	本
Meiji University	明治大学	日	本
Meijo University	名城大学	日	本
Muroran Institute of Technology	室蘭工業大学	日	本
Nagaoka Univeraity of Technology	長岡技術科学大学	日	本
Nagasaki University	長崎大学	日	本
Nagoya City University	名古屋市立大学	日	本
Nagoya Institute of Technology	名古屋工業大学	日	本
Nagoya University	名古屋大学	日	本
Nara Institute of Science and Technology	奈良先端科学技術大学院大学	日	本
Nara Medical University	奈良県立医科大学	日	本
Rikkyo University	立教大学	日	本
Ritsumeikan University	立命館大学	日	本
Saga University	佐賀大学	日	本
Saitama Medical University	埼玉医科大学	日	本
Saitama University	埼玉大学	日	本

Sapporo Medical University	札幌医科大学	日	本
Shibaura Institute of Technology	芝浦工業大学	日	本
Shimane University	島根大学	日	本
Shinshu University	信州大学	日	本
Shizuoka University	静岡大学	日	本
Showa University	昭和大学	日	本
Sophia University	上智大学	日	本
The University of Electro-Communications	電気通信大学	日	本
The University of Tokyo	東京大学	日	本
Toho University	東邦大学	日	本
Tohoku University	東北大学	日	本
Tokai University	東海大学	日	本
Tokushima University	徳島大学	日	本
Tokyo City University	東京都市大学	日	本
Tokyo Denki University	東京電機大学	日	本
Tokyo Institute of Technology	東京工業大学	日	本
Tokyo Medical and Dental University	東京医科歯科大学	日	本
Tokyo Medical University	東京医科大学	日	本
Tokyo Metropolitan University	首都大学東京	日	本
Tokyo University Of Agriculture	東京農業大学	日	本
Tokyo University of Agriculture and Technology	東京農工大学	日	本
Tokyo University of Marine Science and Technology	東京海洋大学	日	本
Tokyo University of Science	東京理科大学	日	本
Tottori University	鳥取大学	日	本
University of Fukui	福井大学	日	本
University of Shizuoka	静岡県立大学	日	本
University of The Ryukyus	琉球大学	日	本

Waseda University	早稲田大学	日	本
Yamagata University	山形大学	日	本
Yamaguchi University	山口大学	日	本
Yokohama City University	横浜市立大学	日	本
Yokohama National University	横浜国立大学	日	本
Doshisha University	同志社大学	日	本
Ehime University	愛媛大学	日	本
Fujita Health University	藤田保健衛生大学	日	本
Gifu University	岐阜大学	日	本
Gunma University	群馬大学	日	本
Hamamatsu University School of Medicine	浜松医科大学	日	本
Keio University	慶応義塾大学	日	本
Kindai University	近畿大学	日	本
Kitasato University	北里大学	日	本
Kobe University	神戸大学	日	本
Kochi University	高知大学	日	本
Kogakuin University	工学院大学	日	本
Kumamoto University	熊本大学	日	本
Kwansei Gakuin University	関西学院大学	日	本
Kyoto Institute of Technology	京都工芸繊維大学	日	本
Kyoto Sangyo University	京都産業大学	日	本
Kyoto University	京都大学	日	本
Kyushu Institute of Technology	九州工業大学	日	本
Kyushu University	九州大学	日	本
Nihon University	日本大学	日	本
Niigata University	新潟大学	日	本
Nippon Medical School	日本医科大学	日	本
Ochanomizu University	お茶の水女子大学	日	本

Oita University	大分大学	日	本
Okayama University	岡山大学	日	本
Osaka City University	大阪市立大学	日	本
Osaka Prefecture University	大阪府立大学	日	本
Osaka University	大阪大学	日	本
Teikyo University	帝京大学	日	本
The Graduate University for Advanced Studies	総合研究大学院大学	日	本
The Jikei University School of Medicine	東京慈恵会医科大学	日	本
The University of Aizu	会津大学	日	本
Toyo University	東洋大学	日	本
Toyohashi University of Technology	豊橋技術科学大学	日	本
University of Miyazaki	宮崎大学	日	本
University of Toyama	富山大学	日	本
University of Tsukuba	筑波大学	日	本
University of Yamanashi	山梨大学	日	本
Utsunomiya University	宇都宮大学	日	本

　高度人材ポイント制の加算対象となる大学は毎年発表されるランキングにより変動しますので、申請の際には再度ご確認ください。

☑法務大臣が告示で定める大学一覧

1.世界大学ランキングに基づき加点対象となる大学
http://www.immi-moj.go.jp/newimmiact_3/pdf/r01_11_daigaku-ranking.pdf

2.スーパーグローバル大学創成支援事業（トップ型及びグローバル化牽引型）において補助金の交付を受けている大学（文部科学省ホームページにリンクします。）
https://www.mext.go.jp/a_menu/koutou/kaikaku/sekaitenkai/1360288.htm

3.外務省が実施するイノベーティブ・アジア事業において「パートナー校」として指定を受けている大学
http://www.immi-moj.go.jp/newimmiact_3/pdf/h30_10_partner-list.pdf

特定技能外国人に係る各種届出および保存文書一覧

☑受入れ機関が行う届出

届出先	受入れ機関の所在地を管轄する地方出入国在留管理局
届出期限	定期的届出　翌四半期の初日から 14 日以内
	随時的届出　事由発生後 14 日以内
届出方法	持参または郵送

定期的届出

	届出書	添付書類・留意事項
1	受入れ状況に係る届出書	・受入れている特定技能外国人の数、身分事項（氏名、生年月日等）、活動日数、活動場所、業務内容等
2	支援実施状況に係る届出書	・「定期面談報告書」（1号特定技能外国人用） ・「定期面談報告書」（監督者用）
3	活動状況に係る届出書	・特定技能外国人の賃金台帳の写し ・預金口座への振込証明書 ・特定技能外国人の預金口座の通帳の写し ・比較対象日本人労働者の賃金台帳の写し

※支援計画の全部を登録支援機関に委託した場合は、支援実施状況に係る届出書は不要です。
※受入れ後、「特定技能」の在留資格に認められた職種以外の部署への異動や賃金の低下等労働条件の変更はできませんので注意が必要です。

随時的届出

	届出書	特記事項・添付書類
1	特定技能雇用契約に係る届出書	・特定技能雇用契約を変更・終了したとき、また新たな契約を締結したとき ・変更または新たな契約を締結したときは、雇用条件書の添付が必要
2	支援計画変更に係る届出書	・支援内容または実施方法以外の軽微な変更は届出不要 ・支援責任者または支援担当者が変更となった場合、就任承諾書・誓約書・履歴書の添付が必要

3	支援委託契約に係る届出書	・契約を変更・終了したとき、また新たな契約を締結したとき
4	受入れ困難に係る届出書	・受入れ機関の経営上の都合、特定技能外国人の行方不明、疾病、死亡等により、受入れが困難となったとき
5	出入国または労働に関する法令に関し不正または著しく不当な行為に係る届出書	・特定技能外国人への暴行、脅迫、パスポートまたは在留カードの取上げ、労働関係法令違反などがあったとき

　届出の不履行や虚偽の届出は罰則の対象です。また、届出内容に関し、入管にて基準不適合と判断された場合、是正指導・助言が行われ、それらに従わない場合には、改善命令の対象となります。

☑受入れ機関が保存しなければならない文書

　受入れ機関は、「1号特定技能外国人支援の状況に係る文書」として、少なくとも次の事項が記載されたものを契約終了から1年間保存しなければなりません。

①支援実施体制に関する管理簿

- ・支援を行う事務所の名称、所在地及び連絡先
- ・職員数（常勤・非常勤職員数の内訳）
- ・支援実績（各月における支援人数、行方不明者数）
- ・支援責任者の身分事項、住所、役職及び経歴（履歴書及び就任承諾書）
- ・支援担当者の身分事項、住所、役職及び経歴（履歴書及び就任承諾書）
- ・対応可能な言語及び同言語による相談担当者に関する事項（委託契約書、通訳人名簿）

②支援の委託契約に関する管理簿

- ・支援業務に関する事項(委託契約書)
- ・支援経費の収支に関する事項（支援委託費含む。）

③支援対象者に関する管理簿

- ・1号特定技能外国人の氏名、生年月日、国籍・地域、性別及び在留カード

番号
- ・ 1号特定技能外国人支援計画の内容（支援計画書）
- ・ 支援の開始日
- ・ 支援の終了日（支援を終了した理由を含む）

④支援の実施に関する管理簿

A）事前ガイダンスに関する事項

- ・ 1号特定技能外国人の氏名、生年月日、国籍・地域、性別及び在留カード番号
- ・ 実施担当者（通訳人を含む）の氏名及び所属
- ・ 実施日時及び実施場所
- ・ 実施内容（情報提供内容）
- ・ 実施方法

B）空港等への出迎え及び見送りに関する事項

- ・ 1号特定技能外国人の氏名、生年月日、国籍・地域、性別及び在留カード番号
- ・ 出迎え日（上陸日）及び見送り日（出国日）
- ・ 実施担当者の氏名及び所属

C）住居の確保及び生活に必要な契約に関する事項

- ・ 1号特定技能外国人の氏名、生年月日、国籍・地域、性別及び在留カード番号
- ・ 確保した住居に関する事項（住所、住居の形態「賃貸、家賃等」及び家賃等）
- ・ その他日常生活に必要な契約に係る支援の概要

D）生活オリエンテーションに関する事項（関係機関への同行に関する事項を含む。）

- ・ 1号特定技能外国人の氏名、生年月日、国籍・地域、性別及び在留カード番号
- ・ 実施日時及び実施場所

- 実施内容（情報提供内容）
- 実施方法
- 実施担当者（通訳人及び法的保護に関する情報提供の実施者含む）の氏名及び所属

E）日本語習得支援に関する事項

- 1号特定技能外国人の氏名、生年月日、国籍・地域、性別及び在留カード番号
- 実施内容（情報提供内容）
- 実施方法
- 実施担当者（委託先の講師を含む）の氏名及び所属

F）相談等に関する事項

- 1号特定技能外国人の氏名、生年月日、国籍・地域、性別及び在留カード番号
- 相談日時
- 相談内容及び対応内容（面談記録、対応記録）
- 関係行政機関への通報・相談日時及び通報・相談先の名称実施担当者（通訳人を含む）の氏名及び所属

G）日本人との交流促進に関する事項

- 1号特定技能外国人の氏名、生年月日、国籍・地域、性別及び在留カード番号
- 実施日時及び実施場所
- 実施方法（促進した事項）
- 実施担当者の氏名及び役職

H）転職支援に関する事項

- 1号特定技能外国人の氏名、生年月日、国籍・地域、性別及び在留カード番号
- 転職相談日時及び実施場所
- 相談内容及び対応内容（面談記録、対応記録）

- ・ハローワークへの相談日時及び相談を行ったハローワークの名称
- ・転職先候補企業の名称、所在地及び連絡先
- ・実施担当者（通訳人を含む。）の氏名及び所属

I）定期的な面談に関する事項

- ・1号特定技能外国人の氏名、生年月日、国籍・地域、性別及び在留カード番号
- ・1号特定技能外国人を監督する立場にある者の氏名及び役職
- ・面談日時
- ・面談内容及び対応内容（面談記録、対応記録）
- ・実施担当者（通訳人を含む。）の氏名及び所属

☑インフォメーション　分野別協議会に関する情報

　特定技能制度の運用を図るため14の特定産業分野ごとに分野別所轄官庁が協議会を設置しています。協議会は、所轄官庁、受入れ企業、業界団体、関係省庁等から構成されています。特定技能外国人を受け入れる全ての受入れ機関（企業等）は、協議会の構成員にならなければなりません。加入の期限は、特定技能外国人が入国してから遅くとも4カ月以内です。この協議会は監督官庁がリーダーシップをとっており、構成員の連携の緊密化を図り、各地域の事業者が必要な特定技能外国人を受け入れられるよう、制度の情報の周知、法令遵守の啓発、地域ごとの人手不足の状況を把握して必要な対応策をとっています。

COLUMN
Let's take a break

パワーハラスメントを起こさない企業文化

　外国人の「特定技能1号」が増えると問題になるのがパワーハラスメントです。パワーハラスメントは「同じ職場で働く者に対して、職務上の地位や人間関係などの職場内の優位性を背景に業務の適正な範囲を超えて、精神的、身体的苦痛を与える、または、職場環境を悪化させる行為」です。日本の文化や習慣を理解していない外国人労働者の心を傷つけない配慮を管理者は身につけるべきでしょう。

「1号特定技能外国人支援計画」の作成事例 【特定産業：宿泊業】

支援対象者

1. 支援対象者の氏名　　ウィリー　ロペス　他2名（以下、A・B・Cと称す）
2. 性別　　　　　　　　男
3. 生年月日　　　　　　1991年2月15日
4. 国籍・地域　　　　　フィリピン

特定技能所属機関

1. 氏名　　　　　　　　ウエルカムホテル上野株式会社
2. 住所　　　　　　　　東京都
3. 法人番号　　　　　　13XXXXXXXXXX
4. 支援業務を行う体制の概要
　　支援責任者　氏名　上野　山男
　　支援責任者　役職　取締役総務本部長
　　支援を行っている1号特定技能外国人数　　0　名
　　支援担当者数　　　　　　　　　　　　　　2　名

☑ 1. 事前ガイダンスの提供

a.従事する業務の内容、報酬の額その他の労働条件に関する事項

　事前ガイダンスについては、有料職業紹介会社P社が担当し、当社（ウエルカムホテル上野）において従事する業務の内容、報酬の額その他の労働条件に関する事項を英語で行います。

　P社マニラ支店において、2020年9月1日の午後2時から5時までの3時間をかけて行います。

　業務の時間については、ホテルが24時間働いているという実情から、シフト制勤務になります。不規則な勤怠になるということをあらかじめわかりやすく説明します。

　業務内容は、宿泊業というサービス業となりますので、世界的なサービスの基準を理解してもらうとともに、日本的なおもてなしの心についても具体的にこのようなことだと記述した文章を基に説明します。

b.本邦において行うことができる活動の内容

ウエルカムホテル上野における以下の業務

・ レストランのホール係、フロントのサポート業務（英語）、ポーター業
務、ルームクリーニング業務、予約管理のサポート業務、ルームサービス
業務

c.入国に当たっての手続きに関する事項

入国に当たって、すでに在留資格認定証明書が交付され、査証も発行されて
いるので、日本への入国はスムーズにいく旨を説明します。

d.保証金の徴収、契約の不履行についての違約金契約等の締結の禁止

ウエルカムホテル上野では、A・B・C各本人もしくはそのご家族から保証金
を徴収することはありません。

ウエルカムホテル上野は、A・B・Cの契約の不履行についての違約金契約を
締結するようなことはありません。

e.入国の準備に関し外国の機関に支払った費用について、当該費用の額及び内訳を十分に理解して支払わなければならない

入国の準備に際して支払わなければならない費用として、日本語試験の受験
料、技能試験の受験料があります。さらに、自宅からこれらの試験会場までの
交通費についても、自己負担となります。

入国の準備に際して、送り出し機関のP社が航空券の手配と空港までの車の
手配をしていますので、その実費についてはA、B、Cの3名に費用の額及び内
訳を十分に理解してもらい、支払いをお願いすることになります。

f.支援に要する費用を負担させないこととしていること

1号特定技能外国人のA，B，Cについては、ガイダンス・日本語教育等に要
する費用を負担させないようにしています。

g.入国する際の送迎に関する支援の内容

入国の際は、送迎のために総務部のZ社員が成田空港までA、B、Cの3名を
出迎えに行きます。通訳Yも同行します。

h.住居の確保に関する支援の内容

住居に関しては、勤務先の徒歩圏内で会社が責任を持って行います。2020ウエルカムホテル上野の費用負担で、民間のマンション 1LDK を台東区台東に確保し、実費で貸すという形式を採ります。

この場合も住居の確保がどのようになされるのか事業主と十分に打ち合わせを行い、会社借り上げの方式の規定を作成し、フィリピン人社員に分かってもらうよう英訳します。

☑ 2. 出入国する際の送迎

a.到着空港等での出迎え及び特定技能所属機関又は住居までの送迎

Ａ，Ｂ，Ｃが成田空港に到着する際、総務部員Ｚと通訳Ｙが社用車で迎えに行き、上野のホテルまで送り届けます。

b.出国予定空港等までの送迎及び保安検査場入場までの出国手続の補助

Ａ，Ｂ，Ｃが「特定技能 1 号」の業務を終え、最終的にフィリピンに帰国することとなった場合、総務部員が車を手配し、責任を持って成田空港まで送り届けます。最終的に保安検査場入場までの出国手続きのサポートも行います。

☑ 3. ①適切な住居の確保に係る支援

a. 不動産仲介業者や賃貸物件の情報を提供し、必要に応じて住宅確保に係る手続に同行し、住居探しの補助を行う。また、賃貸借契約の締結時に連帯保証人が必要な場合に、適当な連帯保証人がいないときは、支援対象者の連帯保証人となる又は利用可能な家賃債務保証業者を確保し自らが緊急連絡先となる。

b. 自ら賃借人となって賃貸借契約を締結した上で、1号特定技能外国人の合意の下、住居として提供する。

c. 所有する社宅等を、1号特定技能外国人の合意の下、当該外国人に対して住居として提供する。

d. 情報提供する又は住居として提供する住居の概要（確保予定の場所を含む）

　　　　□在留資格変更許可申請（又は在留資格認定証明書交付申請）の時点で確保しているもの

　　　　■在留資格変更許可申請（又は在留資格認定証明書交付申請）の後に確保するもの

居室の広さ（同居人数計　3人）

　■ 1人当たり 7.5㎡以上

　□ 1人当たり 7.5㎡未満

　適切な住居の確保に係る支援としては、上記 a.～ c. のうちから1つを選ぶ形となりますが、ウエルカムホテル上野では、台東区台東にある V 社の物件について賃貸借契約を締結した上で、1号特定技能外国人である A，B，C との合意の下、住居として提供をすることにいたします。2020年9月29日に契約を結びます。

　当該物件は、居室の広さが1人当たり 7.5㎡以上で、寝室の広さが1人当たり 4.5㎡以上です。契約を結ぶ物件の見取図を添付します。

☑②生活に必要な契約に係る支援

支援内容	a. 銀行その他の金融機関における預金口座又は貯金口座の開設の手続の補助
	b. 携帯電話の利用に関する契約の手続の補助
	c. 電気・水道・ガス等のライフラインに関する手続の補助
	d.（その他）住民登録・マイナンバーの交付に係る支援

a. 銀行口座の開設手続きの補助

　総務部員 D 山 F 太が 2020年10月2日に当社のメインバンク M の上野支店に1号特定技能外国人 A，B，C の3名に同行し、給与振込の口座として使用する預金口座の手続の補助を行います。

b. 携帯電話の利用に関する契約の手続きの補助

　総務部員 D 山 F 太が 2020年10月2日に Y バシカメラ上野店に A，B，C の3名を連れて行き、日本の生活に必要な携帯電話の利用に関する契約の手続を行います。

　携帯電話本体については、会社がその費用を負担することとし、毎月の通信代については、メインバンク M に開設した各人の口座から引き落とすこととしました。

　A，B，C の3名には、携帯電話に SNS のアプリを入れれば、フィリピンの家族とコミュニケーションができる旨を伝えるようにします。

c. 電気・水道・ガス等のライフラインに関する手続の補助

電気・水道・ガス等のライフラインの契約については、総務部員Ｄ山Ｆ太が2020年9月29日に本人に代わって行い、それらのライフラインに係るコストは、口座引き落としの方法にて行います。また、口座引き落としについては、1カ月以上準備に時間がかかることから、Ａ，Ｂ，Ｃとコンビニエンスストアに行き、その場で支払う方法を手助けします。

d. その他（住民登録、マイナンバー交付に係る支援）

Ａ，Ｂ，Ｃは、2020年9月30日に来日することから、その日のうちに台東区役所に出向き転入届を提出するようにします。マイナンバーも同日発行されることから、在留カードの表裏ならびにマイナンバーの控えもとりウエルカムホテル上野において保管します。

☑ 4. 生活オリエンテーションの実施

支援内容	a. 本邦での生活一般に関する事項
	b. 法令の規程により外国人が利用しなければならない国又は地方公共団体の機関に対する届出その他の手続に関する事項及び必要に応じて同行し手続を補助すること
	c. 相談・苦情の連絡先、申出をすべき国又は地方公共団体の機関の連絡先
	d. 十分に理解することができる言語により医療を受けることができる医療機関に関する事項
	e. 防災・防犯に関する事項、急病その他の緊急時における対応に必要な事項
	f. 出入国又は労働に関する法令規定の違反を知ったときの対応方法その他当該外国人の法的保護に必要な事項

a. 本邦（日本）での生活一般に関する事項

当ホテルは、東京都台東区上野にあり、寮は台東区台東にあります。そのため、1号特定技能外国人労働者の拠点となるのは、上野と御徒町エリアとなります。

生活オリエンテーションでは、上野を中心とした御徒町エリアにどのような店があり業務外でどのように利用できるかを教えます。特にコンビニエンスス

トアについては、自らが利用する際にどのようなサービスがあるのかを理解してもらいます。外国人観光客から質問を受ける可能性もあるので、外貨の引き出しなど24時間利用できるサービスを教えるようにします。

　A，B，Cの3名は、休日に上野駅や御徒町駅からJR線や東京メトロに乗り、外出することもあると想定されます。交通系の電子マネーSuicaやPASMOの購入方法とチャージの方法を教えます。

　日本では、持ち帰り弁当の文化が主流ですので、近くの弁当屋を紹介し、どのような料理のメニューがあるのかを理解してもらいます。A，B，Cの祖国フィリピンでは、炭水化物、塩、油の摂取量が多い一方で野菜をほとんど食べない習慣があります。このため、日本ではある程度バランスのとれた食事を行い、生活習慣病を避けていくよう指導を行います。

　日本にいることで、ホームシックにかかる可能性もありますので、上野周辺のフィリピン人の経営する料理店の情報も提供するようにします。

　現状、フィリピン人もSNSを活用し、同国人とコミュニケーションすることが主流となっているようです。この状況に対応するために当社でも格安SIMの情報をA，B，Cに伝え、料金プランも含め3人に不利益とならないコミュニケーション環境を情報提供します。

b. 法令の規定により、外国人が履行しなければならない国又は地方公共団体の機関に対する事項及び必要に応じて同行し手続きを補助すること。

　まず、最初に転入届を出し、マイナンバーの交付を受けるようにします。日本において住民票とはどのような意味があるのかを教えます。また、マイナンバーが日本でどのように活用されるのかについても最低限必要な知識を教えます。このサポートは、社会保険労務士のK氏に業務委託することを予定しています。A，B，C3名とも、社会保険に加入する必要がありますので、その手続きも社会保険労務士K氏に依頼するようにします。

c. 相談、苦情の連絡先、申出をすべき国又は地方公共団体の機関の連絡先

　東京には、外国語による外国人相談窓口があります。A，B，Cの3名は、英語を理解しますので、生活上で困ったことがある時は、03-5320-7744に電話するよう情報を提供します。

A，B，Cの3名には、東京労働局が千代田区の九段下において運営する外国人労働者相談コーナーがあることを伝えます。この相談コーナーでは、英語に加えて、タガログ語での対応もしておりますので、もしパワーハラスメント等で困る等の相談をしたい場合の窓口ということで情報を提供するものです。

d. 医療機関に関する情報

　A，B，Cの3名には、東京都で英語のわかる医療機関の情報を教えるようにします。借上げ社宅から徒歩圏内にあるクリニックについては、地図付きの情報を提供するようにします。

✅ 参考URL

・外国人患者の受入れに係る病院リスト - 東京都福祉保健局
　http://www.fukushihoken.metro.tokyo.jp/iryo/iryo_hoken/gaikokujin/
　gaikokujin-kentoukai/2901.files/1sankou1.pdf

・「外国人患者を受け入れる医療機関の情報を取りまとめたリスト」について - 全国版
　https://www.mhlw.go.jp/stf/newpage_05774.html

e. 防災・防犯に関する事項、急病その他の緊急時における対応に必要な事項

　もし大地震が起きた場合の避難場所については、上野公園が指定されておりますので、すぐに避難できるよう指示をいたします。事業所内に社員数分のヘルメット等、防災用品も用意をしておりますので、使用してもらうようにします。もし急病になった時は、勤務中は会社が119番して、救急車を手配します。プライベートの時間に急病になった時は、自ら119番できる外国語119番マニュアル（英語版）を渡すようにします。

f. 出入国又は、労働に関する法令規定の違反を知ったときの対応方法、その他、当該外国人の法的保護に必要な事項

　入管法に違反するような事態が発生したときには、当社と業務委託契約を結ぶ行政書士のM氏を通じ、書面にて通報を行うようにします。労働法に関する違反の事態が発覚した時には専門家のK社会保険労務士に委託し、その改善を図るようにします。A，B，Cのいずれかが、労働法違反やパワーハラスメント等により、法的保護が必要な場合は、顧問弁護士のA氏に依頼し法的保護がなされるよう務めます。

✅ 参考URL

・外国人向け防災情報

http://www.seikatubunka.metro.tokyo.jp/chiiki_tabunka/tabunka/
tabunkasuishin/0000000144.html　（東京都生活文化局 - 地域活動・多文化共生）

☑ 5．日本語学習の機会の提供

支援内容	a. 日本語教室や日本語教育機関に関する入学案内の情報を提供し、必要に応じて同行して入学の手続の補助を行う
	b. 自主学習のための日本語学習教材やオンラインの日本語講座に関する情報を提供し、必要に応じて日本語学習教材の入手やオンラインの日本語講座の利用契約手続の補助を行う
	c. 1号特定技能外国人との合意の下、日本語講師と契約して1号特定技能外国人に日本語の講習の機会を提供する
	d. ボランティアによる日本語教育を実施する

a. 日本語教室や日本語教育機関への入学

　当社の場合は、ホテル業でシフト制のため、A、B、C を外部の日本語教育機関へ入学させることは考えておりません。

b. 自主学習のための日本語学習教材やオンラインの日本語講座に関する情報の提供及び利用契約手続の補助

　A、B、C の 3 名が日本語の自主学習をしたいという場合においては、月20,000 円までの補助を行う予定です。NTT のオンラインの e ラーニングのシステムを奨めます。

c. 1 号特定技能外国人との合意の下、日本語講師と契約して 1 号特定技能外国人に日本語の講師の機会を提供する

　A、B、C の 3 名が日本語講師と契約して、日本語を勉強したいという意向があれば、1 人月 20,000 円の範囲で受け入れるような体制を採ります。

d. ボランティアによる日本語教育を実施する

台東区では、外国人のための日本語教室が充実していますので、その日時と場所を案内し、参加を勧めます。ボランティア日本語教室として当社がA，B，Cに参加を勧めるのは以下の3箇所です。

・楽しい日本語ひろば
・サークルやまとことば
・浅草日本語道場

上記のリストは、東京日本語ボランティア・ネットワークサイトより検索して見つけました。

☑ 6. 相談又は苦情への対応

支援内容	a. 相談又は苦情に対し、遅滞なく十分に理解できる言語により適切に対応し、必要な助言及び指導を行う
	b. 必要に応じ、相談内容に対応する関係行政機関を案内し、同行する等必要な手続の補助を行う

a. 相談、苦情に対する必要な助言及び指導

A、B、Cの3名については、社会保険労務士K氏が定期的（月に1回）に面談を行います。家族に会いたいというリクエストがあった場合、その内容を人事担当者に伝えます。食事等で不満があれば、改善して欲しいポイントをまとめ、K氏が会社に提出します。面談の際は通訳のYも同行します。

b. 行政手続

社会保険労務士K氏が、健康保険や労災の手続きを行います。入管の更新手続きは、行政書士M氏に依頼をするようにします。短期滞在による家族の招へいについても、行政書士M氏に依頼します。

相談の対応時間

平日：13時～20時、土日：14時～18時、祝日：16時～20時

相談方法

- （○）　直接面談
- （○）　電話（03-××××-△△△△）
- （○）　メール（　　　　　　　　　　　）
- （　）　その他

緊急時は、以下の方法により実施します

- （○）　直接面談
- （○）　電話（03-××××-△△△△）
- （○）　メール（　　　　　　　　　　　）
- （　）　その他（　　　　　　　　　　　）

　　　実施言語については英語で実施します。

☑７．日本人との交流促進に係る支援

支援内容	a. 必要に応じ、地方公共団体やボランティア団体等が主催する地域住民との交流の場に関する情報の提供や地域の自治会等への案内を行い、各行事等への参加の手続きの補助を行うほか、必要に応じて同行して各行事の注意事項や実施方法を説明するなどの補助を行う
	b. 日本の文化を理解するために必要な情報として、就労又は生活する地域の行事に関する案内を行うほか、必要に応じて同行し現地で説明するなどの補助を行う

a. 地方公共団体やボランティア団体等が主催する地域住民との交流の場

　当社は、地元台東区が行う外国人との交流会への参加をA、B、Cに働きかけるようにします。夏祭りや地域の運動会にもA、B、Cが参加できるよう、情報を提供します。

　台東区は、主に江戸時代以来の歴史と伝統を有し地域に根付いた四季折々の祭りや行事が催されるなど、A、B、Cにとっても興味深い内容のものが多いと思われます。

1月　とんど焼き	7月　隅田川花火大会
2月　節分	8月　浅草サンバカーニバル
3月　うえの桜まつり	9月　人形供養
4月　上野ぼたん祭り	10月　谷中圓朝
5月　三礼際	11月　酉の市
6月　お富士さんの植木市	12月　羽子板市

b. 日本文化を理解するために必要な情報、生活圏における行事の情報

　現在、台東区内では、ボランティアによる日本語教室が開かれていますので、この情報をA、B、Cに伝え、参加を勧めます。台東区役所の発行する生活ガイドの中から、A、B、Cが興味を持ちそうなイベントの情報についてもピックアップし、伝えるようにします。また、東京都国際交流委員会が、国際交流協力や外国人支援に関する情報の提供を電話とメールで行っています。この情報を、A，B，Cの3名に伝えるようにします。

☑ 8．非自発的離職時の転職支援

支援内容	a. 所属する業界団体や関連企業等を通じて次の受入れ先に関する情報を入手し提供する
	b. 公共職業安定所、その他の職業安定機関等を案内し、必要に応じて支援対象者に同行して次の受入れ先を探す補助を行う
	c. 1号特定技能外国人の希望条件、技能水準、日本語能力等を踏まえ、適切に職業相談・職業紹介が受けられるよう又は円滑に就職活動が行えるよう推薦状を作成する
	d. 職業紹介事業の許可又は届出を受けて職業紹介を行うことができる場合は、就職先の紹介あっせんを行う
	e. 1号特定技能外国人が求職活動をするために必要な有給休暇を付与する
	f. 離職時に必要な行政手続について情報を提供する
	g. 倒産等により、転職のための支援が適切に実施できなくなることが見込まれるときは、それに備え、当該機関に代わって支援を行う者を確保する

a. 所属する業界団体や関連企業

所属するホテルの業界団体日本ホテル協会の事務局に連絡し、A、B、Cが新たに働くことができる企業がないかどうかをリサーチします。担当は、人事担当の役員になります。

b. 公共職業安定所による求職

もし、会社都合によりA、B、Cの3名が解雇された場合、公共職業安定所における手続きは、契約している社会保険労務士のK氏が行うようにします。

c. 推薦状の作成

もし、ウエルカムホテル2020上野が経営不振となりA、B、Cの3名を解雇せざるをえない状況となった場合、当社は責任をもって推薦状を作成します。他のホテルへの転職が可能となるよう、A、B、Cの能力がどの程度あるかを詳細に説明した推薦状を作成するようにします。

d. 職業紹介事業による転職先のあっせん

当社は、職業紹介事業の許可を受けておりませんので、この項目については該当しません。

e. 1号特定技能外国人が求職をするために必要な有給休暇の付与

もし、A、B、Cのいずれかの家族に緊急事態が発生した時には、通常の有給休暇を認めるとともに、状況に応じて特別休暇をあたえるようにします。「特定技能1号」用の就業規則を整備し、A、B、Cが理解できるような言葉で説明をします。

f. 離職時に必要な行政手続の情報提供

契約している社会保険労務士K氏に依頼し、離職時に必要な行政手続の情報提供と書類作成を担当してもらいます。これにより、A、B、Cの3名が法令に違反しないよう努めます。

g. 所属機関に代わって行う転職の支援

契約している社会保険労務士K氏がハローワークでの手続きを行うとともに、外国人の採用を考えている同業者の情報と面接のアポイント代行まで含めバックアップします。

☑ 9. 定期的な面談の実施、行政機関への通報

支援内容	a. 1号特定技能外国人の労働状況や生活状況を確認するため、当該外国人及びその監督をする立場にある者それぞれと定期的な面談を実施する
	b. 再確認のため、生活オリエンテーションにおいて提供した情報について、改めて提供する
	c. 労働基準法その他の労働に関する法令の規定に違反していることを知ったときは、労働基準監督署その他の関係行政機関へ通報する
	d. 資格外活動等の入管法違反又は旅券及び在留カードの取上げ等その他の問題の発生を知ったときは、その旨を地方出入国在留管理局に通報する

a. 定期的な面談の実施

　ウエルカムホテル上野の顧問である社会保険労務士K氏に業務委託をし、定期的な面談の実施及び行政機関への通報を担当してもらいます。社会保険労務士K氏は、英語でのコミュニケーションが得意なので、面談を約1時間程度実施してもらうよう契約します。この中で、日々の業務に対する取り組む、業務遂行上問題になっている点などを明らかにします。

面談の中で

　業務面では、仕事をどの程度理解しているかをチェックリストにして、K社会保険労務士が、A，B，Cにインタビューをして理解度をレポートにしてまとめてもらいます。もし、日本語の理解力に問題があって業務の遂行能力に問題が生じる場合、日本語学習の時間を増やすなどして、レベルアップを図るようにします。労働条件で何か不満がある場合、その内容を聞き取り調査してK社会保険労務士から人事担当取締役にフィードバックしてもらうようにします。K社会保険労務士が人事担当取締役の上野山男と月に一回面談し、問題を確認します。

b. 再確認のため、生活オリエンテーションにおいて提供した情報について、改めて提供する

　生活オリエンテーションの実施については、社会保険労務士K氏にお願いを

している流れから、再確認のための生活オリエンテーションにおいて提供した情報についても同様にK氏を窓口とします。社会保険労務士K氏の事務所には、電子データとして当社の生活オリエンテーションの内容が保存されているため、A、B、Cの3名が再確認をしたいと考える時は、いつでも対応できるようになります。

c. 労働基準法その他の労働に関する法令の規定に違反していることを知った時は、労働基準監督署その他の関係行政機関へ通報する

当社の就業規則を含め、労務管理をお願いしている社会保険労務士K氏が、当社の状況をよく把握しております。労働基準法違反に該当することがないように、労務管理の責任者と月1回定期的に社会保険労務士K氏と面談します。K氏は、A、B、Cとも月1回面談を行い、労務管理上何か問題がないかを聞き取り調査します。K氏は、この結果を当社労務管理の責任者である総務担当役員のZにフィードバックし、何か問題があれば、その改善策を示してもらうようにします。

d. 資格外活動等の入管法違反又は旅券及び在留カードの取上げ等、その他の問題の発生を知った時は、その旨を地方出入国在留管理局に通報する

契約をしている社会保険労務士K氏は、行政書士資格及び入管法の知識も持っており、A、B、Cの資格外活動等の入管法違反の事態が生じた時には、東京出入国在留管理局へ通報してもらいます。

e. その他、緊急時の対応と面談

A、B、Cが病気や負傷等の理由で医療機関の受診が必要となった時は、当社総務部員が付いて行くようにします。必要があれば通訳も手配します。体調を崩した時は、まず面談を行い、通院・入院等の手配を行うとともに、速やかに職場復帰できるようにバックアップします。

☑注意点

「特定技能1号」に該当する外国人労働者を雇用する企業は必ず支援計画書を作成し申請書とともに出入国在留管理局へ提出しなければなりません。特定産業および地域によって記述内容は大幅に違ったものになります。

外国人社員への適用に関する主な事務手続き一覧（社会保険関係）

※健…健康保険のみに関する手続き　　厚…厚生年金保険のみに関する手続き

事例		届書・申請書の名称	提出期間	提出者
被保険者	従業員を採用したとき	被保険者資格取得届	5日以内	事業主
	事業所が適用事業所になったとき	被保険者資格取得届	5日以内	事業主
	被保険者が退職または死亡したとき	被保険者資格喪失届	5日以内	事業主
	被保険者（被扶養配偶者）の住所に変更があったとき	被保険者住所変更届（被扶養配偶者についての第3号被保険者住所変更届と複写式）※健保組合の場合は所属の組合にご確認ください。	速やかに	事業主
	被保険者の氏名に変更や誤りがあったとき	被保険者氏名変更（訂正）届	速やかに	事業主
	被保険者の生年月日に変更や誤りがあったとき	被保険者生年月日訂正届	速やかに	事業主
	被保険者が2カ所以上の事業所に使用されるようになったとき	被保険者所属選択・二以上事業所勤務届	10日以内	事業主
	被保険者が育児休業または育児休業の制度に準ずる休業を取得したとき、またはその終了予定日を延長するとき	育児休業等取得者申出書（新規・延長）	速やかに	事業主
	被保険者が育児休業または育児休業の制度に準ずる休業を終了予定日より前に終了するとき	育児休業等取得者終了届	速やかに	事業主
	被保険者が75歳になったとき	健　被保険者資格喪失届	5日以内	事業主
	被保険者が刑事施設に収容された（出所した）とき	健　健康保険法第118条第1項該当（非該当）届	5日以内	事業主
	事業所を退職してからも引き続き健康保険の被保険者となっていたいとき	健　健康保険任意継続被保険者資格取得申請書	20日以内	事業主
	厚生年金被保険者の種別に変更があったとき	厚　厚生年金保険被保険者種別変更届	14日以内	事業主
	被保険者が70歳になったとき	厚　厚生年金保険被保険者資格喪失届70歳以上被用者該当届	5日以内	事業主
	老齢給付の資格期間を満たすまで、70歳以降も厚生年金に加入したいとき	厚　厚生年金保険高齢任意加入被保険者資格取得申出・申請書	その都度	被保険者
	厚生年金保険の任意単独被保険者になりたいとき	厚　厚生年金保険任意単独被保険者資格取得申請書	その都度	被保険者

※平成19年4月から、70歳以上の被用者にも65歳以上の在職老齢年金が支給されることになったことに伴い、70歳以上の被用者の雇用、退職および報酬額に関する届出が必要となっています。

被扶養者	採用した従業員に被扶養者がいるとき、被扶養者に異動があったとき	健　被扶養者（異動）届	5日以内	被保険者（事業主経由）
	被扶養者が被保険者から遠く離れて住むとき（保険証が世帯単位に交付されている場合）	健　遠隔地被保険者証交付申請書	5日以内	被保険者（事業主経由）
事業主	事業主が他の人に代わったとき、事業主の氏名または住所、電話番号、事業の種類に変更があったとき、事業主が行う事務について、代理人を選任したり、解任したとき	事業所関係変更（訂正）届	5日以内	事業主
	事業所の名称または所在地に変更があったとき	適用事業所所在地・名称変更（訂正）届	5日以内	事業主
加入・脱退	強制適用の事業所になったとき	新規適用届	5日以内	事業主
	事業所が休業または解散したとき	適用事業所全喪届	5日以内	事業主
	強制適用以外の事業所が任意適用を受けたいとき	任意適用申請書	その都度	事業主
	任意適用事業所が脱退するとき	任意適用取消申請書	その都度	事業主
報酬	7月1日現在の被保険者の報酬を届け出るとき（定時決定）	被保険者報酬月額算定基礎届　被保険者報酬月額産的基礎届総括表	毎年7月1日〜10日まで	事業主
	固定的賃金の変動によって報酬に著しい変動があったとき（随時改定）	被保険者報酬月額変更届	直ちに	事業主
	育児休業等を終了した被保険者の報酬が下がり標準報酬月額を改定するとき（育児休業等終了時改定）	育児休業等終了時報酬月額変更届	直ちに	事業主
	被保険者が3歳未満の子を養育しながら働いているとき	厚　厚生年金保険　養育期間標準報酬月額特例申出書	子の養育を開始したとき	事業主
賞与	賞与等を支払ったとき	被保険者賞与支払届　被保険者賞与支払届総括表	5日以内	事業主
	同一年度内で転職・転勤等により被保険者資格取得・喪失があった人の標準賞与累計額（保険者ごと）が540万円を超えたとき	健　健康保険標準賞与額累計申出書	その都度	被保険者（事業主経由）

被保険者証・年金手帳	被保険者証をなくしたとき、棄損したとき、余白がなくなったとき	健 健康保険被保険者証再交付申請書	直ちに	被保険者（事業主経由）
	高齢受給者証をなくしたとき、棄損したとき	健 高齢受給者証再交付申請書	直ちに	被保険者（事業主経由）
	年金手帳をなくしたとき、棄損したとき	厚 年金手帳再交付申請書	直ちに	被保険者（事業主経由）
	年金手帳を2冊以上持っているとき（基礎年金番号を複数持っているとき）	厚 基礎年金番号重複取消届	直ちに	被保険者（事業主経由）
国民年金	被扶養配偶者が第3号被保険者に該当したとき、第3号被保険者が死亡、氏名変更等のとき	第3号被保険者 資格取得・種別変更・種別確認（3号該当）・資格喪失・死亡・氏名・生年月日・種別変更（訂正）届	14日以内	第3号被保険者（事業主経由）
介護保険	被保険者または被扶養者が介護保険第2号被保険者の適用除外に該当した（該当しなくなった）とき	介護保険適用除外等該当・非該当届	直ちに	被保険者（事業主経由）
後期高齢者医療	被保険者または被扶養者が後期高齢者医療制度の障害認定を受けたとき、またはこれに該当しなくなったとき、または認定を撤回したとき	健 被保険者の場合は、被保険者資格喪失届または被保険者資格取得届	5日以内	事業主
		健 被扶養者の場合は、被扶養者（異動）届	5日以内	被保険者（事業主経由）

☑ 法改正情報（2022年4月施行）

①年金の受給開始年齢の選択肢が増えます（75歳まで繰り下げ可能に）

　公的年金の受取開始時期の選択肢が広がることとなりました。現在の制度では、年金の支給開始は原則65歳からですが、受取開始は60歳から70歳までの好きな時期から選ぶことができます。今回の改正により、自分で選べる幅が75歳まで延長され、60歳から75歳のどの時点からでも年金の受取りを開始することができるようになります。

②国民年金手帳から基礎年金番号通知書への切替え

　新たに国民年金第1～3号被保険者となった者（20歳到達者、20歳前に厚生年金被保険者となった者等）に対する資格取得のお知らせとして、国民年金手帳の交付から基礎年金番号通知書の送付に切り替わります。

厚生労働省の定める外国人労働者の雇用管理の改善に関する指針

☑ 基本的な考え方

- 事業主は、外国人労働者について、国籍にかかわらず適用される労働関係法令及び社会保険関係法令を遵守すること。
- 事業主は、外国人労働者が適切な労働条件及び安全衛生の下、在留資格の範囲内で能力を発揮しつつ就労できるよう、この指針で定める事項について、適切な措置を講ずること。

☑ 外国人労働者の募集及び採用の適正化

1. 募集

- 募集にあたって従事すべき業務内容、労働契約期間、就業場所、労働時間や休日、賃金、労働・社会保険の適用について、書面の交付等により明示すること（外国人の理解できる言語により明示することが必要）。
- 特に外国人が国外に居住している場合は、事業主による渡航・帰国費用の負担や住居の確保等募集条件の詳細について、あらかじめ明確にするよう努めること。
- 外国人労働者のあっせんを受ける場合、許可又は届出のある職業紹介事業者より受けるものとし、職業安定法または労働者派遣法に違反する者からはあっせんを受けないこと。なお、職業紹介事業者が違約金または保証金を労働者から徴収することは、職業安定法違反となる。
- 国外に居住する外国人労働者のあっせんを受ける場合、違約金または保証金の徴収等を行う者を取次機関として利用する職業紹介事業者等からあっせんを受けないこと。
- 職業紹介事業者に対し求人の申込みを行うにあたり、国籍による条件を付すなど差別的取扱いをしないよう十分留意すること。
- 労働契約の締結に際し、募集時に明示した労働条件の変更等をする場合、変更内容等について、書面の交付等により明示すること（外国人が使用する言語または理解できる言語）。

2．採用

- 採用にあたって、あらかじめ、在留資格上従事することが認められる者であることを確認することとし、従事することが認められない者については、採用してはならないこと。
- 在留資格の範囲内で、外国人労働者がその有する能力を有効に発揮できるよう、公平な採用選考に努めること。

☑ 適正な労働条件の確保

1．均等待遇

労働者の国籍を理由として、賃金、労働時間その他の労働条件について、差別的取扱いをしてはならないこと。

2．労働条件の明示

労働契約の締結に際し、賃金・労働時間等の主要な労働条件について、書面の交付等により明示すること。その際、外国人労働者が理解できる方法により明示するように努めること（外国人の理解できる言語で提示すること）。

3．賃金の支払い

- 最低賃金以上の賃金を支払うとともに、基本給、割増賃金等の賃金の全額を支払うこと。
- 居住費等を賃金から控除する場合、労使協定が必要であること。また、控除額は実費を勘案し、不当な額とならないようにすること。

4．適正な労働時間の管理等

法定労働時間の遵守等、適正な労働時間の管理を行うとともに、時間外、休日労働の削減に努めること。

- 労働時間の状況の把握にあたっては、タイムカードによる記録等の客観的な方法、その他適切な方法によるものとすること。
- 労働基準法等の定めるところにより、年次有給休暇を与えるとともに、時季指定により与える場合には、外国人労働者の意見を聴き、尊重するよう努めること。

5．労働基準法の周知

- 労働基準法等の定めるところにより、その内容、就業規則、労使協定等に

ついて周知を行うこと。その際には、外国人労働者の理解を促進するために必要な配慮をするように努めること。

６．労働者名簿等の調整

労働者名簿、賃金台帳及び年次有給休暇管理簿を調整すること。

７．金品の返還等

外国人労働者の旅券、在留カード等を保管しないようにすること。また、退職の際には、当該労働者の権利に属する金品を返還すること。

８．寄宿舎

事業付属寄宿舎に居住させる場合、労働者の健康の保持等に必要な措置を講ずること。

９．雇用形態または就業形態に関わらない公正な待遇の確保

・外国人労働者についても、短時間・有期労働法または労働者派遣法に定める、正社員と非正規社員との間の不合理な待遇差や差別的取扱いの禁止に関する規定を順守すること。

・外国人労働者から求めがあった場合、通常の労働者との待遇の相違内容及び理由等について説明すること。

☑ 安全衛生の確保

１．安全衛生教育の実施

安全衛生教育を実施するにあたっては、当該外国人労働者がその内容を理解できる方法により行うこと。特に、使用させる機械等、原材料等の危険性または有害性及びこれらの取扱方法等が確実に理解されるよう留意すること。

２．労働災害防止のための日本語教育等の実施

外国人労働者が労働災害防止のための指示等を理解することができるようにするため、必要な日本語及び基本的な合図等を習得させるよう努めること。

３．労働災害防止に関する標識・掲示等

事業場内における労働災害防止に関する標識・掲示等について、図解等の方法を用いる等、外国人労働者がその内容を理解できる方法により行うよう努めること。

4．健康診断の実施等

　労働安全衛生法等の定めるところにより、健康診断、面接指導、ストレスチェックを実施すること。

5．健康指導及び健康相談の実施

　産業医、衛生管理者等による健康指導及び健康相談を行うよう努めること。

6．母性保護等に関する措置の実施

　女性である外国人労働者に対し、産前産後受付、妊娠中及び出産後の健康管理に関する措置等、必要な措置を講ずること。

7．労働安全衛生法等の周知

　労働安全衛生法等の定めるところにより、その内容について周知を行うこと。その際には、外国人労働者の理解を促進するため、必要な配慮をするよう努めること。

8．労働保険・社会保険の適用等

　(1) 制度の周知及び必要な手続きの履行等

　　・労働・社会保険に係る法令の内容及び保険給付に係る請求手続き等について、外国人労働者が理解できる方法により周知に努めるとともに、被保険者に該当する外国人労働者に係る適用手続き等、必要な手続きを取ること。

　　・外国人が離職した際、被保険者証を回収するとともに、国民健康保険及び国民年金の加入手続きが必要になる場合には、その旨を教示するよう努めること。

　　・健康保険及び厚生年金保険が適用にならない事業所においては、国民健康保険、国民年金の加入手続きについて必要な支援を行うよう努めること。

　　・労働保険の適用が任意の事業所においては、外国人労働者を含む労働者の希望等に応じ、労働保険の加入の申請を行うこと。

　(2) 保険給付の請求等についての援助

　　・外国人労働者が離職する場合には、離職票の交付等、必要な手続きを行うとともに、失業等給付の受給に係る公共職業安定所の窓口の教示、その他必要な援助を行うよう努めること。

・労働災害等が発生した場合には、労災保険給付の請求、その他の手続きに関し、外国人労働者やその家族等からの相談に応ずることとともに、必要な援助を行うよう努めること。

☑ 適切な人事管理・教育訓練・福利厚生等

1．適切な人事管理

・外国人労働者が円滑に職場に適応できるよう、社内規程等の多言語化等、職場における円滑なコミュニケーションの前提となる環境の整備に努めること。

・職場で求められる資質・能力等の社員像の明確化、評価・賃金決定・配置等の人事管理に関する運用の透明性・公平性の確保等、多様な人材が適切な待遇の下で能力を発揮しやすい環境の整備に努めること。

2．生活支援

・日本語教育、日本の生活習慣、文化、風習及び雇用慣行について理解を深めるための支援を行うとともに、地域社会における行事や活動に参加する機会を設けるように努めること。

・居住地周辺の行政機関等に関する各種情報の提供や同行等、居住地域において安心して生活するために必要な支援を行うよう努めること。

3．苦情・相談体制の整備

外国人労働者の苦情や相談を受け付ける窓口の設置等、体制を整備し、日本における生活上または職業上の苦情・相談等に対応するように努めるとともに、必要に応じ行政機関の設ける相談窓口についても教示するよう努めること。

4．教育訓練の実施等

教育訓練の実施、その他の必要な措置を講ずるように努めるとともに、母国語での導入研修の実施等、働きやすい職場環境の整備に努めること。

5．福利厚生施設

適切な宿泊の施設を確保するように努めるとともに、給食、医療、教養、文化、体育、レクリエーション等の施設の利用について、十分な機会が保証されるよう努めること。

6．帰国及び在留資格の変更等の援助

- 在留期間が満了し、在留資格の更新がなされない場合には、雇用関係を終了し、帰国のための手続きの相談等を行うよう努めること。
- 外国人労働者が病気等、やむを得ない理由により帰国に要する旅費を支弁できない場合には、当該旅費を負担するよう努めること。
- 在留資格の変更等の際は、手続きにあたっての勤務時間の配慮等を行うよう努めること。
- 一時帰国を希望する場合には、休暇取得への配慮等、必要な援助を行うよう努めること。

7．外国人労働者と共に就労する上で必要な配慮

日本人労働者と外国人労働者とが、文化・慣習等の多様性を理解しつつ、共に就労できるよう努めること。

☑ 解雇等の予防及び再就職の援助

1．解雇

事業規模の縮小等を行う場合であっても、外国人労働者に対して安易な解雇を行わないようにすること。

2．雇止め

外国人労働者に対して安易な雇止めを行わないようにすること。

3．再就職の援助

外国人労働者が解雇（自己の責めに帰すべき理由によるものを除く）、その他事業主の都合により離職する場合において、当該外国人労働者が再就職を希望するときは、関連企業等へのあっせん、教育訓練等の実施、受講あっせん、求人情報の提供等、当該外国人労働者の在留資格に応じた再就職が可能となるよう、必要な援助を行うよう努めること。

4．解雇制度

外国人労働者が業務上負傷し、または疾病にかかり、療養のために休業する時間等、労働基準法の定めによるところにより解雇が禁止されている期間があることに留意すること。

5．妊娠・出産等を理由とした解雇の禁止

女性である外国人労働者が婚姻、妊娠、または出産したことを退職の理由とする定めをしてはならないこと。また、妊娠・出産等を理由として、解雇、その他不利益な取扱いをしてはならないこと。

☑労働者派遣または請負を行う事業主に係る留意事項

1．労働者派遣
- 派遣元事業主は労働者派遣法を遵守し、適正な事業運営を行うこと。
- 従事する業務内容、就業場所、派遣する外国人労働者を直接指揮命令する者に関する事項等、派遣就業の具体的内容を派遣する外国人労働者に明示する。
- 派遣先に対し、派遣する外国人労働者の氏名、雇用保険及び社会保険の加入の有無を通知する。

2．請負

請負を行う事業主にあっては、請負契約の名目で実質的に労働者供給事業または労働者派遣事業を行わないよう、職業安定法及び労働者派遣法を遵守すること。
- 雇用する外国人労働者の就業場所が注文主である他事業主の事業所内である場合には、当該注文主が当該外国人労働者の使用者であるとの誤解を招くことがないよう、当該事務所内で業務の処理の進行管理を行うこと。また、当該事業所内で、雇用労務責任者等に人事管理、生活支援等の職務を行わせること。
- 外国人労働者の希望により、労働契約の機関をできる限り長期のものとし、安定的な雇用の確保に努めること。

☑外国人労働者の雇用労務責任者の選任

外国人労働者を常時 10 人以上雇用するときは、この指針に定める雇用管理の改善等に関する事項を管理させるため、人事課長等を雇用労務責任者として選任すること。

☑外国人労働者の在留資格に応じて講ずべき必要な措置

1．特定技能の在留資格をもって在留する者に関する事項

入管法等に定める雇用契約の基準や受入れ機関の基準に留意するとともに、必要な届出・支援等を適切に実施すること。

2．技能実習生に関する事項

「技能実習の適正な実施及び技能実習生の保護に関する基本方針」等の内容に留意し、技能実習生に対し実効ある技能等の修得が図られるように取り組むこと。

3．留学生に関する事項

・新規学卒者等を採用する際、留学生であることを理由として、その対象から除外することのないようにするとともに、企業の活性化、国際化を図るためには、留学生の採用も効果的であることに留意すること。

・新規学卒者等として留学生を採用する場合、当該留学生が在留資格の変更の許可を受ける必要があることに留意すること。

・インターンシップ等の実施にあたっては、本来の趣旨を損なわないよう留意すること。

・アルバイト等で雇用する場合には、資格外活動許可が必要であることや、資格外活動が原則週28時間以内に制限されていることに留意すること。

指針の全文は、下記のアドレスから確認することができます。

✓ 参考URL

https://www.mhlw.go.jp/file/06-Seisakujouhou-11650000-Shokugyouanteikyoku
hakenyukiroudoutaisakubu/1015820920.pdf

各国との社会保障協定発効状況

　2020年3月25日時点における、社会保障協定の発効状況は以下のとおりです。日本は23ヶ国と協定を署名済です。「保険料の二重負担防止」「年金加入期間の通算」は、日本とこれらの国の間のみで有効であることにご注意ください。

（注）イギリス、韓国、イタリア及び中国については、「保険料の二重負担防止」のみです。

> ドイツ／イギリス／韓国／アメリカ／ベルギー／フランス／カナダ／オーストラリア／オランダ／チェコ／スペイン／アイルランド／ブラジル／スイス／ハンガリー／インド／ルクセンブルク／フィリピン／スロバキア／中国／イタリア／スウェーデン／フィンランド

　手続きは海外から日本にくる場合、自国で適用証明書を発行してもらい日本の年金事務所等に提示します。日本から海外に行く場合も、日本の年金事務所や健保組合で適用証明書という書類を発行してもらい、海外でそれを提示します。それにより、原則として海外の公的保険制度のみに加入します。＊勤務年数や各国により違いがあります。

☑各国との社会保障協定について

◉ドイツ

1.　海上航行船舶の乗組員の取扱い

　一方の締約国を旗国とする海上航行船舶において被用者として就労する者の強制加入に関しては、

　　1.当該者に対していずれか一方の締約国の強制加入に関する法令のみが適用される場合には、当該法令のみの適用が維持されます。

　　2.当該者に対して両締約国の強制加入に関する法令が適用される場合には、雇用者がその領域内に所在するかまたは通常居住する締約国の強制加入に関する法令のみを適用することとなります。一方の締約国を旗国とする海上航行船舶において就労する自営業者の強制加入に関しては、当該自営業者がその領域内に通常居住する締約国の強制加入に関する法令のみを適用することとなります。なお、適用証明書の交付申請は必要ありません。

2. 一時派遣期間の取扱いについて

　日独協定では、当初5年を超えると見込まれる場合の派遣であっても派遣開始から60暦月までは、派遣元の国の年金制度にのみ加入し、派遣先の国の年金制度の加入が免除されます。

3. 一時就労期間の延長について

　特別の事情があり5年を超えて派遣（自営活動）期間が延長される場合については、36暦月を超えない期間は派遣元の年金制度にのみ引き続き適用されることができます。延長が認められなかった場合は、当初派遣から60暦月以降は、派遣先の国の制度にのみ適用されることとなります。

4. 相手国年金制度への任意加入制度

　ドイツ年金制度の加入期間（保険料を納付した期間に限ります）が5年以上ある日本人は、将来受けるドイツ年金の年金額を増額させることを目的として、日本に帰国後もドイツ年金制度に任意に加入することができます。同様に、日本年金制度の加入期間が5年以上あるドイツ人は、ドイツに帰国後も日本の国民年金制度に任意に加入することができます。日本年金制度の加入期間は、国民年金（保険料免除期間は除きます）、厚生年金保険、共済年金いずれの制度でもかまいません。

　任意加入の申請は、本来は、直接相手国の年金担当窓口に行うことになっていますが、自国の実施機関の窓口を経由して申請することも可能です。

5. ドイツの年金の消滅時効

　ドイツの年金は、請求要件が満たされた月の3カ月以内に請求をした場合、その要件が満たされた月分から支給が開始されます。

　それより遅れて申請した場合は、申請した月から支給が開始されます。

6. ドイツ年金の受取方法

　ドイツの年金は、毎月1回、支払いが行われます。

　日本に在住している人は、以下の3通りの方法から選択して、ドイツの年金を受給することができます。

　　1.日本円による、日本国内の銀行口座への振込み

　　2.ユーロによる、ドイツ国内の銀行口座への振込み

　　3.ユーロ、米ドルまたは日本円の小切手による、日本の住所への郵送

7. 外国人脱退一時金の通算の取扱い

　協定による特例により、外国人脱退一時金は、日本の加入期間（厚生年金保険の被保険者期間など）とドイツの加入期間とを合わせて 6 カ月以上あれば請求することができます。この協定による特例の適用が受けられるのは、日本の加入期間の月数が 6 カ月未満である人に限られますので、支給される額は、支給要件となる 6 カ月として、日本の年金制度に加入していた期間の期間比率を乗じて計算します。

♀イギリス

1. 海上航行船舶の乗組員の取扱い

　いずれか一方の国の旗を掲げる海上航行船舶において船員として就労する人に対して両国の法令が適用されることとなる場合には、その人が通常居住する領域の属する国の法令のみを適用することとなります。

　適用証明書の交付手続きについては、被用者の取扱いと同様になります。

2. 一時就労期間の延長について

　予見できない事情など特別の事情があり 5 年を超えて派遣（自営活動）期間が延長される場合については、3 年を超えない期間は派遣元の年金制度にのみ引き続き適用されることができます。

　延長が認められなかった場合は、当初派遣から 5 年以降は、派遣先の国の制度にのみ適用されることとなります。

3. 随伴家族の取扱い

　日英協定では、就労者に随伴する家族に関する適用調整の規定がありません。

4. 国民年金の任意加入の制限

　日本国内で就労し、しかも、保険料納付義務に関するイギリス年金法令の適用を受ける人で当初の派遣予定期間を経過していない人は、国民年金法による任意加入（60 歳以上の人のみを対象とした任意加入の規定を除く）の規定は適用されません。

　つまり、イギリスから日本へ一時派遣され、国民年金法の適用が免除されている人で 60 歳未満の人は国民年金に任意加入することができません。

♀韓　国

1．海上航行船舶の乗組員の取扱い

　いずれか一方の国の旗を掲げる海上航行船舶において船員として就労する人に対して両国の法令が適用されることとなる場合には、その人が通常居住する領域の属する国の法令のみを適用することとなります。

　適用証明書の交付手続きについては、被用者の取扱いと同様になります。

2．一時就労期間の延長について

　予見できない事情など特別の事情があり5年を超えて派遣（自営活動）期間が延長される場合については、3年を超えない期間は派遣元の年金制度にのみ引き続き適用されることができます。

　延長が認められなかった場合は、当初派遣から5年以降は、派遣先の国の制度にのみ適用されることとなります。

♀アメリカ

1．海上航行船舶の乗組員の取扱い

　日本国の旗を掲げる海上航行船舶または合衆国の船舶の乗組員としての雇用について両締約国の法令が適用されることとなる者については、当該雇用に関し、その人が通常居住する領域の属する締約国の法令が適用されます。この場合、期間の定めはありません。

　適用証明書の交付手続きについては、被用者の取扱いと同様になります。

2．日本の医療保険制度が免除されない事例

　アメリカから日本に一時派遣される人が、アメリカの社会保障制度に引き続き加入する場合、アメリカの民間医療保険に加入している場合に、日本の医療保険制度への加入が免除されることになります。また、配偶者や子などが一緒に日本に滞在する場合には、その全員が民間医療保険に加入していなければなりません。もし、本人及び家族の中に民間医療保険に加入していない人がいる場合は、本人及び家族の全員について日本の医療保険制度への加入が免除されないことになります。

3.　6カ月ルール

　日本の企業からアメリカに派遣される場合、アメリカの社会保障制度の免除を受けるためには、アメリカに派遣される直前に、原則として6カ月以上継続して日本で就労、または居住し、日本の社会保険制度に加入していることが条件として追加されます。また、アメリカの企業から日本に派遣される場合も、同様の条件が必要となります。

　同様に、日本での自営業者がアメリカで一時的に自営活動をする場合、アメリカの社会保障制度の免除を受けるためには、アメリカで就労を開始する直前に、原則として6カ月以上継続して日本において自営活動を行い、かつ日本の社会保険制度に加入していることが条件として追加されます。アメリカ国内での自営業者が日本で一時的に就労する場合においても、同様の条件が必要となります。

4.　国際線航空機乗務員の取扱い

　航空機の乗組員として就労する人について日米両国の制度が適用される場合は、航空会社の本社がある国の制度のみを適用することになります。

5.　期間延長について

　5年の期限を超えて、派遣期間を延長される場合は、延長される期間に応じて以下のような理由を届け出る必要があります。

　（1）5年の期限を越えて3年まで延長の場合

　　　　派遣先国での就労延長の理由が、予見不可能であり、かつ、単に派遣先国の適用免除を延長する目的でないことが明らかな場合。例えば、

　　　（1）あるプロジェクトに関わっていたところ、終了が予期せず遅延した場合

　　　（2）就学年齢の子どもがおり、就学年の終了まで派遣先国にとどまりたい場合

　（2）5年の期限を越えて3年超4年までの延長の場合

　　　　予見不可能なことに加え、就労期間の延長が企業もしくは被用者もしくはその家族の重大な困難を避けるために必要な場合。例えば、

　　　（1）予定していた後任が、予期せず辞職または障害に陥るもしくは亡くなり、新たな後任が指名、訓練されるまで時間を要する場合

(2) 企業が他の企業に買収もしくは再編され、その移行のために、派遣されている人が不可欠な場合

6. 協定第4条1該当者

（日本制度の適用を受けるアメリカからの派遣者や自営業者など）

アメリカから日本に長期派遣される人や日本の事業所に直接採用されて就労する人は、原則として日本の社会保障制度のみに加入することになり、アメリカの社会保障制度の加入が免除されることになります。

ところで、アメリカの社会保障制度においては、アメリカ国籍者（アメリカの永住権を持つ非アメリカ国籍者を含む）は、日本で就労していてもその所得に対してアメリカの社会保障税を課税される場合がありますが、長期派遣者などが日米協定に基づいて日本の社会保障制度のみに加入する場合、そのことを証明する適用証明書の交付を受ける必要があります。

適用証明書の交付を受けるためには、日本の社会保障制度への加入が条件となります。前述した、日本からアメリカへ派遣される場合の手続きに準じ、原則事業主（自営業者の場合は本人）が、年金事務所に「適用証明書交付申請書」を提出することにより、交付を受けることができます。交付された適用証明書を、アメリカの勤務先もしくはアメリカの内国歳入庁に提示することで、アメリカの社会保障制度の加入が免除されます。

7. アメリカ年金加入要件への日本期間の通算方法

アメリカの1クレジットは日本の3カ月の年金加入期間と同等の期間として換算します。

なお、日米協定により日本の年金加入期間を通算しアメリカ年金を受給するためには、アメリカ年金のクレジットが最低6クレジットあることが条件となっています。

8. アメリカ年金の消滅時効

アメリカ年金制度における時効の取扱いについては、退職年金の場合で6カ月、障害年金の場合で12カ月となっています。

＊アメリカの退職年金の請求は、受給権発生の3カ月前の初日から請求手続を行うことが可能です。

9．アメリカ年金の申請方法

（1）日本での申請方法

　　　　協定によりアメリカの年金の請求を日本の年金事務所及び年金相談センターの窓口で行うことができます。

　　　　年金事務所及び年金相談センターでアメリカの年金を請求する場合は、窓口に備え付けてある「合衆国年金の請求申出書」にアメリカ社会保障番号（Social Security Number）、氏名、生年月日、住所など必要事項を記入し提出してください。この申出書に必要な添付書類は、戸籍謄（抄）本、年金手帳または年金証書の写しとなります。

　　　　「合衆国年金の請求申出書」に記入された情報は、日本年金機構を経由して、合衆国大使館領事部年金課に送付されます。後日、記載した電話番号に、正式なアメリカ年金請求の聞き取りのため、合衆国大使館領事部年金課の日本語を話せる職員から照会が行われます。

　　　　アメリカ年金請求に関してのお問い合わせは合衆国大使館領事部年金課（電話番号 03-3224-5000 で年金課と申し出てください。音声回答の場合は氏名・電話番号を録音いただければ折り返し電話されます。）に行うことができます。

（2）アメリカ国内での申請方法

　　　　アメリカでの申請方法については、アメリカ国内法令に基づいて行われます。詳細については、以下のアメリカ社会保障庁のホームページにて確認願います。

　　　　アメリカ社会保障庁ホームページ（外部リンク）

10．年金の受取方法

　アメリカの年金は、毎月 1 回、支払いが行われます。

　日本に在住している人は、以下の方法から選択して、アメリカの年金を受給することができます。

　　1. 日本円による、日本国内の銀行口座への振り込み
　　2. 米ドルによる、アメリカ国内の銀行口座への振込み

11．アメリカの年金加入期間の算入について

　アメリカの年金加入期間は、暦年中の収入に応じて付与されるクレジットと

いう単位でカウントされます。日米両国では、年金加入期間の単位が異なるために相手国の年金加入期間を自国の年金加入期間に通算する際には、アメリカの1クレジットを日本の3カ月の年金加入期間を同等の期間として換算します。

　なお、日米協定に基づき日本の障害・遺族年金を受けるためには、「障害の初診日もしくは死亡日などの直前2年間のうち1年間分のアメリカの年金加入期間があること」という条件もあります。

12. 日本の障害厚生年金などの支給要件の特例

　アメリカの年金制度では、暦年における実際の就労月とクレジットは関連性がないため、次の条件を満たした場合にのみ日本の年金制度に加入していたものとみなすこととしています（障害年金または遺族年金）。

　a) 初診日（死亡日）が属する暦四半期までの8暦四半期中に、少なくとも4
　　四半期分のクレジットが付与されていること。（4/8要件）

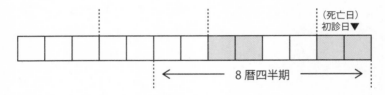

　b) 初診日（死亡日）が属する暦四半期までの13暦四半期中に、少なくとも
　　6四半期分のクレジットが付与されていること。（6/13要件）

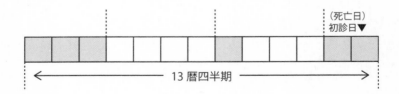

13. アメリカ在住者の日本の年金に対する所得税手続きについて

　アメリカで居住している人が日本の年金を受給する場合には、日米租税条約に基づいてアメリカで課税対象となります。

　この取扱いを受けるためには、「租税条約に関する届出書」のほか、「特典条項に関する付表」を1部提出する必要があります。

● ベルギー

1. 海上航行船舶の乗組員の取扱い

海上航行船舶において就労する被用者については、その雇用者の所在する締約国の強制加入に関する法令のみを適用することとなります。

適用証明書の交付手続きについては、被用者の取扱いと同様となります。

2. 自営業者の保険料算定に係る特例措置

日本国の領域内において被用者として就労する人が、同時にベルギーの領域内において自営業者として就労する場合には、ベルギーの領域内において被用者とみなします。

3. 国際線航空機乗組員の取扱い

国際運輸に従事する航空において就労する被用者については、その雇用者の所在する締約国の強制加入に関する法令のみを適用することとなります。

4. 派遣期間の延長について

予見できない事情や企業・被用者など重大な困難を及ぼすなど特別の事情があり5年を超えて派遣（自営活動）期間が延長される場合については、原則1年（特別の事情があれば最大2年）を超えない期間は派遣元の年金制度にのみ引き続き適用されることができます。延長が認められなかった場合は、当初派遣から5年以降は、派遣先の国の制度にのみ適用されることとなります。

5. ベルギー年金加入期間への日本期間の通算

ベルギーの法令では、一般制度の老齢年金及び遺族年金の支給要件には最低加入年数がないため、ベルギー法令に基づく保険期間がある場合には、日本の年金加入期間の通算を行わなくてもベルギー年金の受給権は確立されます。

ベルギーの早期退職年金を受給する場合、被用者や自営業者であった方が、ベルギーでの年金加入期間が35年以上ある場合には、上記の受給開始年齢にかかわらず60歳から受給することが可能です。

この期間に日本の年金加入期間を通算することができます。

また、障害給付については加入要件が設けられており、これを満たすために日本の年金加入期間が考慮されます。

なお、協定を適用し、日本の年金加入期間を通算するためには、保険事故発

生前に1年以上のベルギーの法令による保険期間が必要です。

6. 協定に基づくベルギー年金額の計算の特例

ベルギー一般制度などの老齢年金及び遺族年金の給付額の計算については、協定が発効したことにより次の2とおりの方法で計算を行い、協定の適用により計算方法の額が高い場合は、協定を適用してベルギー年金が支給されます。

　　1. 協定の適用によらない計算方法

　　　ベルギー期間のみに基づいて決定される

　　2. 協定の適用による計算方法

　　　ベルギーと日本の加入期間を通算した期間に基づいて決定される

7. ベルギー年金の消滅時効

原則として、ベルギー年金は、受給開始年齢到達日の属する月の翌月、または申請した日の属する月の翌月に受給権が発生します。

しかし、協定発効日においてベルギー年金の受給権を満たす人が、協定発効日から2年以内にベルギー年金の申請を行った場合については、受給権発生日が協定発効日まで遡ります。

なお、ベルギー国内の特例措置により、ベルギー国外に居住し、協定発効日以降にベルギー年金の受給権を獲得した人の申請が受給開始年齢より後になった場合であっても、10年前の給付まで遡って年金を受け取ることができます。

（ただし、受給開始年齢到達日より前には遡りません）

8. ベルギー年金の受取方法

ベルギーの年金は、毎月1回、支払いが行われます。

老齢、遺族年金の場合

ベルギーの老齢年金、遺族年金については、以下の方法により、支払いが行われます

　　1. 米ドルまたはユーロによる小切手

　　2. ベルギー国内またはヨーロッパ数カ国での銀行口座への振込

障害年金の場合

ベルギーの障害年金の支払いについては、日本円により、日本国内の銀行口座へ振込まれます。

9. ベルギー年金加入期間の算入について

　ベルギーの年金加入期間を日本の年金加入期間に通算する際には、次のとおり、ベルギーの特定の四半期を日本の特定の3カ月として取り扱います。

ベルギー保険期間	日本年金加入期間
第1四半期	1月1日～3月31日
第2四半期	4月1日～6月30日
第3四半期	7月1日～9月30日
第4四半期	10月1日～12月31日

10. ベルギー在住者の所得税の取扱い

　ベルギーに居住している人が日本の年金を受給する場合、年金に対する所得税はベルギーで課税対象となり、日本では非課税となります。

　この取扱いを受けるためには、「租税条約に関する届出書（様式9）」を提出する必要があります。

　届出書を日本の国税庁のホームページ（http://www.nta.go.jp/）から取得して、二部作成し日本年金機構本部に提出する必要があります。

　年金請求と同時に届出をする人は、日本の年金の決定請求書と一緒にベルギー実施機関に提出することができます。

11. ベルギー国外での年金の受給について

　ベルギーの年金制度においては、原則として最低加入年数の期間要件はありませんが、ベルギー国外（協定相手国を除く）に居住する人で、ベルギー国籍を有していない人はベルギー年金を受給することができませんでした。

　そのため、日本に居住する日本人はベルギー年金を受給できませんでした。

　しかし、ベルギー国外に居住する日本人や日本国内に居住するベルギーの年金加入期間を有する人もベルギー年金を受給できるようになりました。

♀フランス

1. 海上航行船舶の乗組員の取扱い

　フランスの旗を掲げる海上航行船舶において被用者として就労している者であって、日本の事業主から報酬を受けており、日本に住所を有している場合は、

期限の限定はなく、日本の社会保障制度に加入し、フランスの社会保障制度の加入が免除されます。

（日本に住所を有していない場合はフランスの社会保障制度が適用となり、日本の社会保障制度が免除されます）

また、フランスの旗を掲げる海上航行船舶において自営活動を行う者は、期限の限定はなく、フランスの社会保障制度に加入し、日本の社会保障制度の加入は免除されます。

適用証明書の交付手続きについては、被用者または自営業者の取扱いと同様になります。

2. 労働災害に対する保険の加入及び随伴被扶養者の事業主確認

日本からフランスへ一時派遣される人については、日本の労働者災害補償保険の海外派遣者の特別加入制度またはこれに準ずる保険に加入していることを条件として、フランスの社会保障制度が免除されます。

被保険者を一時派遣する事業主は、年金事務所へ適用証明書の交付申請をする際に、一時派遣される被保険者が日本の労働者災害補償保険の海外派遣者の特別加入制度またはこれに準ずる保険に加入していることを確認した旨及び加入番号を「事業主確認用紙」に記入し、年金事務所に提出してください。

なお、一時派遣される被保険者が被扶養配偶者または子を随伴する場合には、「事業主確認用紙」に記入し、事業主が確認のうえ提出してください。

3. 自営業者の一時就労について

フランスとの社会保障協定においては、相手国で一時的に自営活動を行う自営業者についての条文は設けられていません。

ただし、個別の申請に基づいて、フランスの実施機関との協議により、フランスの社会保障制度への加入の免除が認められる場合があります。

4. 1年インターバルルール

日本からフランスへの派遣が2回目以降の場合は、直近の一時派遣によるフランスでの就労期間が終了した時点から次の一時派遣による就労期間が開始する時点までの間に少なくとも1年が経過していることが必要です。

フランスから日本への派遣についても同様です。

5.　一時就労期間の延長について

　予見できない事情など特別の事情があり5年を超えて派遣（自営活動）期間が延長される場合についても、原則として、延長は認められません。

　事情によっては1年を限度として認められることがありますが、延長が認められなかった場合は、当初派遣から5年以降は、派遣先の国の制度にのみ適用されることとなります。

6.　協定発効時の経過措置

　協定の発効時において、それ以前から既にフランスに派遣されている人について、協定発効日から5年以内に派遣が終了する見込みであれば、一時派遣者として、協定発効後のフランス社会保障制度の加入が免除されます。

　ただし、フランスの健康保険証を返還し、フランスの社会保障制度から脱退することが免除を受けるための一つの要件となり、返還日の属する月よりフランス社会保障制度の加入が免除されます。

　協定発効月の末日までに健康保険証が返還されなければ、それまでの期間はフランス社会保障制度の加入は免除されず、日本の社会保障制度への加入が免除されることになります。

　（なお、協定発効月後に健康保険証が返還された場合であっても、フランス社会保障制度の加入免除期間は、協定発効日より起算して最長5年となります）

　協定発効時において健康保険証を所持していなかった方については、特例的な取扱いを行うこととし、協定発効日に遡ってフランスの社会保障制度への加入が免除されます。

　日仏社会保障協定発効時においてフランスの健康保険証を所持していなかった方の手続きについては、日本年金機構ＨＰをご参照ください。

　適用証明書の交付申請をする際には、フランスの医療保険一次金庫等へ健康保険証を返還したことを一時派遣者が自己申告した「移行期間付帯文書」を添付してください。

　なお、協定発効時においてフランスから日本へ一時派遣されている人については、協定発効日からフランスの社会保障制度にのみ加入することとなります。

7.　フランス年金加入期間要件への日本期間の通算方法

　フランスの法令では、一般制度の老齢年金及び遺族年金の支給要件には最低

加入年数がないため、フランス法令に基づく保険期間がある場合には、日本の年金加入期間の通算を行わなくてもフランス年金の受給権は確立されます。

しかし、障害年金及び一部の特別制度（フランス国鉄、フランス電気ガス公社など）は1年以上の最低加入期間を設定しています。

フランス法令に基づく保険期間のみでフランス年金の受給権を確立することができない場合は、協定により日本の年金加入期間をフランスの年金加入期間とみなして取り扱われます。

8. フランス年金の計算方法

フランス一般制度等の老齢年金及び遺族年金の給付額の計算については、協定が発効したことにより、次の2とおりの方法で計算を行い、協定の適用による計算方法の額が高い場合は、協定を適用してフランス年金が支給されます。

　1.協定の適用によらない計算方法

　フランス期間のみに基づいて決定される。

　2.協定の適用による計算方法

　フランスと日本の期間の合計期間に基づいて決定される。

協定発効前からフランスの年金を受給されている方は1の方法で計算された額を受けている方々ですが、2の方法で計算されたほうが有利になる可能性があります。

9. フランス年金の消滅時効

フランスの年金の請求は、受給権発生の6カ月前から請求手続きを行うことが可能です。

また、フランス年金制度においては、受給権発生月以降に申請を行った場合、申請を行った月の翌月分からの支給となります。受給権発生月まで遡ることはありませんのでご注意ください。

10. フランス年金の受取方法

フランスの年金は、毎月1回、支払いが行われます。日本に居住している人には、SWIFTコードを持つ日本の金融機関へ日本円またはユーロで振り込まれます。

11. フランスの年金加入期間と日本の年金加入期間の通算

　フランスの年金加入期間は、暦年中の収入に応じて付与される「四半期」を単位としています。

　日仏両国では、年金加入期間の単位が異なるために相手国の年金加入期間を自国の年金加入期間に通算する場合には、フランスの1四半期を日本の3カ月の年金加入期間と同等の期間として換算します。

12. 障害厚生年金などの支給要件の特例について

　フランスにおいては、年金加入記録が四半期毎に管理されており、初診日などを特定することができませんが、以下の事例に示すように初診日の属する暦年において、最低1四半期のフランス年金加入期間を有していれば、日本の年金制度に加入していたものとみなすこととしています。

♀カナダ

1. ケベック州独自の年金制度の取扱い

　社会保障に関する日本国とカナダとの間の協定（以下、「日・カナダ協定」）は、カナダ側については、老齢保障制度（OAS：Old Age Security）及びカナダ年金制度（CPP：Canada Pension Plan）という2つの年金制度のみを対象としております。

　2007年9月現在、これらの制度とは別にケベック州に独自の年金制度（QPP：QuebecPension Plan）が存在していますが、このQPPは日・カナダ協定の対象となっていませんので、日本の年金制度との間で適用調整や年金加入期間の通算を行いません。

2. 日本の年金制度と適用調整を行うカナダの年金制度

　前述のとおり、日・カナダ協定は老齢保障制度（OAS：OldAge Security)及びカナダ年金制度（CPP：Canada Pension Plan）という2つの年金制度を対象としています。

　ただし、老齢保障制度（OAS）については、保険料ではなく税を財源としているため、日本の年金制度との間で適用調整をするのは、社会保険方式のカナ

ダ年金制度（CPP）のみとなっています。

3. 海上航行船舶の乗組員などの取扱い

　カナダの年金制度上、海上航行船舶の乗組員の雇用主の所在地（国）の法が適用されることとなっており、両国の法令が二重適用されるという事態は想定されません。そのため海上航行船舶の乗組員特有の取扱いはありません。

4. 6カ月ルール

　日本の企業からカナダに派遣される場合、カナダ年金制度の適用免除を受けるためには、カナダに派遣される直前に、原則として6カ月以上継続して日本で就労、または居住し、日本の年金制度に加入していることが条件として追加されます。また、カナダの企業から日本に派遣される場合も、同様の条件が必要となります。

5. 関連企業への派遣について

　カナダの制度では、カナダの雇用主の日本の関連企業については、カナダの所得税法及びその他の関連法令に照らして、カナダ歳入庁により「関連企業」と認められた場合にのみカナダ年金制度（CPP）が適用されます。日本の年金制度の適用免除を受けるためには、派遣される日本の企業は、カナダの派遣元の関連企業でなければなりません。

6. 派遣期間の延長について

　不測の事情など特別の事情があり5年を超えて派遣（自営活動）期間が延長される場合については、個別の審査により、3年を超えない期間は派遣先の年金制度が引き続き免除される場合があります。

　延長が認められなかった場合は、派遣先の国の制度にのみ適用されることとなります。

7. カナダ年金制度の保険期間の日本の年金制度への通算方法

　日本の年金加入期間のみでは日本の被用者年金制度及び国民年金の年金給付の受給資格要件を満たさない場合には、カナダ年金制度（CPP）の保険期間を算入することができます。（老齢保障法（OAS）によるカナダ居住期間は算入できません）

　この場合、カナダ年金制度法による暦年ごとの1年の保険期間を日本の12カ月として算入します。

　ただし、日本の年金加入期間と重複する期間は、考慮しません。

8.　日本の年金加入期間のカナダ年金制度への通算方法

　少なくとも1年間の老齢保障法（OAS）によるカナダ居住期間またはカナダ年金制度法（CPP）による保険期間がある人について、カナダの居住期間または保険期間のみでは給付を受ける権利を確立できない場合に日本の年金加入期間を通算することができます。

　ただし、カナダの期間と重複する日本の期間は、考慮しません。

老齢保障制度（OAS）における通算方法【カバレッジ・リンク】

　協定発効前後を問わず、カナダの領域内で就労し日本の法令の適用を受ける人については、その就労期間を老齢保障法（OAS）上の居住期間とみなしません。（カナダ年金制度には何ら影響はありません）

　また、カナダの領域で就労し日本の法令の適用を受ける人と同居している配偶者などについては、自らの雇用または自営活動を理由としてカナダ年金制度（CPP）またはケベック州年金制度（QPP）の適用を受ける場合を除き、その期間を老齢保障法（OAS）上の居住期間とみなしません。

カナダ年金制度（CPP)における通算方法

　日本の年金加入期間が少なくとも3カ月ある一暦年を1年の保険期間として考慮します。

　なお、カナダ年金制度（CPP）の退職年金には最低加入期間の要件がないため、日本の年金加入期間を通算しなくとも受給することができますが、一方、カナダ年金制度の遺族年金及び障害年金には最低加入期間と同様の要件があるため、この通算措置により受給が可能となる場合があります。

9．カナダ年金の消滅時効について（申請受付開始年月日）

　原則として、カナダの年金は、受給開始年齢到達日の属する月の翌月、または申請した日の属する月の翌月に受給権が発生します。

　また、各月支給額の消滅時効は、老齢保障制度の老齢年金については11カ月、

カナダ年金制度の退職年金については12カ月となっています。

老齢保障制度の老齢年金の申請は64歳から受け付けることができます。

※カナダ年金制度の退職年金の申請は、受給権発生6カ月前から受け付けることができます。
受給権発生日については、申請書の記入要領を参照してください。

10. カナダの年金の受取方法

日本に在住している人は、以下の2とおりの方法から選択して、カナダの年金を受給することができます。

1. 日本円の小切手による日本の住所地への郵送
2. カナダ国内の銀行口座がある場合は、その口座への振り込み

11. 日本及びカナダの年金に対する所得税の取扱い

日本とカナダとの間では、租税条約を締結していますが、年金条項がないために、それぞれの国で支払われる年金について、その支払国の租税法により課税されます。

♀オーストラリア

1. 日本の年金制度と通算を行うオーストラリアの年金制度

オーストラリアの年金制度は、税を財源とする社会保障制度と保険料を財源とする退職年金保障制度があります。日本の年金制度と通算を行うオーストラリアの年金制度は、社会保障制度のみとなっています。また、通算を行う給付は、日本及びオーストラリアとも老齢給付に関するもののみとなっています。

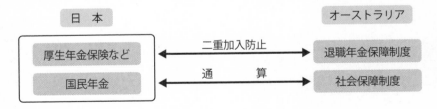

2. 海上航行船舶の乗組員の取扱い

オーストラリアの退職年金保障制度上、海上航行船舶の乗組員の雇用者の所在地国法が適用されることとなっており、両国の法令が二重適用されるという事態は想定されません。そのため海上航行船舶の乗組員特有の取扱いはありません。

3.　一時派遣期間の取扱い

　日豪協定では、当初5年を超えると見込まれる場合の派遣であっても派遣開始から5年までは、派遣元の国の年金制度にのみ加入し、派遣先の国の年金制度の加入が免除されます。

4.　自営業者の取扱い（対象外）

　適用調整されるオーストラリアの年金制度が、被用者のみを対象とした退職年金保障制度であることから、自営業者としてオーストラリア国内において就労する人は、二重加入の問題が生じないため、適用調整する必要がありません。そのため、適用調整に必要となる適用証明書の交付申請を行う必要もありません。

5.　関連企業への派遣について

　オーストラリアの雇用者から日本国内の事業所へ一時的に派遣される被用者の場合には、その雇用者間で全部または過半数の資本を同じくする場合にのみ、オーストラリアの退職年金保障制度のみ加入し、日本の年金制度の加入が免除されます。

6.　派遣期間の延長について

　予見できない事情や企業・被用者など重大な困難を及ぼすなど特別の事情があり5年を超えて派遣期間が延長される場合については、以下の事情の例に該当し、日豪両国で個別に判断のうえ合意した場合に、派遣元の年金制度にのみ引き続き適用されることができます（期間は定められておりません）。延長が認められなかった場合は、当初派遣から5年以降は、派遣先の国の制度にのみ適用されることとなります。

延長が認められうる事情の例

- ・後任者が死亡、重病または辞職のために、引き継ぎを行うことができない場合
- ・予期しない個人的な事情のために、派遣先国にいなければならない場合（本人、家族の病気や子の修学未了など）
- ・まもなく定年退職する場合
- ・短期間の延長
- ・派遣期間中に、予期しない個人的な事情のために、短期間、派遣元国へ帰

国したことがある場合（本人、家族の病気等）
- 延長理由がどちらか一方の国の政策と関係がある場合
- 派遣を中断することによって雇用主・被用者に不利益が生じるとき
- 会社に組織変更があり、派遣者が当該組織変更に重要な役割にある場合
- 派遣者に特殊な技能、経験があり、雇用者が当初派遣期間後1〜4年以内に終了する予定の特別な業務またはプロジェクトを遂行するために当該派遣者を必要する場合
- その他特別な事情がある場合

7. オーストラリア老齢年金の加入期間要件への日本期間の通算

オーストラリア老齢年金では、オーストラリア国内での一定の居住期間（オーストラリア市民権またはpermanentvisa保有者の居住期間をいいます。以下同じです。）により支給されることになっています。この居住要件を満たさない場合には、重複しない日本の年金加入期間を通算してオーストラリア老齢年金の受給資格を得ることができます。なお、オーストラリア国外に居住している人が、日本の年金加入期間を通算する場合には、オーストラリア国内での居住期間が少なくとも連続する6カ月を含む12カ月を有することが必要となります。

8. 協定に基づくオーストラリア老齢年金の計算の特例

オーストラリア老齢年金の支給額の計算においては、所得・資産調査を経て年金額が決定されることとなっています。日豪協定の規定に基づき、日本から支給される年金額は、所得・資産調査時に一部分のみを評価されることとなります。

9. オーストラリア年金制度の期間の日本の年金制度への通算方法

オーストラリア老齢年金は、居住期間をもとに支給などを行っているため、日本の年金加入期間のみでは受給資格要件を満たさない場合に、この要件を満たすために、オーストラリア国内での居住期間のうち、被用者または自営業者として就労していた期間（協定上「就労居住期間」）を、重複しない限りにおいて、日本の年金加入期間に算入することができます。

10. オーストラリア老齢年金の消滅時効（申請受付開始時期）

オーストラリア老齢年金は、日単位で計算され、受給開始年齢到達日以降に申請した場合は、申請した日からの年金が支給されます。日本の年金と異なり、

受給開始年齢到達日まで遡って支給されません。なお、老齢年金の申請は、受給開始年齢到達日の 13 週前から行うことができます。

11. オーストラリア老齢年金の受取方法

オーストラリア老齢年金は、毎月 1 回、以下の方法により、支払いが行われます。

　　1. 円による銀行口座への振込
　　2. 円による小切手

12. オーストラリア在住者の所得税の取扱い

オーストラリアに居住している人が日本の年金を受給する場合、年金に対する所得税はオーストラリアで課税対象となり、日本では非課税となります。

この取扱いを受けるためには、「租税条約に関する届出書（様式 9）」を提出する必要があります。届出書を日本の国税庁ホームページ（http://www.nta.go.jp/）から取得して、二部作成し、日本年金機構本部に提出する必要があります。

オランダ

1. 海上航行船舶の乗組員の取扱い

海上航行船舶において就労する被用者については、その雇用者の所在する締約国の強制加入に関する法令のみを適用することとなります。

2. 1年インターバルルール

日本からオランダへの派遣が 2 回目以降の場合は、直近の一時派遣によるオランダでの就労期間が終了した時点から次の一時派遣による就労期間が開始する時点までの間に少なくとも 1 年が経過していることが必要です。

オランダから日本への派遣についても同様です。

3. オランダ制度への継続加入

オランダから日本へ一時派遣または一時的に自営活動をする人（期間が 5 年を超えないと見込まれる場合）は、その期間、オランダ国内で居住、就労しているとみなされ、オランダの社会保障制度に継続して加入することとなります。

4. 派遣期間の延長について

予見できない事情や企業・被用者など重大な困難を及ぼすなど特別の事情が

あり5年を超えて派遣期間が延長される場合については、日蘭両国で個別に判断のうえ合意した場合に、1年を超えない期間は派遣元の社会保障制度にのみ引き続き適用されることができます。ただし、延長の申請については、当初5年の派遣期間が満了する前にオランダ側と協議を開始する必要がありますので、当該満了日の1カ月前までに延長の申請書を管轄の年金事務所に提出してください。

　延長が認められなかった場合は、当初派遣から5年以降は、派遣先の国の制度にのみ適用されることとなります。

5．随伴家族の取扱い

　オランダとの協定では、就労者に随伴する家族に関する適用調整の規定がありません。

　オランダから日本への一時派遣・自営活動者に随伴する配偶者及び子は、日本国内で就労しない場合でも日本の法令（年金・医療保険）が適用されます。

6．オランダ年金加入期間要件の特例

　オランダの老齢給付では、最低加入要件がありません。

　なお、1957年以前のオランダ居住期間または有給の雇用期間（15歳以上）がある人は、59歳以後にオランダまたは日本で6年居住していた場合には、その1957年以前の期間が給付額の計算に考慮されます。

　オランダの障害または遺族給付については、オランダでの雇用・居住期間が12カ月以上ある人が日本の年金加入期間中に障害または死亡が生じた場合にも、給付を受けることができます。

7．オランダ老齢年金の消滅時効（申請受付開始時期）

　各月支給額の消滅時効は、原則1年となっています。

　オランダの老齢年金は、受給権が発生する6カ月前から申請をすることができます。

8．オランダ年金制度の期間の日本の年金制度への通算方法

　日本の年金加入期間のみでは受給資格要件を満たさない場合に、この要件を満たすために、オランダで被用者または自営業者として就労していた期間などの保険料を納付していた期間を、重複しない限りにおいて、日本の年金加入期間に算入することができます。

オランダで保険期間と扱われる期間のうち、オランダでの居住のみに基づくものは、日本の年金加入期間に算入することができません。

９．日本でのオランダ年金受給

協定により、日本に居住する人も一部または全額停止なしにオランダ年金を受給することができます。

なお、協定が発効する以前にすでにオランダ年金を受給し、一部または全額停止されていた人については、その停止が解除され、停止されていたものが遡及して支給されます。

10．オランダ年金の受給方法

オランダ年金は、原則、毎月１回、銀行口座（ユーロ）への振込により支払が行われます。

11．オランダ在住者の所得税の取扱い

オランダに居住している人が日本の年金を受給する場合、年金に対する所得税はオランダで課税対象となり、日本では非課税となります。

この取扱いを受けるためには、「租税条約に関する届出書（様式9）」を提出する必要があります。

届出書を日本の国税庁のホームページ（http://www.nta.go.jp/）から取得して、二部作成し、日本年金機構本部に提出する必要があります。

チェコ

１．海上航行船舶の乗組員の取扱い

海上航行船舶において就労する被用者については、その雇用者の所在する締約国の強制加入に関する法令のみを適用することとなります。海上航行船舶において就労する自営業者については、その方が通常居住する締約国の強制加入に関する法令のみを適用することとなります。

２．派遣期間の延長について

予見できない事情や企業・被用者など重大な困難を及ぼすなど特別の事情があり、５年を超えて派遣期間が延長される場合については、申請に基づき、両国で個別に判断のうえ合意した場合に、原則３年を超えない期間は派遣元の社会保障制度にのみ引き続き適用されることができます。延長が認められなかっ

た場合は、当初派遣から5年以降は、派遣先の国の制度にのみ適用されること
となります。

3. チェコ制度に加入する者の随伴配偶者・子について

　チェコから日本にて一時的に就労し、協定により、チェコの社会保障制度に
のみ加入する者に随伴する配偶者または子については、日本の年金制度は、別
段の申出がない限り、加入する必要はありませんが、日本の医療保険制度には、
加入する必要があります。

　チェコの健康保険制度は、チェコ国民または永住権者のみ加入することがで
きますが、協定により、チェコで現地採用された者や日本から5年を超える見
込みの長期派遣者などチェコの社会保険制度のみに加入する者に随伴する配偶
者および子についても、チェコの健康保険制度に加入することとなります。

4. チェコ年金加入期間要件への日本期間等の通算

　チェコと協定を締結している他国の保険期間がある場合には、チェコの年金
給付を受ける権利を確立するために、日本の保険期間のほか、当該他の国の保
険期間についても算入することとなります。

　ただし、チェコの保険期間が12カ月未満である場合には、この取扱いは行
われません。

　なお、日本の保険期間をチェコの保険期間に算入する場合には、日本の12
カ月の保険期間をチェコの365日と同等として、日本の保険期間の1カ月間を
チェコの30日として換算されます。ただし、1暦年における保険期間の合計は、
365日を超えないものとされます。

5. 協定に基づくチェコ年金額の計算の特例

　協定に基づきチェコの年金額を計算する場合には、次のいずれか高い額を支
給することとなります。

　　1. チェコの保険期間のみに基づく計算により算出した額
　　2. 日本の保険期間およびチェコと協定を締結している他国の保険期間をチェ
　　　コの保険期間とみなして計算を行い、その算定額をチェコの保険期間と比
　　　例按分した額

6. チェコ年金の消滅時効

　チェコの年金は、受給権が発生する4カ月前から申請することができます。

また、各月支給額の消滅時効は、原則5年（2008年までに受給権が発生している場合には、原則3年）となっています。

7．チェコ年金の受取方法

　チェコの年金は、日本国内の受給者に対して、以下のいずれかの方法によりアメリカドルにて支払われます。

　　1.口座振込（受給者からの生存証明が提出された都度）
　　2.小切手の郵送（原則、3カ月ごと）
　　　※チェコの年金申請書に、支払方法について記入する項目があります。

　なお、チェコの法令に基づき、チェコ受給者は生存証明書を提出しなければならないこととされています。

　　1.口座振込を希望した方は、その支給を受ける都度、生存証明書を自ら入手のうえ、提出する必要があります。生存証明書の様式は、こちら（PDF 112KB）から入手できます。
　　2.小切手の郵送による支払を希望した方へは、チェコ社会保障局から生存証明書が郵送され、郵送される生存証明書を記入し提出する必要があります。

　日本に在住の方については、チェコ社会保障局が定める生存証明書に、在日チェコ大使館による署名または戸籍謄（抄）本または住民票の写しを添付のうえ、チェコ社会保障局へ直接、または年金事務所を経由して提出する必要があります。

8．チェコ国内における日本年金の申請方法

　チェコ国内における年金の申請は、原則、チェコ社会保障局の最寄りの事務所へ来所のうえ行うこととされております。そのため、チェコ国内において、日本年金の申請書をチェコ社会保障局の最寄りの事務所へ提出する場合には、必要書類を揃えたうえで、来所する必要があります。なお、日本の年金事務所へ直接、郵送することもできます。

9．チェコ年金に対する所得税について

　チェコに居住している人が日本の年金を受給する場合、年金に対する所得税はチェコで課税対象となり、日本では非課税となります。
　この取扱いを受けるためには、「租税条約に関する届出書（様式9）」を提出する必要があります。届出書を日本の 国税庁のホームページから取得して、二部作成し日本年金機構本部に提出する必要があります。

✅ 参考URL
国税庁のホームページ：http://www.nta.go.jp/

10. チェコ現地法人と雇用契約を締結している者の適用免除手続

　日本からチェコに一時派遣される被用者で、チェコ現地法人と雇用契約している者が、チェコの法令の適用免除を受けるための手続について、2018年8月1日の日・チェコ社会保障協定を改正する議定書（「改正議定書」）の発効に伴い、以下のとおり変更となります。

　改正議定書発効前はチェコ国内の事業所との雇用契約の有無により適用証明書の交付手続が異なりましたが、2018年8月1日以降は、以下のとおりとなります。

2018年8月1日以降チェコに派遣されている被用者の手続について

（1）チェコ国内に事業所を有する雇用者と雇用契約を締結していない場合（協定第7条1（a））

　　→従来どおり、チェコ側に個別協議を行うことなく、日本年金機構から適用証明書が発給されます。

（2）チェコ国内に事業所を有する雇用者と雇用契約を締結しているが、日本国内の事業所の指揮の下にある場合（協定第7条1（b））

　　→従来は、チェコ側に個別協議を行ったうえで適用証明書を発給していましたが、2018年8月1日以降はチェコ側に協議を行うことなく、日本年金機構から適用証明書が発給されます。

　　改正議定書発効日以降にチェコへ派遣される場合、派遣開始前に協定第7条1（a）又は同条1（b）に基づき、日本年金機構に対して適用証明書の交付申請を行ってください。

(注1) 適用証明書の発給に当たっては、上記以外の条件を満たす必要があります。（例：派遣期間が5年を超えないと見込まれる等）

(注2) （2）の「日本国内の事業所の指揮の下にある場合」とは、派遣元である事業所が一時派遣被用者の人事管理などの措置を講じる権限を有する状態であることを指します。

(注3) 上記（1）及び（2）のいずれのケースについても、適用証明書においては従来どおり「第7条1」に該当するものとして表記されます。また、適用証明書に記載されている一時派遣期間内において（1）から（2）（又はその逆）への変更があった場合であっても、新たな適用証明書交付申請は必要ありません。

2018年7月31日以前からチェコに派遣されている被用者の手続について

（1）改正議定書発効前からチェコに派遣され適用証明書の交付を受けている場合
　　→既に交付を受けている適用証明書は、改正議定書発効以後も引き続き有
　　　効です。

（2）改正議定書発効より前からチェコに派遣されているが、適用証明書の交付
　　を受けていない又は協議中の場合
　　→チェコ国内に事業所を有する雇用者と雇用契約を締結していない場合に
　　　は、すみやかに日本年金機構に適用証明書の交付申請（協定第7条1（a）
　　　に基づく）を行ってください。
　　　チェコ国内に事業所を有する雇用者と雇用契約を締結している場合に
　　　は、改正議定書発効以後の派遣期間については、（A）2018年7月31
　　　日以前の期間と（B）2018年8月1日以降の期間とに分けて日本年金
　　　機構に適用証明書の交付申請を行ってください。
　　　（A）の期間については協定第10条に基づき、チェコ側に個別協議を行っ
　　　た上で適用証明書が発給されます。（すでに同条による協議が行われて
　　　いる場合には、その協議の結果を踏まえて適用証明書が発給されます。）
　　　（B）の期間については、（A）の期間に係る協議にかかわらず、協定第7
　　　条1（b）に基づきチェコの社会保障制度が免除となりますので、改正
　　　議定書発効日以降に日本年金機構に対して（B）の期間に係る適用証明
　　　書の交付申請を行ってください。
　　　ただし、（B）の期間について、一時派遣期間の上限である「5年」の起
　　　算点は、改正議定書の発効日ではなく、改正議定書発効日より前の派遣
　　　開始日からとなりますのでご注意ください。

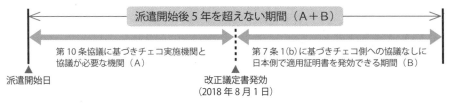

（参考1）延長申請について
　5年を超えて派遣期間を延長する場合、上記2のルールに従うことで変更は
ありませんが、「協定第7条1」による適用証明書を所持している被用者につい

ては「協定第 7 条 2」に基づき、「協定第 10 条」による適用証明書を所持している被用者については「協定第 10 条」に基づき、それぞれ延長申請を行うことになります。

（参考 2）

改正議定書発効前（2018 年 8 月 1 日より前）にチェコにある事業所と雇用契約を締結している場合については、日本年金機構 HP をご参照ください。

◉イタリア

＊イタリアとの協定は、まだ発効しておりません。

1. 日本の年金制度と適用調整を行うイタリアの年金制度

イタリアとの協定において、適用調整の対象となるイタリアの年金制度は、被用者・自営業者制度、公務員・教員制度、ジャーナリスト基金制度、興業関係者基金制度となります。これらの制度の他に下記の人（※）が加入する各専門資格職年金基金制度がありますが、当該制度は日伊協定の対象となっていませんので、日本の年金制度との間で適用調整は行いません。

専門資格職年金基金制度の具体的な職種
弁護士、会計士、開業医、歯科医、薬剤師、獣医、技術者、建築家、測量技師、経済学者、公証人、税関職員、農業被用者、科学者等

2. 海上航行船舶の乗組員の取扱い

海上航行船舶において就労する被用者については、一方の締約国の旗を掲げる船舶において就労をする場合は、当該一方の締約国の法令のみを適用することとなります。一方の締約国の旗を掲げる船舶において就労をするにも関わらず、雇用主の所在地及び申請者の居住地が他方の締約国の場合は、当該他方の締約国の法令のみを適用することとなります。

3. 各種手続きについて

日伊協定における各種手続については、現在調整中です。

◉スペイン

1. 海上航行船舶の乗組員の取扱い

両国の社会保障制度の適用を受ける被用者が、一方国の旗を掲げる海上航行

船舶において就労している場合、その旗を掲げる国の社会保障制度が適用になりますが、当該被用者が他方国の事業所に雇用されている場合は、当該事業所の属する社会保障制度が適用になります。 なお、船上の自営業者については、スペイン社会保障制度は適用されません。 適用証明書の交付手続きについては、被用者の取扱いと同様になります。

2. 国際線航空乗務員の取扱い

　国際運輸に従事する航空において就労する被用者については、その雇用者の所在する締約国の強制加入に関する法令のみを適用することとなります。

3. スペイン労災保険の取扱い

　日本からスペインに一時的に派遣され、日本の適用証明書の交付を受けた人は、適用証明書とパスポートの写しをスペイン事業所に提出することにより、スペインの年金制度が免除されます。スペインの年金制度が免除されると、スペインの他の社会保障制度（医療保険、雇用保険）も併せて免除されますが、スペインの労災保険制度には加入する必要がありますので、スペイン事業所または自営業者本人は、スペインの法令に従ってスペイン労災保険制度への加入手続きを行ってください。詳しくは、下記のスペイン社会保障出納院 (TGSS) にお聞きください。

```
【問い合わせ先】
Dirección de contacto en España
TESORERÍA GENERAL DE LA SEGURIDAD SOCIAL
SUB. GRAL. DE AFILIACIÓN Y PROCEDIMEITNOS
ESPECIALES
SERVICIO DE ASUNTOS INTERNACIONALES
CL. ASTROS 5-7
28007 MADRID
Tel.: 915038000 -Fax915037907
```

4. 一時就労期間の延長について

　予見できない事情など特別な事情があり5年を超えて派遣（自営活動）期間が延長される場合については、申請に基づき、両国で個別に判断の上合意した場合に、3年を超えない期間は派遣元の年金制度にのみ引き続き適用されることができます。延長の申請には、延長する理由を届け出る必要がありますが、2

年以上 3 年以内の延長の場合は、その理由を詳細に届け出る必要があります。延長が認められなかった場合は、当初派遣から 5 年以降は、派遣先の国の制度のみに適用されることになります

5. スペイン年金加入期間要件への日本期間の通算方法

スペイン保険期間だけではスペインの給付を受ける要件を満たさない場合、日本の保険期間をスペイン保険期間とみなします。ただし、スペインの保険期間が 1 年未満である場合には、この取扱いは行われません。

また、スペインの障害または遺族給付については、日本の年金加入期間中に障害または死亡が生じた場合にも、給付を受けることができます

6. 協定に基づくスペイン年金額の計算の特例

協定に基づきスペインの年金額を計算する場合には、次のいずれか高い額を支給することとなります。

1. スペインの保険期間のみに基づく計算により算出した額
2. 日本の保険期間をスペインの保険期間とみなして計算を行い、その算定額をスペインの保険期間と比例按分した額

7. スペイン年金の消滅時効

スペインの年金は、受給権発生の 3 カ月前から請求手続きを行うことができます。請求要件が満たされた月の 3 カ月以内に請求をした場合、その要件が満たされた月分から支給が開始されますが、受給権獲得日と申請日に 3 カ月以上開きがある場合は、3 カ月までは遡及して支給されます。

8. スペイン年金の受取方法

スペイン年金は、年 14 回（申請者の希望により支払回数を半年、四半期に変更することも可能）、チェックまたは銀行送金により支払われます。支払いはユーロにより行われますが、日本円に換金されて支払われます。

♀アイルランド

1. 海上航行船舶の乗組員の取扱い

両国の社会保障制度の適用を受ける被用者が、一方国の旗を掲げる海上航行船舶において就労している場合、その旗を掲げる国の社会保障制度が適用になりますが、当該被用者が他方国の事業所に雇用されている場合は、その者が一

方国の居住者でない限り、当該事業所の属する社会保障制度が適用になります。

適用証明書の交付手続きについては、被用者の取扱いと同様になります。

2. 国際線航空乗務員の取扱い

国際運輸に従事する航空において就労する被用者については、その雇用者の所在する締約国の強制加入に関する法令のみを適用することとなります。

3. 労災保険の取扱い

日本からアイルランドに一時派遣され、アイルランドの社会保障が免除される者については、両国の労災保険制度にカバーされない状態になります。

日本国内の使用者に使用されている海外に派遣される被用者は、日本の労災保険制度の特別加入制度または民間の労働災害に対する保険に加入することにより、労働災害に対する備えとなります。

日本の労災保険制度の特別加入制度に関する窓口は、厚生労働省労働基準局労災補償部労災管理課となっています。

電話 03-5253-1111 （内線 5436）

4. 一時就労期間の延長について

予見できない事情など特別の事情があり 5 年を超えて派遣（自営活動）期間が延長される場合については、申請に基づき、両国で個別に判断の上合意した場合に、3 年を超えない期間は派遣元の年金制度にのみ引き続き適用されることができます。

延長が認められなかった場合は、当初派遣から 5 年以降は、派遣先の国の制度にのみ適用されることとなります。

5. アイルランド年金加入期間要件への日本期間の通算方法

少なくとも 52 週のアイルランド法令による保険期間がある人について、アイルランドの保険期間のみでは給付を受ける権利を確立できない場合に日本の保険期間を通算することができます。

日本の保険期間をアイルランドの保険期間に算入する場合には、日本の 1 カ月の保険期間をアイルランドの 4.33 週として換算されます。

ただし、1 年における保険期間の週の合計は、52 週を超えないものとされます。

6. 協定に基づくアイルランド年金額の計算の特例

協定に基づきアイルランドの年金額を計算する場合には、日本の保険期間をアイルランドの保険期間とみなして計算を行い、その算定額をアイルランドの保険期間と比例按分します。

7. アイルランド年金の消滅時効

　アイルランドの年金は、受給権発生の3カ月前（通算による場合は6カ月前から）から請求手続きを行うことができます。

　請求要件が満たされた月の3カ月以内に請求をした場合、その要件が満たされた月分から支給が開始されますが、12カ月以上遅れて請求した場合、受給権が無くなります。

8. アイルランド年金の受取方法

　アイルランド年金は、受給者が指定した銀行口座へ日本円で支給されます。

9. アイルランド年金制度の保険期間の日本の年金制度への通算方法

　アイルランドの保険期間を日本の保険期間に算入する場合には、アイルランドの4.33週を日本の1カ月の保険期間として換算されます。

　当該割り当てられた月数の合計は、一年について12を超えないものとされます。

●ブラジル

1. 海上航行船舶の乗組員の取扱い

　両国の社会保障制度の適用を受ける被用者が、一方の旗を掲げる海上航行船舶において就労している場合、その旗を掲げる国の社会保障制度が適用になりますが、当該被用者が他方国の事業所に雇用されている場合は、当該事業所の属する社会保障制度が適用になります。適用証明書の交付手続きについては、被用者の取扱いと同様となります。

2. 1年インターバルルール

　日本からブラジルへの派遣が2回目以降の場合は、直近の一時派遣によるブラジルでの就労期間が終了した時点から次の一時派遣による就労期間が開始する時点までの間少なくとも1年が経過していることが必要です。ただし、その場合でも1年が経過した時点で2回目の派遣が可能となります。また、当初派

遣日より5年以内の期間において、ブラジルから日本に一時帰国し、再度、当初の派遣と同じ理由でブラジルへ派遣される場合は本ルールの対象外となります。ブラジルから日本への派遣についても同様です。

3. 労災保険について

日本からブラジルに一時派遣され、ブラジルの社会保障が免除される者については、両国の労災保険制度にカバーされない状態になります。

日本国内の使用者に使用されている海外に派遣される被用者は、日本の労災保険制度の特別加入制度、または民間の労働災害に対する保険に加入することにより労働災害に対する備えになります。

日本の労災保険制度の特別加入制度に関するお問い合わせは、厚生労働省労働基準局労災補償部労災管理課までお願いします。電話03-5253-1111（内線5436）

4. 随伴被扶養者の事業主確認

一時派遣時に随伴する配偶者及び子がいる場合は、発給された適用証明書の裏面にある記載欄に適宜記入願います。その際は、事業主が当該証明を行ってください。

5. 一時就労期間の延長について

予見できない事情など特別な事情があり5年を超えて派遣（自営活動）期間が延長される場合については、申請に基づき、両国で個別に判断の上合意した場合に、3年を超えない期間は派遣元の年金制度にのみ引続き適用されることができます。延長が認められなかった場合は、当初派遣から5年以降は、派遣先の国の制度のみに適用されることになります。

6. 協定に基づくブラジル年金額の計算の特例

協定に基づき、以下の要領にてブラジルの年金額を計算します。

1. 両国の保険期間をすべてブラジルの法令による保険期間であったとした場合に支給される理論上の給付額を計算します。
2. 1の理論上の給付額を基礎として、両国の保険期間を合算した期間に対するブラジルの法令による保険期間の比率を用いて実際の給付額を計算します。ただし、合算した期間が、ブラジルの法令による給付を受ける資格を

403

確立するために必要な最小限度の期間を超える場合は、当該最小限の期間
と同一の期間とみなします。

7. ブラジル年金の申請受付開始年月日

ブラジルの年金は受給要件が満たされた日以降に請求手続きを行うことがで
きます。

年金の支給は請求手続きを行った日から行われます。

8. ブラジル年金の受取方法

ブラジル年金は、レアル建てで計算され、毎月指定された日本の口座に円で
送金されます。8月及び11月の給付額には、1カ月の支給額の50％が上乗せ
されます。

また、日本に居住している場合でも、ブラジルの銀行口座でブラジル年金を
受け取ることが可能です。

なお、ブラジル年金受給者は年に一度生存証明書を国立社会保障院（INSS）
に提出する必要があります。（生存証明書を提出しない場合、年金の支給が停止
又は受給が終了となります。）詳細は在東京ブラジル総領事館にお尋ねください。

✅ 参考URL
在東京ブラジル総領事館ホームページ：
http://cgtoquio.itamaraty.gov.br/ja/rrrrr_(atestado_de_vida).xml

9. ブラジルでの日本年金の受取方法

ブラジルの銀行口座で日本年金を受け取る場合は、偶数月に米ドルで送金さ
れます。

10. 協定発効後におけるブラジル年金制度の任意加入

協定発効前は、日本にお住まいになっているブラジル人の方は、ブラジル年
金制度に任意で加入できましたが、協定発効後は、ブラジル国内法により任意
加入ができなくなります。資格喪失の手続き等は年金事務所で行うことはでき
ません。詳細は国立社会保障院（INSS）にお尋ねください。

✅ 参考URL

国立社会保障院（INSS）ホームページ：http://www.previdencia.gov.br/

11.　ブラジルでの適用証明書提出先

　発給された適用証明書は、ブラジルに着任後大切に保管頂き、ブラジル税務当局からの求めに応じて提出願います。

♀スイス

1.　海上航行船舶の乗組員の取扱い

　両国の社会保障制度の適用を受ける被用者が、一方の国の旗を掲げる海上航行船舶において就労している場合、その旗を掲げる一方の国の社会保障制度が適用になりますが、当該被用者が他方の国の事業所に雇用されている場合は、その事業所の所在する当該他方の国の社会保障制度が適用になります。

　適用証明書の交付手続きについては、被用者の取扱いと同様になります。

2.　適用証明書の早期申請の推奨

　協定施行後、スイス社会保障制度の適用免除のために、適用証明書の交付を受けることが必要な方は、年金事務所等において早めに交付申請を行ってください。なお、協定発効以後、スイス社会保障制度の適用について遡及して免除を受けることとなる場合には、スイス担当機関との協議が必要となることもありますのでご留意ください。

3.　スイス疾病保険の適用免除

　スイス疾病保険の適用免除のためには、適用証明書の写しをスイスの事業主が管轄する州の疾病保険当局に提出する必要があります。また、スイス年金保険の適用免除についてもスイス当局に適用証明書の写しを提出してください。

4.　スイス年金保険料の還付

　スイス老齢・遺族年金制度では、スイスと社会保障協定を締結していない国の外国人は、スイス国外における年金受給ができないため、当該外国人がスイス老齢・遺族年金保険料を1年以上納付した場合には、当該外国人またはその遺族の方が、スイスから帰国した後、その納めた保険料の還付を受け取ることができる仕組みがあります。

　しかし、日・スイス社会保障協定発効後は、スイス老齢・遺族年金制度上、スイスから帰国した日本人等は、保険料の還付を受給する仕組みではなく、老

齢年金または遺族年金の支給要件を満たした時点における年金または一時金（年金が少額の場合）を受給する仕組みに移行しますので、ご留意ください。

5. 一時就労期間の延長について

　予見できない事情など特別の事情があり5年を超えて派遣（自営活動）期間の延長を希望される場合については、申請をしていただき、延長が認められる場合には、1年を超えない期間は派遣元の年金制度にのみ引き続き加入し続けることができます。延長が認められなかった場合は、当初派遣から5年以降は、派遣先の国の制度にのみ加入することとなります。

6. 随伴する配偶者及び子

　スイスにおいて就労していなくとも、スイスに居住する者は、原則、スイスの社会保障制度に加入する必要があります。

　協定施行後は、スイスでの一時就労であるため、日本の制度のみに加入する被用者または自営業者の方に随伴される配偶者または子については、スイスに居住していても就労しない限り、スイスの社会保障制度の加入は免除となります。

7. スイス障害年金加入期間要件への日本期間の通算方法

　少なくとも1年間のスイス保険期間がある方について、スイス保険期間だけではスイスの障害給付を受ける要件を満たさない場合、日本の保険期間をスイス保険期間とみなして期間要件の計算に算入することができます。

　なお、スイスの老齢給付や遺族給付については、最低加入要件（1年）が短いため、この取扱いは行われません。

8. スイス年金の一時金

　スイス国外に居住する者について、スイスの年金が小額（スイス年金制度における通常完全年金の10％以下）で決定された場合は、年金ではなく一時金として支給されます。また、通常完全年金の額の10％を超えて20％以下の場合は、年金か一時金としての支給を選択することになります。この場合には、スイス年金申請後に、スイスの担当機関から、申請者に連絡が入ります。

　なお、一時金として一度支払われた期間に関しては、再度年金として申請することはできません。

9. スイス国外での年金の受給について

協定発効前においては、スイス国外（協定相手国を除く）に居住する方で、スイス国籍を有していない方はスイス年金を受給することができませんでした。そのため、日本に居住する日本人はスイス年金を受給できませんでした。

しかし、協定発効後はスイス国外に居住する日本人や日本の永住権を持つ永住者等もスイス年金または一時金が受給できるようになりました。

10. スイス年金の消滅時効

スイスの年金は、受給権発生の 5 〜 6 カ月前から請求手続きを行うことができます。スイス年金の消滅時効は、原則 5 年です。

11. スイス年金の受取方法

スイス年金は、スイスフラン建てで計算され、毎月指定された日本の銀行口座に送金されます。(支払い回数の変更は不可)

ハンガリー

1. 日本の派遣元事業主のみと雇用契約を締結している派遣者について

日本の派遣元事業主のみと雇用契約を締結している派遣者の場合、予定される派遣の期間が 5 年を超えるものと見込まれないことを条件に、日本の制度のみが適用されることになります。

2. ハンガリー現地法人と雇用契約を締結した派遣者について

日本の派遣元事業主と雇用契約を締結しており、ハンガリー国内において日本の派遣元事業主と関連するハンガリーの派遣先事業主とも雇用契約を締結した派遣者の場合、予定される派遣の期間が 5 年を超えるものと見込まれないことを条件に、日本の制度のみが適用されることになります。

また、協定上、派遣元国の事業主と派遣先国の事業主との間で、経営、支配、もしくは資本に直接または間接に参加している関係が認められている場合に、関連する事業主として扱われます。

なお、当初は日本の派遣元事業主のみと雇用契約を締結している被用者が、一時派遣期間中にハンガリー派遣先企業と雇用契約を締結することとなった場合であっても、日本の制度が適用されます。改めて適用証明書を申請して頂く

ことになりますが、当初予定された派遣期間の終了予定年月日を変更することはできない点にご留意ください。逆のパターンについても同様の取扱いとなります。

3. 国際線航空機乗務員の取扱い

国際運輸に従事する航空機において就労する被用者については、その雇用者の所在する締約国の強制加入に関する法令のみを適用することとなります。

4. 一時就労期間の延長について

予見できない事情など特別な事情があり当初の期間を超えて派遣（自営活動）期間の延長を希望される場合には、当初の派遣期間と延長期間の合計が6年を超えないことを条件に、両国で個別に判断の上合意した場合に限り、引き続き派遣元国の制度にのみ加入することができます。延長を含めた総派遣期間が5年以内であったとしても、同様の取扱いとなります。

また、派遣期間の延長は、総派遣期間が5年を超えるか否かに関わらず、一回限りとなります。そのため、適用証明書の交付申請にあたっては、派遣期間を十分に検討していただくようお願いします。（例：当初1年の派遣期間を予定していたが、その後、2年の延長を申請したケースについて、両国間で合意した場合には、3年まで派遣元国の制度が適用されます。しかしながら、この期間を超える派遣期間の延長は認められません。）

5. 労災保険の取扱い

ハンガリーの年金制度及び医療保険制度には、労災補償も含まれています。そのため、日本からハンガリーに一時派遣され、日本の制度のみが適用される者は、日本及びハンガリーのいずれの国においても強制的な労災保険が適用されない状態となります。

日本国内の使用者に使用されている海外に派遣される被用者は、日本の労災保険制度の特別加入制度、または民間の労働災害に対する保険に加入することにより、労働災害に対する備えとなります。

日本の労災保険制度の特別加入制度に関するお問い合わせは、厚生労働省労働基準局労災補償部労災管理課までお願いします。

6. ハンガリー年金加入期間要件への日本期間の通算方法

ハンガリー保険期間だけではハンガリーの老齢年金または遺族年金の支給を受ける要件を満たさない場合、重複しない限りにおいて、日本の保険期間をハンガリーの保険期間とみなすことができます。ただし、ハンガリーの保険期間が1年未満である場合には、この取扱は行われません。

なお、障害年金については、通算措置の対象外です。日本から長期にハンガリーへ派遣される方等は、ハンガリーの制度に基づく保障の対象となりますが、国民年金または厚生年金に任意で加入することにより日本制度の障害年金に基づく保障の対象となることができます。

7. ハンガリー年金の支給

ハンガリー年金は原則6カ月までさかのぼって支給されますが、協定の発効日から1年以内にハンガリー年金の請求が行われる場合には、受給権発生時点にさかのぼって支給されます（ただし、協定発効日までしかさかのぼれません）。

8. ハンガリー年金の受取方法

ハンガリー年金は、ハンガリーの通貨であるフォリント建てで計算されますが、日本の銀行口座で円にて受け取ることができます。

◉インド

1. 日本の年金制度との協定の対象となるインドの年金制度

インドとの協定においては、インド側の年金制度としては、被用者年金（EPS:Employees' Pension Scheme）及び被用者積立基金（EPF:Employees' Provident Fund）を対象としています。

このうち、被用者積立基金（EPF）については、退職時に一時金として給付を受ける制度のため、二重加入防止のための規定の対象となりますが、年金保険期間を通算するための規定の対象とはなりません。

2. 海上航行船舶の乗組員の取扱い

両国の社会保障制度の適用を受ける被用者が、一方の国の旗を掲げる海上航行船舶において就労している場合、その旗の掲げる一方の国の年金制度が適用になりますが、当該被用者が他方の国の事業所に雇用されている場合は、その事業所の所在する当該他方の国の年金制度が適用になります。

3. 国際線航空乗組員の取扱い

国際運輸に従事する航空機において就労する被用者については、その雇用者の所在する締約国の強制加入に関する法令のみを適用することとなります。

4. 一時派遣期間の延長について

予見できない事情により5年を超えて派遣期間が延長される場合については、申請に基づき、両国で個別に判断の上合意した場合に3年までは派遣先の年金制度が引き続き免除されます。

また、派遣期間が8年を超える場合でも、派遣者の収入が一定額を超えるためインドの被用者年金（EPS）に加入できない場合には、申請に基づき、両国で個別に判断の上合意した場合に日本の年金制度に継続して加入することとなります。

5. 自営業者の取扱い（対象外）

協定の対象となるインドの年金制度は、被用者のみを対象としていることから、自営業者は対象となりません。

6. インド年金の加入期間要件への日本期間の通算

インドの被用者年金（EPS）では、最低加入期間の10年を満たすことにより支給されることになりますが、この加入要件を満たさない場合には、重複しない日本の年金保険期間を通算することができます。

通算を行った結果、10年間の加入期間に到達しない被保険者については、定められた乗数によって計算された額が支給されます。

7. インド年金制度の加入期間の日本の年金制度の加入期間への通算

日本の年金加入期間のみでは日本の厚生年金保険及び国民年金の年金給付の受給資格要件を満たさない場合には、日本の年金保険期間と重複しないインドの被用者年金（EPS）の加入期間を算入することができます。

ただし、EPSの脱退給付を受けた期間は通算できませんのでご留意願います。

また、被用者積立基金（EPF）については、退職時に一時金として給付を受ける制度のため、保険期間には通算できません。

8. インド年金の受取方法

日本に在住している人は、日本国内またはインド国内の銀行口座により、イ

ンドの年金を受け取ることができます。

9．被用者積立基金（EPF）の請求について

　協定発効前の被用者積立基金（EPF）の受給資格は、インドにおける雇用関係が終了していることに加えて年齢が58歳に到達している必要がありましたが、協定発効後はインドにおける雇用関係が終了した時点で受給資格を満たすことになります。

　また、被用者積立基金（EPF）の請求書については、被用者年金（EPS）と同様に日本の年金事務所で受け付けることができます。

10．インド年金の支給について

　支給開始年齢到達（58歳）以降の請求（例えば60歳で請求）であっても、支給開始年齢時から受給することができます。

11．インド年金請求書の受付について

　インドの被用者年金（EPS）および被用者積立基金（EPF）を請求するにあたっては、請求書に1ルピー印紙の貼付が必要とされています。

　1ルピー印紙はお勤めされていたインドの事業所等を通じて確保して頂くようお願いします。なお、1ルピー印紙が貼付されていなくても年金事務所で受け付け、インドの管轄機関に転送しますが、その後は、当該機関より申請者本人へ直接連絡が行われることになります。

12.協定発効前からインドに派遣されている方の手続き

　協定の発効時から協定の「一時派遣」として認められ、日本の年金制度にのみ引き続き加入することになった場合には、インドの実施機関（EPFO）に対してインド制度の被保険者資格喪失の手続きを行う必要があります。その際には、EPFOからの求めに応じ、日本で発行された適用証明書を提示してください。

　なお、インド制度の2016年10月以降の保険料が徴収された場合であっても、遡って当該保険料の支払義務は免除されます。この場合のインド制度の被保険者資格喪失の具体的な手続きや協定発効日以降に発生した保険料の過払いへの対応につきましては、インド国内制度との関係もありますので、直接EPFOにご相談いただきますようお願いいたします。

📍ルクセンブルク

1. 海上航行船舶の乗組員の取扱い

いずれか一方の国の旗を掲げる海上航行船舶において船員として就労する人に対して両国の法令が適用されることとなる場合には、その人が通常居住する領域の属する国の法令のみを適用することとなります。

この場合、期間の定めはありません。

適用証明書の交付手続きについては、被用者の取扱いと同様になります。

2. 国際線航空乗組員の取扱い

国際運輸に従事する航空機において就労する被用者については、その雇用者の所在する締約国の強制加入に関する法令のみを適用することとなります。

3. 一時派遣期間の延長について

5年を超える派遣（自営活動）期間の延長を認めることについてルクセンブルクとの協定においては特段定められておりません。ただし、ルクセンブルク協定第10条に基づく協議により、個別の事情を考慮しごく短期間であれば延長が例外的に認められることがありうることを両国の間で合意しています。派遣期間の延長が認められるかどうかはルクセンブルク社会保障大臣による個別の判断を要することになります。したがって十分な期間をもって事前に申請してください。

4. 労災保険について

ルクセンブルクの社会保障制度には、労災補償も含まれています。そのため、日本からルクセンブルクに一時派遣され、日本の制度のみが適用される者は、日本及びルクセンブルクのいずれの国においても強制的な労災保険が適用されない状態となります。

日本国内の使用者に使用されている海外に派遣される被用者は、日本の労災保険制度の特別加入制度、または民間の労働災害に対する保険に加入することにより、労働災害に対する備えとなります。

日本の労災保険制度の特別加入制度に関するお問い合わせは、厚生労働省労働基準局労災管理課までお願いします。

5. ルクセンブルク年金の加入期間要件への日本期間の通算

　ルクセンブルク保険期間だけではルクセンブルクの給付を受ける要件を満たさない場合、重複しない限りにおいて日本の保険期間をルクセンブルク保険期間とみなし通算することが可能です。通算して年金の受給資格要件を満たせば、ルクセンブルクの年金保険期間に応じた年金が支給されます。

6. ルクセンブルク年金制度の加入期間の日本の年金制度の加入期間への通算

　日本の年金加入期間のみでは日本の厚生年金保険制度及び国民年金の年金給付の受給資格要件を満たさない場合には、重複しない限りにおいてルクセンブルク保険期間を日本の保険期間とみなし通算することが可能です。通算して年金の受給資格要件を満たせば、日本の年金保険期間に応じた年金が支給されます。

7. ルクセンブルク年金の受取方法

　日本に在住している人は、日本国内またはルクセンブルク国内の銀行口座により、ルクセンブルクの年金を受け取ることができます。

8. ルクセンブルク年金について

　支給開始年齢到達（65歳）以降の請求であっても、協定発効後2年以内は支給開始年齢時から受給することができます。2年を経過した後はルクセンブルクの法令に従うこととなります。

9. ルクセンブルク年金の調整について

　ルクセンブルク年金の受給にあたっては、他の収入や社会保障制度からの給付の額を考慮する制度となっており、日本の年金を受給している場合にはルクセンブルク年金額の調整を受ける可能性があります。ルクセンブルク年金の申請書においても収入や社会保障制度からの給付の額を申告する欄がありますので適切に記入していただくようお願いいたします。

10. ルクセンブルク障害年金の請求について

　障害年金の請求の際、協定で定められた医療診断書（JP/LU6）を添付してください。ルクセンブルク実施機関より、医療診断書は可能な限り英語等※によって記載されている方が年金裁定に係る時間を短縮することにつながるとアドバイスを受けております。日本語による診断書の記載であったとしても受付は可能です。※ルクセンブルクの公用語（フランス語、ドイツ語）での記載も可能です。

11. 協定発効前からルクセンブルクに派遣されている方の手続き

　すでにルクセンブルクで就労されている被用者及び自営業者の方も協定の発効日から起算して5年を超えないと見込まれる期間内で派遣等が終了する場合は、協定発効日以降の派遣期間についてはルクセンブルクの制度の加入が免除されます。適用証明書の交付を受け、ルクセンブルクの社会保障共通センター（CCSS）に対してルクセンブルク制度の被保険者資格喪失の手続きを行ってください。その際には、CCSSからの求めに応じ、日本で発行された適用証明書を提示してください。

♀フィリピン

1. 一時派遣期間の延長について

　予見できない事情により5年を超えて派遣期間が延長される場合については、申請に基づき、両国で個別に判断の上合意した場合に3年までは派遣先の年金制度が引き続き免除されます。

　また、派遣期間が8年を超える場合でも、申請に基づき、両国で個別に判断の上合意した場合に日本の年金制度に継続して加入することができます。

2. 労災保険について

　フィリピンの労働災害に起因する給付（労災保険制度）は、フィリピンの法令のもとで年金制度と一体的に運用されています。そのため、日本からフィリピンに一時派遣され、日本の制度のみが適用される場合は、日本及びフィリピンのいずれの国においても強制的な労災保険が適用されない状態となります。

　日本国内の使用者に使用されている海外に派遣される被用者は、日本の労災保険制度の特別加入制度、また民間の労働災害に対する保険に加入することにより、労働災害に対する備えとなります。

　日本の労働保険制度の特別加入制度に関するお問い合わせは、厚生労働省労働基準局労災管理課までお願いします。

3. フィリピン年金（SSS）の加入期間要件への日本期間の通算

　フィリピンの年金保険期間だけではフィリピンの給付を受ける要件を満たさない場合、重複しない限りにおいて、日本の年金保険期間を算入することができます。通算して年金の受給資格要件を満たせば、フィリピンの年金保険期間に応じた年金が支給されます。

　ただし、フィリピンの保険期間が1年未満である場合には、この取扱いは行われません。

　フィリピンの老齢年金については、年金保険期間が10年以上ある場合、65歳（退職していれば60歳）から給付を受け取ることができます。

4. フィリピン年金制度の加入期間の日本の年金制度の加入期間への通算

　日本の年金保険期間のみでは日本の受給資格要件を満たさない場合に、重複しない限りにおいて、フィリピンの年金保険期間を日本の年金保険期間に算入することができます。

　通算して年金の受給資格要件を満たせば、日本の年金保険期間に応じた年金が支給されます。

5. フィリピンの年金の受取方法

　フィリピンの年金については、フィリピン国内の金融機関で口座開設等の手続きを行うことにより、日本国内で受け取ることができます。

　フィリピン社会保障機構（SSS）による年金を日本国内で受け取るためには、CTBC All-Day Access Card の登録が必要となりますので、年金申請書に「CTBCキャッシュカード口座を開設するための CTBC 書式」を添付してください。詳細については、SSS にお問い合わせください。

　（注）CTBC 東京支店は本件とは無関係です。ご注意ください。

✅ 参考URL

SSS：https://www.sss.gov.ph/sss/appmanager/pages.jsp?page=PHJPForms

6. フィリピン年金について

　フィリピンの年金は、受給権発生の6カ月前から請求手続きを行うことができます。

7. 協定発効前からフィリピンに派遣されている方の手続き

　すでにフィリピンで就労されている被用者及び自営業者の方も協定の発効日から起算として5年を超えないと見込まれる期間内の派遣等が終了する場合は、協定発効日以降の派遣期間についてはフィリピンの制度の加入が免除されます。適用証明書の交付を受け、フィリピン社会保障機構（SSS）又はフィリピン公務員保険機構（GSIS）に対してフィリピン制度の被保険者資格喪失の手続きを行ってください。その際には、SSS 又は GSIS からの求めに応じ、日本で発行された

適用証明書を提示してください。

8. フィリピンの年金保険料の納付について

　フィリピンの年金制度に適用される場合、加入期間は60歳までとなりますが、60歳以降も被用者又は自営業者として就労を継続する場合に限り、その就労を終えるまで又は65歳まで保険料を納める必要があります。

♀スロバキア

1. 日本の派遣元事業主のみと雇用契約を締結している派遣者について

　日本の派遣元事業主のみと雇用契約を締結している派遣者の場合、当初より5年を超えると見込まれる場合の派遣であっても、派遣を開始した日から5年間は、日本国の制度のみが適用となります。

2. スロバキア現地法人と雇用契約を締結した派遣者について

　日本の派遣元事業主との雇用契約に加え、スロバキア国内の派遣先事業主とも雇用契約を締結している場合であっても、日本の派遣元事業主の指揮の下にあるときには、派遣を開始した日から5年間は、派遣元国である日本国の制度のみが適用となります。

　また、当初は日本の派遣元事業主のみと雇用契約を締結し、スロバキア国内の派遣先事業主とは雇用契約を締結していなかった被用者が、一時派遣を開始した後にスロバキア国内の派遣先企業とも雇用契約を締結することとなった場合でも、引き続き日本の制度のみが適用（スロバキアの制度は適用免除）されます。この場合、事前に日本年金機構に対して適用証明書交付申請書を提出し、適用証明書の交付を受けてください。この場合の派遣期間（スロバキアの制度の適用免除の期間）は、スロバキア国内の派遣先企業と雇用契約を締結した時点からではなく、最初にスロバキアに派遣された日を起算点として、その日から5年の期間が満了する日までとなりますのでご留意ください。

　なお、スロバキアから日本に一時派遣するケースについても、同様の取扱いとなります。

3.適用調整の対象となる制度について

　日スロバキア協定において適用法令の調整が行われる対象となる制度は、以下のとおりです。

・日本側は年金制度のみが対象です。
・スロバキア側は年金（Pension Insurance*）制度の他、年金制度と一体的に適用又は免除される他の社会保険制度である疾病保険（Sickness Insurance*）、雇用保険（Unemployment Insurance*）、労災保険（Accident Insurance*）、保証保険（Guarantee Insurance*）、リザーブファンド（Solidarity Reserve Fund*）が対象です。

　日本からスロバキアに派遣される方は、日本の年金制度に加入していること等を条件として派遣を開始（協定発効日前に既に派遣されている方は協定発効日）した日から5年間は上記に挙げたスロバキアの制度はすべて適用免除となります。なお、スロバキアの健康保険（Health Insurance*）については適用調整の対象となっていないため、派遣者が日本の年金制度に加入している場合にも適用免除になることはありません。＊スロバキア制度の英語名はスロバキア社会保険庁ＨＰ等より引用

4. 労災保険の取扱い

　スロバキア労災保険は、スロバキアの社会保険法上、年金制度と一体的に適用されることとなっています。そのため、日本から一時的にスロバキアに派遣され、日本の年金制度のみが適用される者は、スロバキアの年金制度に加え、スロバキアの労災保険についても適用免除となります。また、日本国の労災保険は日本国内の使用者に使用されて海外に派遣される被用者に対しては強制適用されません。その結果、日本及びスロバキアのいずれの国においても強制的な労災保険が適用されない状態となります。

　日本国内の使用者に使用されて海外に派遣される被用者は、日本国の労災保険制度の特別加入制度、または民間の労働災害に対する保険に加入することにより、労働災害に対する備えとなります。日本国の労災保険制度の特別加入制度に関するお問い合わせは、厚生労働省労働基準局労災管理課までお願いします。

5. 海上航行船舶の乗組員の取扱い

　一方の締約国の旗を掲げる海上航行船舶にて就労している被用者の場合、その者の雇用者が所在する締約国の年金制度を適用します。また、自営業者の場合、その者が通常居住する締約国の法令のみを適用することとなります。

6. 一時派遣期間の延長について

　派遣（自営活動）期間が5年を超えて継続される場合には、当初の派遣期間と延長期間の合計が8年を超えないことを条件に、両国の当局間で個別に判断の上、合意した場合に限り、引き続き派遣元国の制度にのみ加入することができます。

7. スロバキア年金加入期間要件への日本期間の通算方法

　スロバキアの保険期間だけではスロバキアの給付を受ける要件を満たさない場合、日本の保険期間と重複しない限りにおいて日本の保険期間をスロバキアの保険期間とみなし通算することができます。

8. スロバキアの老齢年金の申請

　スロバキアの老齢年金の申請が可能な時期については、特段定めがありませんが、老齢年金の受給資格の確認には、受給年齢に到達した日までの詳細な情報が必要となることから、受給年齢到達後速やかに申請することを推奨します。

9. スロバキアの年金の支給

　スロバキアの年金は最長3年までさかのぼって支給されます。

10. スロバキアの年金の受取方法

　日本に在住している人は、日本国内の銀行口座によりスロバキアの年金を受け取ることができます。

11. 協定発効前からスロバキアに派遣されている方の手続き

　協定発効前からすでに日本からスロバキアに派遣され就労している被用者及び自営業者の方は、協定の発効日から起算して5年の期間が満了するまで、スロバキアの年金制度の加入が免除されます。協定発効日以降に日本年金機構に適用証明書交付申請書を提出し、適用証明書の交付を受けてください。その後、スロバキア国内の派遣先事業所を通じて社会保険庁（SIA）へ適用証明書を提示し、スロバキア制度からの脱退手続きを行ってください。

♀中　国

1.海上航行船舶の乗組員の取扱い

　日本と中国のそれぞれの国内法に従った場合、両国の年金制度に二重に加入

することとなってしまう海上航行船舶で就労する被用者については、一方の国の旗を掲げる海上航行船舶において就労している場合、その旗を掲げる一方の国の年金制度のみに加入することとなります。ただし、その被用者が他方の国の領域内に通常居住する場合は、その者が通常居住する他方の国の年金制度のみに加入することとなります。

この場合、期間の定めはありません。

適用証明書の交付手続きについては、他の被用者の取扱いと同様になります。

2.国際線航空機乗務員の取扱い

国際運輸に従事する航空機において就労する被用者については、その者の雇用者が所在する国の年金制度のみに加入することとなります。

3.派遣期間の取扱い

派遣期間の長さの「見込み」は必要なく、派遣開始日から5年間は派遣元国の年金制度のみに加入することとなります。

4.派遣期間の延長について

派遣期間が5年を超える場合については、申請に基づき、両国関係機関間で個別に判断の上合意したときには、引き続き派遣元国の年金制度のみに加入することができます。ただし、その延長期間は原則として5年を超えないこととされています。

一方で特段の事情がある場合には、派遣期間が合計10年を超える場合でも、申請に基づき、両国関係機関間で個別に判断の上合意したときには、さらに引き続き派遣元国の年金制度のみに加入することができます。

5.自営業者の取扱い（対象外）

日中協定には自営業者の適用調整に関する規定を置いていません。

中国年金制度上、自営業者（他人を雇用せずに事業を行う者）については任意加入とされております。

6.適用証明書原本の提出

日本年金機構から交付された適用証明書については、中国に派遣後速やかに、派遣先の中国の事業所を通じ、その派遣先事業所を所管する社会保険料徴収機

関に原本を提出してください。

　なお、提出した原本については、当該機関で写しを取った後に返却されることとなっています。

7.協定発効前から中国に派遣されている方の手続き

　協定発効日より前から、日本の事業所により既に中国へ派遣されている被用者は、協定の規定により、協定発効日に中国へ派遣されたものとして取り扱われ、協定発効日から5年間は日本の年金制度のみに加入し、中国の年金制度の加入は免除されます（上記4の派遣期間の延長が認められる可能性はあります）。

　この場合、2019年8月1日以降速やかに年金事務所又は事務センターに対して適用証明書の交付申請を行ってください（ただし、適用証明書は日中協定発効日（2019年9月1日）以降順次発送となりますので予めご承知おきください）。（下記8参照）日本年金機構から交付された適用証明書は、派遣先の中国の事業所を通じ、その派遣先事業所を所管する中国の社会保険料徴収機関に原本を提出の上、中国の法令に従って、中国制度の適用免除の手続を行ってください。

8.適用証明書交付申請書の受付について

　中国への派遣者に関する適用証明書の交付については、協定発効日の1カ月前（2019年8月1日）から日本年金機構の年金事務所又は事務センターにおいて適用証明書の交付申請を受け付けます。ただし、適用証明書は協定発効日（2019年9月1日）以降順次発送となりますので予めご承知おきください。

9.インターバルルールについて

　日本から中国へ再度派遣される場合、直前の派遣終了日から、再度の派遣の開始日までの間に経過するべき期間についてのルール（いわゆるインターバルルール）は、本協定では定められていません。

　ただし、直前の派遣と再度の派遣が実質的に連続したものではないことが必要ですので留意してください。

おわりに

　外国人労働者が増える背景には、深刻な少子高齢化の進展があります。すでに、日本の高齢化率（65歳以上人口の割合）は、2019年10月の段階で28.4％に達しています。

　その一方で、2016年以降、日本の子供の出生数は100万人を割り込み、2019年には86万人台まで低下しています。

　今後、日本経済の活力を維持していくためには、若年層に外国人労働力を入れていく必要があり、社会保障制度を維持する観点からも世代間のバランス均衡は重要です。

　実際多くの企業において人手不足が深刻化する中、外国人を企業活力維持のために採用し、活用していこうという動きが大きくなっています。しかし、外国人採用には入管法の壁もあり、文化の違いというギャップもあります。

　本書は、Q&A方式でなるべく多くの視点から、外国人雇用に関して起こる問題や難問について答えました。

　2019年4月の入管法改正により、従来認められてこなかった分野でも外国人労働者の採用が可能になり、人手不足に悩む産業である特定産業の数も現状の14から、さらに増えていくことが予想されています。

　従来、日本人のみを対象とした人事・労務制度では対応が難しくなり、これからはグローバルな視点で制度を改正していくことが求められます。外国人社員がいることを前提として人事・労務制度を築き上げていく時代といえるでしょう。説明不足の部分につきましては、個別にメールでの対応とさせていただきます。本書の読者であることを明記して、下記アドレスにご連絡ください。

jimu@tokyointernational.jp

　行政書士の業務の一つとして、出入国在留管理局への申請取次の制度があります。申請取次制度では、企業の担当者や採用予定の外国人が出入国在留

管理局に行かないで、手続きを進めることもできます。

　また、社会保険労務士として、外国人向けの就業規則や労働契約書、社員教育等の業務にも対応することが可能です。有料にはなりますが、直接お会いして、外国人雇用や在留資格の問題に関するコンサルテーションも行っております。お気軽にお問い合わせください。

行政書士事務所ホームページ
　https://www.satomasami.com
社会保険労務士法人東京国際事務所のホームページ
　https://www.tokyointernational.jp
企業のための外国人雇用と在留取得ガイド
　https://www.zairyusikaku.jp/
外国人のためのビザ取得ガイド
　https://www.tokyoimmigration.jp/

行政書士・社会保険労務士

佐藤正巳

プロフィール

佐藤 正巳 Masami Sato	1962 年 6 月 5 日生まれ
行政書士事務所	東京都千代田区内神田 1-5-6-701
社会保険労務士法人事務所	東京都千代田区内神田 1-6-7

　成城大学経済学部卒業後、大手精密機器メーカーの営業を経験し、その後ニューヨーク市立大学で経営学を学び、他民族国家のあり方に対応する国際感覚を身に着ける。

　帰国後、税務・社会保険関係出版社の編集と経営企画職を経て、健康関連用品販売の企業を立ち上げ経営層として海外関連商品の取り扱いを行う。

　2007 年行政書士試験に合格し、2008 年 4 月に東京都千代田区内神田に行政書士事務所を開設。その後、外国人の雇用管理に対応するため 2015 年社会保険労務士試験に合格し、2016 年 10 月に東京都千代田区内神田に社会保険労務士法人東京国際事務所を開設。現在、国際業務を中心に行政書士業務、社会保険労務士業務を行っています。2019 年 7 月に行政書士として登録支援機関に登録しました（登録番号：19 登－ 001006）。

編集協力スタッフ

- -

    立原　均（社会保険労務士・行政書士）

    倉内　幸雄（行政書士）

    渥美　元博（行政書士）

    鳥居　有香（社会保険労務士）

    松藤　大祐（行政書士）

外国人雇用管理研究会のご案内
- -

  2019 年 3 月、社会保険労務士を中心として外国人労働者の雇用管理に関する研究会を立ち上げました。毎月 1 回開催し、当番制の発表と討論、外国人労働者に関連する最新情報の共有を行っています。本書をご購入いただいた方を対象として読者特別会員を募集いたします。

お問い合わせ先：社会保険労務士法人東京国際事務所

jimu@tokyointernational.jp

TEL:03-3518-9840

  今後も外国人社員の教育、コミュニケーション、特定技能の労務管理の在り方、メンタルヘルス、賃金制度、労働契約書など様々なテーマで、専門家が知恵を出し合い、研究を重ね、新しい制度づくりを提言してまいります。

■本書の内容に関するご質問および正誤に関するお問い合わせ
は、メールまたは封書にて下記までお願いいたします。
とりい書房　　〒164-0013
　　　　　　　東京都中野区弥生町2-13-9
　　　　　　　info@toriishobo.co.jp

こんなときどうする？
外国人の在留資格申請と労務管理

2020年7月26日　初版発行

著　者　　佐藤正巳

発行人　　大西強司

編　集　　とりい書房　第一編集部

デザイン　野川育美

印　刷　　音羽印刷株式会社

発行元　　とりい書房
　　　　　〒164-0013　東京都中野区弥生町2-13-9
　　　　　TEL 03-5351-5990　FAX 03-5351-5991

乱丁・落丁本等がありましたらお取り替えいたします。

© 2020年　Printed in Japan
ISBN978-4-86334-120-3